# 明代海船图说

国家古籍整理出版专项经费资助项目

范中义　顿贺　著

山东科学技术出版社

图书在版编目（CIP）数据

明代海船图说/范中义，顿贺著.—济南：山东科学技术出版社，2020.1
ISBN 978-7-5331-9965-4

Ⅰ.①明… Ⅱ.①范…②顿… Ⅲ.①海船–历史–中国–明代–图解 Ⅳ.①U674-092

中国版本图书馆CIP数据核字（2019）第227984号

# 明代海船图说
## MINGDAI HAICHUAN TUSHUO

责任编辑：杨　磊
装帧设计：魏　然　王　涛

| | |
|---|---|
| 主管单位： | 山东出版传媒股份有限公司 |
| 出 版 者： | 山东科学技术出版社 |
| | 地址：济南市市中区英雄山路189号 |
| | 邮编：250002　电话：（0531）82098088 |
| | 网址：www.lkj.com.cn |
| | 电子邮件：sdkj@sdcbcm.com |
| 发 行 者： | 山东科学技术出版社 |
| | 地址：济南市市中区英雄山路189号 |
| | 邮编：250002　电话：（0531）82098071 |
| 印 刷 者： | 济南新先锋彩印有限公司 |
| | 地址：济南市工业北路188-6号 |
| | 邮编：250100　电话：（0531）88615699 |

规格：小16开（170mm×240mm）
印张：20　字数：260千　印数：1~1500
版次：2020年1月第1版　2020年1月第1次印刷
定价：198.00元

# 作者简介

范中义　1935年生于北镇（今辽宁省北镇市）。1962年毕业于吉林大学历史系。1981年2月任中国人民解放军军事科学院战略研究部研究员（已退休）。

主要著作有《郑和下西洋》（合撰）、《筹海图编浅说》、《中国军事通史·明代军事史》（合撰，主编及主要作者）、《朱元璋》、《明代倭寇史略》（合撰）、《戚继光评传》（中国思想家评传丛书）、《中国海防史》（合撰）、《戚继光兵法新说》、《俞大猷传》、《戚继光大传》等。另校释十四卷本《纪效新书》，校点《正气堂全集》。

主要论文有《明代海防略述》《明代长城与边防战略》《明代军事思想简论》《明代农民军的作战形式》《论明朝军制的演变》《论明嘉靖年间倭寇的性质》等数十篇。

# 作者简介

顿贺 1945年生于河北蓟县（今天津市蓟州区）。武汉理工大学教授。1970年毕业于武汉水运工程学院造船系，留校任教，长期从事船舶工程专业教学与科研工作，致力于中国船舶科学技术史、中国海洋文化研究30余年，发表学术论文60余篇，并出版了相关著作。

1988年以来，参与多条出土古船现场考察、测绘、复原研究及设计、仿古船设计等。

现为中国运河文化博物馆技术顾问，泉州海外交通史研究会名誉理事，湖北省科技史学会常务理事，北京郑和与海洋文化研究会特邀研究员，舟山市普陀海洋文化研究会顾问，深圳大学海洋艺术研究中心顾问，南京市海上丝绸之路遗产研究中心顾问。

# 前言

明代是我国海船发展的辉煌时期。这个时代既出现了当时世界上远洋航行的最大船舶，也有于近海航行的数千只形制多样的海船。研究明代海船，揭示当时盛况，对于开发海洋，利用海洋，颇为有益。我们初步搜集了明代海船的相关资料，提出几点看法，希望得到方家的批评指正。

## 一、研究明代海船的文献

据笔者管见，记载明代海船的文献有40余种，现列入表1。

表1　　　　　　　　　明代海船所涉文献汇集

| 书　名 | 作者 | 成书时间 | 主要内容 | 版本情况 |
|---|---|---|---|---|
| 明太祖实录 |  | 永乐年间 | 建造海船的数量、船型 | 台湾史语所校刊本 |
| 太上老君说天妃救苦灵验经 |  | 永乐年间 | 卷首画有下西洋舟师编队 | 明刊本 |
| 明钞本《瀛涯胜览》 | 马欢 | 永乐年间 | 宝船大小和人员 | 海洋出版社2005年版 |
| 明太宗实录 |  | 宣德年间 | 建造海船的数量、船型 | 台湾史语所校刊本 |
| 西洋番国志 | 巩珍 | 宣德年间 | 宝船情况 | 中华书局1961年版 |
| 星槎胜览校注 | 费信 |  | 宝船情况 | 中华书局1954年版 |
| 正德《明会典》 |  | 正德年间 | 遮洋船 | 四库全书本 |
| 前闻记 | 祝允明 |  | 下西洋船 | 《纪录汇编》本又见向达校注《西洋番国志》附录 |
| 使琉球录 | 陈侃 | 嘉靖年间 | 封舟情况 | 国立北平图书馆善本丛书第一集 |

（续表）

| 书　名 | 作者 | 成书时间 | 主要内容 | 版本情况 |
|---|---|---|---|---|
| 操舟记 | 高澄 | 嘉靖年间 | 封舟情况 | 《使琉球录三种》台湾银行经济研究室1970年版 |
| 南船纪 | 沈棨 | 嘉靖年间 | 沙船用料 | 船史研究会1989年刊印本 |
| 朱中丞甓余集 | 朱纨 | 嘉靖年间 | 广船情况 | 中华书局1962年《明经世文编》本 |
| 武编 | 唐顺之 | 嘉靖年间 | 特殊战船 | 四库全书本 |
| 纪效新书（十八卷本） | 戚继光 | 嘉靖年间 | 福船、海沧、艟𦩑 | 中华书局2001年版 |
| 筹海图编 | 郑若曾 | 嘉靖年间 | 战船的形制、种类 | 《中国兵书集成》影印明嘉靖四十一年胡宗宪刻本 |
| 龙江船厂志 | 李昭祥 | 嘉靖年间 | 海船形制示意图 | 凤凰出版社1999年版 |
| 重刻使琉球录 | 郭汝霖 | 嘉靖年间 | 封舟情况 | 美国国会图书馆藏本 |
| 洗海近事 | 俞大猷 | 隆庆年间 | 福船的用料 | 《正气堂全集》上海辞书出版社2011年版 |
| 正气堂续集 | 俞大猷 | 万历年间 | 战船 | 《正气堂全集》上海辞书出版社2011年版 |
| 使琉球录 | 萧崇业 | 万历年间 | 封舟情况 | 《使琉球录三种》台湾银行经济研究室1970年版 |
| 使琉球撮要补遗 | 谢杰 | 万历年间 | 封舟情况 | 《使琉球录三种》台湾银行经济研究室1970年版 |
| 纪效新书（十四卷本） | 戚继光 | 万历年间 | 战船的人员、武器装备 | 中华书局2001年版 |
| 客座赘语 | 顾起元 | 万历年间 | 宝船大小和人员 | 中华书局1987年版 |
| 筹海重编 | 邓钟 | 万历年间 | 战船的形制、种类 | 齐鲁书社《四库全书存目丛书》史部第227册 |

（续表）

| 书　名 | 作者 | 成书时间 | 主要内容 | 版本情况 |
|---|---|---|---|---|
| 虔台倭纂 | 谢杰 | 万历年间 | 战船的形制、种类 | 《玄览堂丛书续集》 |
| 全浙兵制 | 侯继高 | 万历年间 | 福船形制 | 齐鲁书社《四库全书存目丛书》子部第31册 |
| 登坛必究 | 王鸣鹤 | 万历年间 | 战船形制 | 《中国兵书集成》影印明万历刻本 |
| 阵纪 | 何良臣 | 万历年间 | 战船的形制、种类 | 《阵纪注释》军事科学出版社1984年版 |
| 东西洋考 | 张燮 | 万历年间 | 商船 | 中华书局1981年版 |
| 两浙江海防类考续编 | 范涞 | 万历年间 | 浙江后期船制、数量 | 齐鲁书社《四库全书存目丛书》史部第226册 |
| 兵录 | 何汝宾 | 万历年间 | 战船的大小 | 明钞本 |
| 万历《漳州府志》 | 罗青霄 | 万历年间 | 卫所船种类 | 万历刊本 |
| 三才图会 | 王圻 王思义 | 万历年间 | 战船形制 | 上海古籍出版社1993年版 |
| 使琉球录 | 夏子阳 | 万历年间 | 封舟情况 | 《使琉球录三种》台湾银行经济研究室1970年版 |
| 皇明海防纂要 | 王在晋 | 万历年间 | 战船 | 扬州古旧书店复印本 |
| 武备志 | 茅元仪 | 天启年间 | 战船形制、特殊战船 | 《中国兵书集成》影印明天启刻本 |
| 金汤借箸 | 周鉴 | 崇祯年间 | 战船形制 | 清刊本 |
| 天工开物 | 宋应星 | 崇祯年间 | 海舟 | 广东人民出版社1976年版 |
| 南京静海寺残碑 | | | 二千料、一千五百料船 | 海洋出版社2005年版《郑和下西洋资料汇编》第十六章 |
| 国榷 | 谈迁 | 明清之际 | 宝船大小 | 中华书局1958年版 |

（续表）

| 书　名 | 作者 | 成书时间 | 主要内容 | 版本情况 |
|---|---|---|---|---|
| 天下郡国利病书 | 顾炎武 | 明清之际 | 浙江战船 | 商务印书馆1933年影印本 |
| 广东新语 | 屈大均 | 清初 | 广船情况 | 中华书局1985年版 |
| 明史 | 张廷玉等 | 雍正年间 | 战船 | 中华书局1974年版 |
| 郑和家谱考释 | 李士厚 |  | 宝船大小和人员 | 正中书局1937版 |

从表1可以看出，记载明代海船最多的文献是兵书类，有15种之多，如《武编》、《纪效新书》（十八卷本）、《筹海图编》、《洗海近事》、《纪效新书》（十四卷本）、《筹海重编》、《虔台倭纂》、《全浙兵制》、《两浙江海防类考续编》、《皇明海防纂要》、《阵纪》、《登坛必究》、《兵录》、《武备志》、《金汤借箸》等。这些书对军船的形制、种类、性能、制造所用的材料、船上的装备等都做了详细的说明和描述，成为研究明代海船的主要史料。其次是史地类的图书，包括《明实录》《瀛涯胜览》《星槎胜览》《西洋番国志》《使琉球录》《东西洋考》《国榷》《明史》等。这些书对明初的造船种类、数量，出使外国的宝船、封舟等做了介绍，是研究出使船的重要史料。另外，还有会典、科技、类书、笔记之类的书，对研究明代海船也颇为重要。

**二、明代海船的分类和概况**

明代海船按用途可分为四类，即使船、战船、渔船、商船。使船是指明朝的使者出访海外各国所用的船舶，如郑和下西洋用的宝船，出使琉球的使者用的封舟。其特点是船体大，适于远洋航行。战船是指用于保卫海防的军用船。其特点是形制多样，防卫性能好，武器装备强。渔船指是渔民捕鱼捞虾所用之船，当时因多在近海作业，所以船型较小。商船是指商人海上贸易所用之船，既有近海贸易船，也有远洋贸易船，但因明代实行海禁政策，人们对此记载颇少。另外，明初还有海运船，但永乐年之后数量大减，整个明代其也没有多大发展，故不单独列为一类。

明代的海船按形制可分为广船、福船、浙船和南直隶的沙船四大类[①]。明代后期，东南沿海船舶的形制明显地分为广船、福船、浙船和沙船四种不同的形制。四种船的不同即表现在以下几个方面。

形制上不同。广船下窄上阔，状若两翼。福船底尖上阔，首昂尾耸。浙船的叭喇唬船底尖面阔，首尾一样。沙船底平，万一搁浅"无大奈"，能耐"滚涂浪"。

行驶方式不同。"广东船制两旁设架，便于摇橹；福建船制其旁如垣，其篷用卷，便于使风；浙、直船制平底布帆，便于荡桨。"[②]

大小坚致程度不同。广船用铁力木制造，最为坚致耐用，也最大。福船不如广船坚致，也没有广船大，但比浙、直船大。浙、直船在这些种船型中是偏小的。

所以这四种船形制有明显的区别。有一种观点认为东南沿海的船型只有广船和福船两种，这恐怕值得商榷。

之所以形成这样四种船的形制是由不同海区的海况所决定的。广东沿海岛屿较多，行船多在沿海岛屿间，风气和柔，全仗摇橹。福建沿海海水最深，出海就是外洋，一望无际，有风时多，无风时少。浙、直海水深处固多，浅处时有，近岸平沙或数十里，潮涨水深寻丈，潮退仅可尺许，故叭喇唬、沙船专事荡桨。

明代海船按其所有权可分为官船和民船两大类。一般的使船和战船属于官船，而商船和渔船则属于民船。

下面按用途对主要船舶作一介绍。

---

[①] 俞大猷在《正气堂续集·又与刘凝斋书》中讲："海上战船，在山东不得。在南直隶则有沙船。驾船之兵则江北等处盐徒也……在浙江则有苍山船。驾船之兵则台州等处之渔民也……在广东则有东莞之乌尾，可载三四千石；广东新会之横江，可载七八百、一二千石。驾船之兵则二县之商徒，名曰后生者也……在福建则有白艚船。驾船之兵则福清县之盐民、漳泉之商民也。"

[②] 邓钟《筹海重编》卷十二"钟按"。

**使船** 使船是指出使海外各国所用之船，包括下西洋的宝船和出使琉球的封舟及出使东西洋各国所用之船。

下西洋的船也就是宝船，这是从广义上来讲的。从狭义上来说，郑和下西洋的船可分为五种：宝船（最大的船）、料船（包括五千料船、二千料船和一千五百料船等）、八橹船（大八橹、二八橹）、水船和三板船。

宝船是郑和下西洋最大的船。有两种型号，"大者长四十四丈四尺，宽十八丈；中者长三十七丈，宽十五丈"。另外，郑和下西洋的船队中有五千料海船（福船）、二千料海船、一千五料海船以及八橹船、三板船和水船。郑和下西洋的宝船在完成其出使任务的同时，也进行贸易活动，因此从某种意义上来说，宝船也是商船。

封舟是指出使琉球所用之船，是明代后期的使船，其船型为福船。今将几种封舟的长宽尺寸列表2。

表2　　　　　　　明代封舟的长、宽及长宽比表　　　　　（单位：丈）

| 时间 | 船长 | 船宽 | 长宽比（以宽为1） |
| --- | --- | --- | --- |
| 嘉靖十三年封舟 | 15.00 | 2.60 | 5.77 |
| 嘉靖四十年封舟 | 15.00 | 2.97 | 5.05 |
| 万历七年封舟 | 14.50 | 2.90 | 5.00 |
| 万历三十四年封舟 | 15.00 | 3.16 | 4.75 |
| 崇祯六年封舟 | 20.00 | 6.00 | 3.33 |

从表2中可知封舟中最小的是万历七年的封舟，最大的是崇祯六年的封舟；封舟长宽比最大的要算嘉靖十三年的封舟，为5.77，最小的要算崇祯六年的封舟，为3.33。郑和下西洋的大宝船和中号宝船的长宽比均为2.47。而唐志拔等在《2 000料6桅郑和木质宝船的初步考证与复原研究》一文中复原的宝船其长宽比为4.43，比崇祯六年的封舟和宝船的比例都大，但比其他封舟的比例都小，这恐怕值得商榷。

**战船** 战船种类繁多，广船、福船、浙船和沙船都可是战船，但主要是福船。广船也有多种，如新会的尖尾船、东莞的乌尾船、大头船以及横江船等。广船主要用于广东，福建、浙江和南直隶则很少用。

福船有六号。一号、二号均称福船，三号哨船即草撇船，四号冬船即海沧船，五号鸟船即开浪船，六号为快船。"福船势力雄大，便于冲犁；哨船、冬船便于攻战、追击；鸟船、快船能狎风涛，便于哨探或捞首级。大小兼用，俱不可废。船制至福建备矣。"①福船是嘉靖后沿海的主要战船。它不仅用于福建，也是浙、直的必备船型。

浙船也有多种，如叭喇唬船、艟艞船、苍山船、八桨船、鹰船、网梭船、沙船等，仅《两浙海防类考续编》所列的浙江战船就有23种之多。

商船　除广船外，人们对商船的记载较少，但自洪武以来，私自下海与外国进行贸易的就大有人在，所以朱元璋一次又一次地发布禁止人们私自通番的命令。但海禁有时并不太严。"嘉靖十九年，时海禁尚弛。（王）直与叶宗满等之广东，造巨舰，将带硝黄、丝绵等违禁物，抵日本、暹罗、西洋等国，往来互市，五六年致富不赀。"②后来，王直沦为海盗并与倭寇合流，东南沿海人民开展了长期的抗倭斗争。但就在抗倭战争期间，福建的商人同样到日本去做买卖。抗倭战争后，隆庆元年（1567），明朝廷开放海禁，此后与海外进行合法贸易的商人更多，当然商船也就更多了。商船的形制，从已有的记载来看主要有两种，即广船和福船。

渔船　渔船是小型船舶，用材少，造时用工也少，是沿海渔民赖以生存的生产工具。朝廷在军事上也用渔船，苍山船就是较大的渔船，在军事上也会用到小渔船。出海时，小渔船一船三人，一人执布帆，一人执桨，一人执鸟铳，易进易退，随波上下，目标小，不易被敌人发现，所以往往给敌以出其不意的打击。但渔船小，正面对敌不

---

① 邓钟《筹海重编》卷十二《经略四》。
② 郑若曾《筹海图编》卷九《大捷考·擒获王直》。

占上风。为此俞大猷提出令渔船大者25只另造一只大楼船，小者50只另造一只大楼船。这样整个沿海有数千只渔船，可造一二百只大楼船，形成一支很大的海上防御力量。

使船、战船、商船、渔船是就其主要功用而言。从上述文字可以看出，商船和渔船同时也可以作为战船，即便是使船也可以武装船，同样也可以作战。郑和出使船3次海外作战说明了这一点。永乐十五年（1417），出使西洋诸国的内官张谦，回来时在浙江金乡卫海上遇到入侵的倭寇。张谦率出使的官兵驾船与倭寇大战20回合，杀敌无算，使敌退去。这同样证明，使船也是可以作战的。

### 三、明代海船的发展变化

总的看来，明代海船的发展、变化的趋势基本是呈波浪形的，即明初洪武至宣德年间是一个发展的高峰，正统至嘉靖中期则为低谷，嘉靖中期到万历中期是另一个发展的高峰，万历中期之后又出现了减弱态势。

洪武至宣德年间是海船发展的高峰主要表现在两个方面：一是船只的形体大，二是船只的数量多。就船只的大小而言，这个时期有长四十四丈四尺、宽十八丈的大号宝船，长三十七丈、宽十五丈的中号宝船；有五千料、二千料、一千五百料的下西洋船；有一千料的海运船；还有沿海卫所的八百料战船。就船只的数量来说，这个时期船只数量是十分可观的。洪武二十三年（1390）四月，朱元璋下令："滨海卫所每百户置船二艘，巡逻海上盗贼。巡检司以如之。"[①]后来据《明会典》记载改为"沿海卫所，每千户所设备倭船十只，每一百户船一只，每一卫五所，共船五十只"[②]。就是按《明会典》每卫50算，洪武时沿海有卫59处、所89处和巡检司200处左右，沿海当有战船

---

[①] 《明太祖实录》卷二百一，洪武二十三年四月丁酉。
[②] 《明会典》卷二百《工部二十·备倭船》。

4 000艘以上。据载，浙江当时沿海有备倭船730艘[1]。在南直隶，仅金乡一卫和青村、南汇二所就有战船160只。永乐时，仅朝廷下达造船命令就有25次之多，有字数统计的共造海船、海风船、海运船2 868艘。郑和一次下西洋船队就有208艘船。当时出使海外各国的除郑和一支船队外，还有多支船队，如张谦两次出使浡泥，一次出使古麻剌郎；侯显一次出使榜葛剌，一次出使沼纳朴儿；马彬一次出使爪哇，一次出使占城；李名道两次出使爪哇等。可见当时出使之船数量也是不少的。总之，海船形体大、数量多，是明洪武至宣德年间海船发展高峰的重要标志。

以上讲的是官船，此期间民船因海禁令严，为数不多，也未见有明确的记载。

正统至嘉靖中期，明人的海上活动减少，再无大海船，一般的海船也少得可怜，明代海船发展处于低谷。这期间已无下西洋的大船，即便沿海卫所的战船也是破的不修，坏的不造，所剩已经不多。在南直隶，我们上述的金乡卫和青村、南汇二所的160只战船已经荡然无存。在浙江，黄华水寨原有战船40余只，江口水寨30余只，飞云水寨40余只，镇下门水寨20只，白岩塘水寨20只，到嘉靖年间均完全撤防。在福建，铜山水寨原有战船20只，到嘉靖二十六年（1547）前后，只剩1只；玄钟水寨原有20只，只剩4只；浯屿水寨原有战船40只，只剩13只。[2]由此可见，到嘉靖中期，明初4 000艘左右的战船，已经所剩无几，朝廷拥有的海船大为衰败。

当然这一时期，民船的数量有所增加，且出现了远洋的商船，遗憾的是未见有准确的记载。

嘉靖中期至万历中期，明代海船的发展出现了又一个高潮，其具体表现为船体趋小，数量大增，形制明确、种类繁多，建造精巧。

---

[1] 《明英宗实录》卷六十三，正统五年正月丙寅。
[2] 朱纨《阅视海防事》，《明经世文编》卷二百五。

船体趋小是这个时期海船的第一个特点。船体趋小不仅指出使船的船体趋小，纵使沿海的战船船体也渐趋小型化。嘉靖年间造的出使船当属当时最大的船舶，但也只有15丈（45米）长，2.6丈（7.8米）或2.97丈（8.88米）宽，不及永乐时中号宝船之半。沿海的战船原先有八百料、七百料的大战船，但到了嘉靖年间，"向因贼舟不大，七百料停造久矣。其余五百料之类，亦以不便海战，改造福清等船"[①]。七百料大船因敌船小停造了，五百料船因不便海战，改造福船。这一方面反映了战船趋小，另一方面又反映出战船造作技术的进步。而且这种船体变小的趋势仍继续。

第二个特点是这个时期战船的数量大增。在浙江，隆庆四年（1570），浙江有战船723只[②]；万历二十三年（1595）前后，"全浙福、苍、沙、唬等船通共一千八只"[③]，而到万历三十年（1602），全浙战舰、哨船增至1 252只[④]。这比洪武年间增加500多只，而且也是后来的548只和439只的2倍多和近3倍。在福建，嘉靖四十二年（1563）十月，恢复烽火门、小埕、南日、浯屿、铜山等五水寨，嘉靖四十四年（1565），五寨"每水寨舟三十二艘"，共计有160艘。到万历三年（1575），福建除原有的五寨外，又添设了玄钟、浯铜、海坛三游兵，形成了五寨三游的海上防御力量。其兵力据《虔台倭纂》下卷《倭议》载："五寨之制，船各四十只，兵各二千，三游各减五寨之半。"计五寨三游共有战船260只。但在该书的眉批处又列出了各寨的具体数字，共有兵船296只。从嘉靖末的160只，增加到万历中期的296只，增加了85%，其幅度是不小的。在广东，俞大猷在隆庆三年（1569）造福船和冬仔船80只，也就在这前后广东添设了六水寨，到万历年间，已知北津水寨有兵船74只，白沙水寨有兵船62只。由此可

---

① 郑若曾《筹海图编》卷十二《勤会哨》。
② 范涞《两浙海防类考续编》卷二《原考·各区战船》。
③ 侯继高《全浙兵制》卷一《全浙水陆兵制并沿海地理烽堠考·兵制》。
④ 范涞《两浙海防类考续编》卷二《续定·各区战船》。

见，广东的战船数量也有明显的增加。

这期间民船的数量也有明显的增加。自开放海禁后，澄海地方发给贩东西洋船舶凭证"商引"数的增长，说明了这一点。万历十七年（1589）发出商引数是88引，即有88艘到东西洋贸易的船只，但到万历二十五年（1597），达到137引。8年间增49引，增长了55.7%。这不仅反映出商船数量之多是前所未有的，更反映出其增速之快。

第三个特点是海船形制明确、种类繁多。嘉靖以前，船的形制不分，笼统地称作宝船、海运船、二千料船、一千五百料船、风快船、八橹船等，其具体形制也没有记载。首先记载海船形制的是成书于嘉靖四十年（1561）的《筹海图编》。该书明确地记载了广船和福船等的不同形制。万历初年，俞大猷提出了广、福、浙、直四省区的4种不同船型。到了万历二十年（1592），《筹海重编》则更明确地把海船分成3种形制，即广船船、福船和浙直船，并指出了形成3种形制的原因。这本身就说明了人们对各海区认识的深化，并根据这种认识造出了适于各个海区航行的船舶。

嘉靖朝以前，船的种类虽然也不算少，如就料船来说可分成五千料、二千料、一千五百料、一千料、八百料、七百料、五百料、四百料、三百料、二百料、五十料等，但仍不及嘉靖中期后海船的种类繁多。嘉靖中期后福船就分成6种型号，一号、二号都称作福船，三号哨船（草撇船），四号冬船（海沧船），五号鸟船，六号快船。实际不仅福船分为一、二号，其他船也分成大小不同的型号。隆庆三年（1569）俞大猷在福建造的冬仔船（即冬船），就分成面阔2.2丈、2丈和1.8丈的3种。成书于万历三十年（1602）的《两浙海防类考续编》载浙江的战船有福船、苍船、沙船、铁头船、草撇船、艚艚船、艟艋船、鸟船、海沧船、渔挑船、壳艚船、壳哨船、八桨船、河田船、轮船、民渔船、铁头渔船、军渔哨船、民唬船、军唬船、大小巡哨船和划网船等，共23种之多。此外，按《筹海重编》载，浙直船至少还有鹰船和网梭船。此期间，还出现了八卦六花船、鸳鸯桨船、车轮轲、子母舟、破船轲等特殊战船。火龙船、连环船恐怕也属于这个时期。总之，这时期的战船有几十种之多。

建造精巧是这个时期海船的第四个特点。建造精巧突出表现在特殊战船的建造上面。如子母舟长3丈5尺，前2丈和一般舰船一样，后1丈只有两边的船帮板，腹内空虚，藏一小舟。母船前舱内装上茅薪油麻之类发火器材。船前钉有狼牙钉，接敌后使母船与敌船相连在一起，然后点火与敌船并焚，子船驶回。鸳鸯桨船、火龙船也各有精巧处。这些建造精巧的船是前所未有的，反映了当时人们的聪明才智和造船的技术水平。

应该说，嘉靖中期到万历中期是明代海船发展的一个高峰。这一时期除了没有44.4丈的大船外，比明初有更多的海船，而且这些海船更适合于它航行的海域，有的还十分精巧。还有一点值得注意，这期间，除了官船外，民船比过去更多，造船的技术更加普及。这是十分可喜的事。

万历中期之后，明代海船又出现了减弱态势。其突出表现就是战船数量有所减少，这里略举几例。在广东，潮州的备倭船是在日本侵略朝鲜时添设的，共25只，后减至14只；南澳游兵原有福、哨、冬、鸟船40只，到天启二年（1622）尚有冬、鸟船34只，但到崇祯六、七年，裁减24只，只剩10只，至崇祯十年（1637）八月，又减2只，只剩8只。在福建，万历二十六年（1598）巡哨澎湖的战船达50余艘，但到后来，只剩20艘。总之，沿海的战船出现了减少的趋势，但还保持一定的海防力量，不像正统至嘉靖中期那样废弛。正因为尚有相当数量的战船，所以在同外来入侵者的斗争中能取得一个又一个的胜利。

这一时期的商船和渔船的数量有一定的增加，特别是造出了长约28丈、桅高25丈的远洋大商船。但自荷兰殖民者入侵东南亚地区之后，中国商船的对外贸易受到严重影响。荷兰殖民者派军舰劫掠中国的商船，使得去东西洋经商者"内不敢出，外不敢归"。在荷兰殖民者的侵扰下，中国前往吕宋、琉球、日本等地的商船甚至在沿海捕鱼的渔船都出现了萎缩的趋势。

以上就是明代海船发展变化的轨迹。之所以出现这种波浪形的发展变化其决定的因素主要有三：明廷的海外交往情况、海防形势和海禁政策。

洪武至宣德年间海船发展高峰的出现是由海外交往的频繁和海防形势紧张两个因素作用的结果。洪武和永乐年间明朝和海外国家交往相当频繁，据笔者统计，在洪武的31年间，明朝廷派使者出访海外有22次之多，而永乐的22年间，明朝廷44次派使者出访，差不多相隔半年就有使者出访海外。每次出访都要动用船只，而其中的一次大规模出访动用的船只多达208艘。因此，这就需要造出更多、更大的船，以适应出访的需要，从而促进了海船的发展。明朝伊始，倭寇就侵扰沿海地方，直到永乐十七年（1419）望海埚之战后，其才开始有所收敛。为了抗御倭寇的侵扰，明廷不得不在沿海建卫所，造战船，从而使海船得到前所未有的发展。但民船由于朝廷实行海禁政策，则数量相当少。

正统至嘉靖中期，朝廷出访海外的活动基本停止，倭寇的侵扰也相当收敛，加之当时人们海防观念淡薄，舰船破损，不修不造，海船的发展停滞不前，处于低谷期。

嘉靖中期至万历中期，海船的发展出现另一个高峰的原因，主要是由海防形势紧张促成的。从嘉靖三十一年（1552）开始，倭寇猖狂地侵扰东南沿海。中国人民在海上和陆地上进行了十几年的斗争，才算平息了倭患。但到万历二十年（1592），日本丰臣秀吉又发动了侵略朝鲜的战争，并欲侵略中国。明廷一方面派兵援朝抗倭，一方面加强沿海戒备。援朝抗倭战争先后进行了七年，才把日本侵略者赶出朝鲜。在反对侵略者的斗争中，人们的海防意识增强，海防建设重新得到重视并加强，作为海军的主要装备——战船得到了前所未有的发展。与此同时，明初严格施行的海禁政策渐弛，沿海的捕鱼业和商业有了一定的发展，特别是隆庆元年（1567）有限地开放海禁后，人们可以贩货于东西洋，民船也得到了前所未有的发展。

万历中期之后，除局部地区外，整个沿海形势趋于缓和，海外贸易先是得到一定的发展，后又受到殖民者入侵的打击，所以总的来讲海船没有大的发展，但战船基本满足了反侵略者的需要，商船之大也前所未有。

明代的海船是我国海船发展史上的一个高峰。这个高峰主要表现不在海船的数量上，因为元代在海船的数量有时不少于明代，而主要表现在海船的质量上。明代海船更适于海上航行和海上作战，不仅其质量远远超过同时代的日本，而且也可以和当时西方的战舰相抗衡；明代海船形体之大一时堪称世界之最。所有这些都表明，中华民族是善于开发和利用海洋的民族，也是重视和敢于维护海洋权益的民族。

# 目录

卷一　正德前的海船 / 1

　　[古图说] / 2
　　海船（舟）总说 / 2
　　快船 / 9
　　八桨船 / 13
　　料船 / 13
　　海运船 / 16
　　两头船 / 22
　　宝船 / 24
　　附：漕舫 / 32

　　[今说] / 35
　　海船和江河船不同 / 35
　　明前期海船的形制 / 37
　　下西洋舟师中的海船构成 / 39
　　增强海防的物质基础 / 45

卷二　嘉靖后的海船·广船 / 65

　　[古图说] / 66
　　海船总说 / 66
　　广船 / 74

　　[今说] / 86
　　嘉靖后海船的发展变化 / 86
　　战船保障抗击外敌入侵 / 90
　　广船的优缺点和广东海防船 / 107

卷三　嘉靖后的海船·福船 / 111

　　[古图说] / 112
　　福船总说 / 112
　　大福船 / 115
　　草撇船（哨船） / 146
　　海沧船（冬船） / 157
　　开浪船（鸟船） / 173
　　封舟 / 186

　　[今说] / 199
　　几组福船的数据和长宽比 / 199
　　福船的应用 / 201
　　福建的海防船 / 205
　　福船的武器配备 / 208

卷四　嘉靖后的海船·浙船与沙船/217

[古图说]/218
浙船、沙船总说/218
叭喇唬船/219
艟䒀船/225
苍山船/226
八桨船/231
渔船/232
䑸船/235
网梭船/236
䑸艚船/238
壳哨船/239
轮船/240
铁头船/242
哨船/243
鸟嘴船/245
鹰船/246
沙船/248
定波船/252

[今说]/253
浙江的海防船/253

双屿之战和海禁/263
关于海禁/269

卷五　嘉靖后的海船·特殊船舶/279

[古图说]/280
八卦六花船/280
鸳鸯桨船/281
车轮舸/282
破船舸（破船筏）/283
子母舟/284
火龙船/285
连环舟/287
蜈蚣船/288
赤龙舟/289
附：火器/291

[今说]/297
善于击敌卫己的战船/297
值得注意的火器/299

# 卷一 正德前的海船

# [古图说]

## 海船（舟）总说

舟之制，江海各异。太祖于新江口①设船四百②。永乐初，命福建都司造海船百三十七，又命江、楚、两浙③及镇江诸府卫④造海风船。成化初，济川卫⑤杨渠献《桨舟图》，皆江舟也。

——张廷玉等《明史》卷九十二《兵四》

凡舟车之制，曰黄船⑥，以供御用；曰遮洋船⑦，以转漕于海；曰浅船⑧，以转漕于河；曰马船⑨，曰风快船⑩，以供送官物；曰备倭船⑪，曰战船⑫，以御寇贼；曰大车，曰独辕车，曰战车，皆会其财

---

① 新江口：在今南京市内。据《明史·兵志》载，新江口在南京城南，洪武初年在这里部署水兵8 000人，稍后增加到12 000人，造舰船400艘。同时在长江北岸的浦口部署陆兵，与水兵相为犄角。

② 设船四百：这些船均为江船，其具体形制如《南船纪》所载有四百料战座船、二百料战船、一百五十料战船、一百料战船、四百料巡战船、二百料巡沙船、二百料一颗印巡船、九江式哨船等。

③ 江、楚、两浙：江可能指江西，考《明太宗实录》永乐十一年曾"命江西、湖广、浙江及镇江等府卫改造海风船六十一艘"，则该"江"字系指江西而言；楚，指湖广，即今湖南、湖北地；两浙，指浙东、浙西，即今浙江地。

④ 府卫：府为唐代至清代的行政区划的名称，明时隶属于省（承宣布政使司），下辖州和县；卫为明朝军队编制名称，隶属于都指挥使司，下辖五千户所，千户所下辖十百户所，每百户所为112人，一卫大约5 600人。

⑤ 济川卫：是南京卫所亲军卫之一，驻南京，辖千户所五。

⑥ 黄船：皇上乘坐和使用的船。有预备大黄船、大黄船、小黄船和匾浅黄船等4种型号。具体形制见《南船纪》。《明会典》载：洪熙元年有37只，正统十一年时有25只；成化年间规定，五年一修，十年成造。

⑦ 遮洋船：海上运粮船。其具体形制等见万历《明会典》。

⑧ 浅船：运河上运粮船。

⑨ 马船：运马之船。明初，从四川、云南所买的马和西南少数民族所贡之马均用民船通过长江运至都城南京。洪武十年（1377）开始，令长江沿岸的一些的省、州、府造马船千只左右，运送这些马匹。

⑩ 风快船：明初风快船是水军征进所用之船，后来成了供官府运送物品的船只，同马船一起轮流差派。海上用来防御倭寇的也有风快船。

⑪ 备倭船：沿海卫所每百户所造船1只（一说2只），每卫50只，用来防御倭寇。

⑫ 战船：防御长江的船只，驻新江口。

用，酌其多寡、久近、劳逸而均剂之。

——张廷玉等《明史》卷七十二《职官一》

洪武二十六年定，凡在京并沿海去处，海运辽东粮储船只，每年一次修理。其各卫征战风快船只等项，若有缺少损坏及当修理者，务要会计木、钉、灰、油、麻、藤及所用工具，依数拨用。如有不敷，亦当豫为规画，或令军民采办，或就客商收买，或外处拨支，审度便利，定拟奏闻，行下龙江提举①。计料明白行移各库放支物料，其工程物件照依料例文册，然后兴工。如或新造海运船只，须要量度产木水便地方，差人打造。其风快小船，就京打造者，亦须依例计造，木料等项就于各场库支拨。若内外有船只，务要周知其数，设或须索运用，酌量劳逸多寡拨与。其各湖泊所带办鱼油鳔②，每岁催督进纳备用。

——万历《明会典》卷二百《工部》二十《河渠》五

粮船有二：曰遮洋，曰浅船。永乐初，漕江南粟，一由海道至直沽口③，入白河④，抵通州⑤；一渡淮，溯黄河，至阳武⑥，又陆运至卫河⑦，由卫河抵通州。海运用遮洋船，里河用浅船。永乐九年，浚治会通河⑧成，运船由淮直达于卫，遂罢陆运。十三年增造浅船三千余

---

① 龙江提举：龙江船厂的主官，正八品。
② 鱼油鳔：似即指鱼鳔。
③ 直沽口：今天津市东南大沽口。
④ 白河：发源于河北沽源的土山，南流经赤城至北京密云与潮河会，也称潮白河，南至北京通州为北运河，下流经香河、武清，至天津会大清河、子牙河、卫河，由直沽入海。
⑤ 通州：今北京通州。
⑥ 阳武：今河南原阳。
⑦ 卫河：即南运河，为隋炀帝所开。源出河南辉县西北苏门山，东北流经淇县、浚县，河北大名等，至临清与运河合流。
⑧ 会通河：在今山东境内。始凿于元至元二十六年（1289），起自今山东梁山县安山西南，北抵临清市，上接济州河引水北流，下达御河（今卫河），长250余里。明初已淤断约三分之一，永乐九年（1411）开复。

只,一年四次,从里河转漕,遂罢海运。独蓟州①军饷,用遮洋船海运如初。凡修理改造,南京并中都留守司②,江南、江北、直隶诸卫、湖广、江西、浙江三都司③浅船,俱隶清江提举司④;北直隶诸卫,山东都司浅船并遮洋船,俱隶卫河提举司。内江南、直隶、湖广等三都司浅船,经由瓜洲、仪真坝者,每五年一造,其余只由里河者并遮洋船,俱十年一造。宣德以后,江南、直隶、湖广等三都司浅船,各归原卫所自造。嘉靖三年,北直隶、山东都司浅船并遮洋船,俱改清江提举司造。浅船今运京通仓粮三百七十万石,遮洋船今运蓟州军粮二十四万石并天津仓粮六万石。

——万历《明会典》卷二百《工部》二十《河渠》五

洪武元年二月癸卯,"诏御史大夫汤和⑤还明州⑥,造海舟,漕运北征军饷"。

——《明太祖实录》卷三十

---

① 蓟州:今天津蓟州区。明时蓟州、永平、山海为一军事防区,称蓟镇。这里的蓟州军饷即指蓟镇的军饷。
② 中都留守司:明洪武十四年(1381)设于中都(凤阳府)的军队最高领导机构。上隶属于中央军事领导机构中军都督府,下辖在凤阳地区的凤阳、凤阳中、凤阳右、皇陵、留守左、留守中、长淮、怀远等八卫和洪塘千户所。留守司设正留守一人,正二品,副留守一人,正三品,指挥同知二人,从三品。下设经历司、断事司等。
③ 都司:明军队在地方的最高领导机构,上隶属于中央的五军都督府,下辖所在地区的军队卫所。设都指挥使一人,正二品,都指挥同知二人,从二品,都指挥佥事四人,正三品。下属机构有经历司、断事司、司狱司等。洪武二十六年(1393),定天下都司卫所时,有都司十七,后共计都司二十一。
④ 清江提举司:隶属于南京工部的衙门之一,管理造船事宜,设提举一员,副提举一员,典史一员。下卫河提举司与清江提举司同。
⑤ 汤和(1326—1395):字鼎臣,明初濠州(今安徽凤阳)人,与朱元璋同里,元至正十二年(1352)投郭子兴,从朱元璋取滁阳,定集庆(今江苏南京),升至统军元帅。吴元年(1367)设御史台,任左御史大夫兼太子谕德。继以征南将军,平定方国珍、陈友定等。洪武元年(1368)奉命还明州,造海船,以运北征军饷。三年论功封中山侯。十一年封信国公。十九年奉命在沿海筑城,设防,以防御倭寇。后回乡里,每岁一朝。
⑥ 明州:今浙江宁波。

洪武元年，太祖命汤和造海舟，饷北征士卒。天下既定，募水工运莱州①洋海仓粟以给永平②。后辽左及迤北数用兵，于是靖海侯吴祯③、延安侯唐胜宗④、航海侯张赫⑤、舳舻侯朱寿⑥先后转辽饷，以为常。督江、浙边海卫军大舟百余艘，运粮数十万。赐将校以下绮帛、胡椒、苏木、钱钞有差，民夫则复其家一年，溺死者厚恤。三十年，以辽东军饷赢羡，第令辽军屯种其地，而罢海运。

——张廷玉等《明史》卷八十六《河渠》四《海运》

洪武三年七月"壬辰，置水军等二十四卫，每卫船五十艘，军士三百五十人缮理，遇征调则益兵操之"。

——《明太祖实录》卷五十四

洪武五年八月甲申，"诏浙江、福建濒海九卫，造海舟六百六十艘，以御倭。上谕中书省曰：'自兵兴以来，百姓供给颇烦，今复有兴作，乃重劳之，然所以为此者，为百姓去残害、保父母妻子也。朕恐有司因此重科吾民，反致怨讟，尔中书具榜谕之，违者罚不赦。'

---

① 莱州：今山东莱州。
② 永平：今河北卢龙。
③ 吴祯（1328—1379）：初名国宝，明凤阳定远（今属安徽）人。元末参加朱元璋起义军，积功至天兴翼副元帅。助兄吴良守江阴，破张士诚水寨，授英武卫亲军指挥使。从围平江，进大都督府佥事。洪武元年（1368）进军破延平，俘陈友谅，拜吴王左相。三年练兵海上，封靖海侯。五年发大兵戍辽东，总舟师数万转运军饷。七年，讨倭寇，追至琉球大洋。后总理海道军务数年，海上宁靖。卒封海国公。
④ 唐胜宗（1335—1390）：明濠州人。元至正十五年（1352）从朱元璋起兵。历官中翼元帅、骠骑卫指挥同知、安庆卫指挥。从大军北伐，进都督同知。洪武三年（1370）封延安侯。十六年任辽东总兵，在镇七年。二十三年坐胡惟庸案死。
⑤ 张赫（？—1390）：明凤阳临淮（今属安徽）人。元末结义兵，后率部归附朱元璋。历官千户、万户、常春翼元帅。洪武元年（1368），擢福建都指挥副使。在海上久，捕倭不可计数，曾追倭至琉球大洋。因功命掌都指挥印。复升大都督府佥事，督辽东海运。二十年封航海侯。往来辽东十二年，十次督运军饷。以病卒，封恩国公。
⑥ 朱寿（？—1393）：元末参加朱元璋起义军，历官万户、总管，积功为黄海卫指挥使，进都督佥事。与张赫督理漕运，洪武二十年（1387）封舳舻侯。后坐蓝玉党被杀。

省臣对曰：'陛下爱民而预防其患，所费少而所利大。臣尝闻，倭寇所至，人民一空，较之造船之费，何翅千百，若船成，备御有具，濒海之民可以乐业，所谓的民之所利而利之，又何怨？但有司之禁不得不严。'先是濒海州县屡被倭害，官军逐捕往往乏舟，不能追击，故有是命"。

——《明太祖实录》卷七十五

洪武十五年五月丙子，"龙虎卫①百户王英造海舟于昌国县②，俄有大鱼一、铁力木③二，各长三丈五尺，漂至沙上。因以鱼取油七百余斤，木制柁为用。事闻，上曰：'此天所以苏民力也'"。

——《明太祖实录》卷一百四十五

洪武十五年十一月癸酉，"福州左、右、中三卫奏请造战船。上曰：'今天下无事，造战船将何施？不听'"。

——《明太祖实录》卷一百五十

洪武十七年八月庚午，"命荥阳侯郑遇春④、东川侯胡海⑤督金吾等卫⑥造海舟一百八十艘"。

——《明太祖实录》卷一百六十四

---

① 龙虎卫：明卫所之一，为左军都督府直属的卫所，驻南京，后调往北京。
② 昌国县：今浙江舟山市定海区。元在此设昌国州，洪武二年（1369）降为县，二十年六月，废县，改置舟山中中千户所、中左千户所。
③ 铁力木：亦名铁栗木、铁梨木、铁木。常绿乔木，高达30米。叶子披针形，花白色。木材暗红色，质地坚硬。分布于东南亚一些热带地区，我国云南、广西也出产。
④ 郑遇春（？—1390），明凤阳（今属安徽）人，与兄遇霖俱以勇力闻名。元末从朱元璋起兵，累官至左翼元帅、六安卫指挥佥事，朔州卫指挥副使，洪武三年（1370）进同知大都督府事，封荥阳侯。二十三年坐胡惟庸案死。
⑤ 胡海（1329—1391）：字海洋，明凤阳定远（今属安徽）人。元末投朱元璋，每战身先士卒，败元将贾鲁，授万户。以克捷诸州，擒元帅唐隆等，升指挥使，镇益阳。洪武十七年（1384）封东川侯。晚年乞归乡里，二十四年病逝，年六十三。
⑥ 金吾等卫：金吾卫，是直接隶属于皇帝的卫所之一。洪武年间直属于皇帝的共十二卫，金吾卫分金吾前卫和金吾后卫。后直接隶属于皇帝的卫所增至二十二，金吾卫又增金吾左卫和金吾右卫。

洪武二十年闰六月庚申，"敕福建都指挥使司①备海舟百艘，广东倍之，并具器械粮饷，以九月会浙江，候出占城捕倭夷"。

——《明太祖实录》卷一百八十二

洪武二十三年四月丁酉，"诏滨海卫所每百户置船二艘，巡逻海上盗贼。巡检司亦如之"。

——《明太祖实录》卷二百一

备倭船　沿海卫所每千户所设备倭船十只，每一百户备倭船一只，每一卫五所共船五十只。每船旗军一百名，春夏出哨，秋回守，月支行粮四斗。船有亏折，有司补造，损者军自修理。

——正德《明会典》卷一百六十《工部》十四《船只》②

永乐元年五月"辛巳，命福建都司造海船百三十七艘"。

——《明太宗实录》卷一十九

永乐元年九月"辛丑，命浙江观海卫造捕倭船三十六艘"。

——《明太宗实录》卷二十三

永乐三年六月"丙戌，命浙江等都司造海舟千一百八十艘"。

——《明太宗实录》卷四十三

永乐七年十月壬戌，"命江西、湖广、浙江及苏州等府卫造海船三十五艘"。

——《明太宗实录》卷九十七

卷二　正德前的海船

---

① 福建都指挥使司：官署名。是福建最高的军事机关，上隶属于中央五军都督府的前军都督府，下辖福州中等十一卫、大金等十六千户所。

② 万历《明会典》卷二百《工部》二十《河渠》五《船只》有与此相同的记载。

永乐九年十月辛丑，"命浙江临山、观海、定海、宁波、昌国等卫造海船四十八艘"。

——《明太宗实录》卷一百二十

永乐十三年三月庚申，"命都督同知汪浩督造海船"。

——《明太宗实录》卷一百六十二

凡海舟，元朝与国初运米者曰遮洋浅船①，次者曰钻风船即海鳅。所经道里止万里长滩②、黑水洋③、沙门岛④等处，苦无大险；与出使琉球⑤、日本暨商贾爪哇⑥、笃泥⑦等舶制度，工费不及十分之一。凡遮洋运船制，视漕船长一丈六尺⑧，阔二尺五寸⑨，器具皆同，唯舵杆必用铁力木，艌灰用鱼油和桐油，不知何义。凡外国海舶制度大同小异。闽、广闽由海澄⑩开洋，广由香山岙⑪洋船，截竹两破排栅，树于两艕以

---

① 遮洋浅船：浅，当为衍字。《明会典》载遮洋船和浅船是两种船，遮洋船是经海的运粮船，而浅船是经运河的运粮船。

② 万里长滩：指初离长江口向北行的一带浅水域，相当于今江苏省东面黄海中的勿南沙和大沙等地。

③ 黑水洋：指从今上海崇明岛向东北直至山东荣成成山头之间、经过黄海的较深的一条航线。

④ 沙门岛：今山东省长岛县大黑山岛。

⑤ 琉球：今琉球群岛。

⑥ 爪哇：今印度尼西亚的爪哇岛。

⑦ 笃泥：疑指加里曼丹北部的渤泥（Bruni），或者为泰国南部马来半岛上的大泥，即北大年（Pattani）。

⑧ 视漕船长一丈六尺：漕船亦称漕舫，利用河道运送皇粮的大型帆船，《明会典》称其为浅船。这里说遮洋船比漕船长一丈六尺，从《明会典》来看不准确。本书载漕舫底长五丈二尺，头长九尺五寸，梢长九尺五寸（《明会典》浅船的尺度与此同）即船长七丈一尺。遮洋船比其长一丈六尺，当为八丈七尺。而《明会典》载遮洋船的尺度为底长六丈，头长一丈一尺，梢长一丈一尺，即船长八丈二尺。

⑨ 阔二尺五寸：遮洋船比浅船阔二尺五寸一说也不准确。漕船底阔九尺五寸，而遮洋船底阔一丈一尺，只阔一尺五寸。

⑩ 海澄：今福建省龙海市东南海澄镇。

⑪ 香山岙：今澳门特别行政区。

抵浪。登、莱①制度又不然。倭国②海舶两艕列橹手拦板③抵水，人在其中运力。朝鲜制度又不然。至其首尾各安罗经盘④以定方向，中腰大横梁出头数尺，贯插腰舵，则皆同也。腰舵非与梢舵形同，乃阔板斫成刀形，插入水中，亦不掀转，盖夹卫扶倾之义；其上仍横柄拴于梁上，而遇浅则提起，有似乎舵，故名腰舵也。凡海舟以竹筒贮淡水数石，度供舟内人两日之需，遇岛又汲。其何国何岛合用何向，针⑤指示昭然，恐非人力所祖。舵工一群主佐，直是识力造到死生浑忘地，非鼓勇之谓也。

——宋应星《天工开物》卷九《舟车》

## 快　船

洪武五年十一月癸亥，"诏浙江、福建濒海诸卫，改造多橹快船⑥，以备倭寇"。

——《明太祖实录》卷七十六

洪武六年正月庚戌，德庆侯廖永忠⑦言："臣请令广洋、江阴、横海、水军四卫，添造多橹快船，命将领之。无事则沿海巡徼，以备不虞。若倭夷之来，则大船薄之，快船逐之，彼欲战不能敌，欲退不

---

① 登、莱：登指登州府，治今山东蓬莱；莱指莱州府，治今山东莱州。
② 倭国：日本的古称。
③ 橹手拦板：指带有可供操纵的一种拦板。
④ 罗经盘：罗盘，当时用水罗盘指示航向。
⑤ 针：指罗盘针。
⑥ 多橹快船：具体形制不详。从其名称来看，该船以多橹驱进，但也可能有帆，是帆橹并用，行驶快捷的一种战船，主要用于追逐。下文的八橹风快、快船、风快、风尖、尖艍等大体都属于这类船。
⑦ 廖永忠（1323—1375）：明庐州巢县（今属安徽）人。元末于巢湖结寨自保，后投归朱元璋。历官枢密佥院、同知枢密院事、中书省右丞等。鄱阳湖之战后，改湖广行省右丞。从徐达取淮东，拜中书平章政事。复充征南副将军，讨方国珍，降之。洪武元年（1368）兼同知詹事院事。三年论功，封德庆侯。四年从汤和伐蜀，迫明升降。八年因逾制被杀。

可走，庶乎可以剿捕也。"

——《明太祖实录》卷七十八

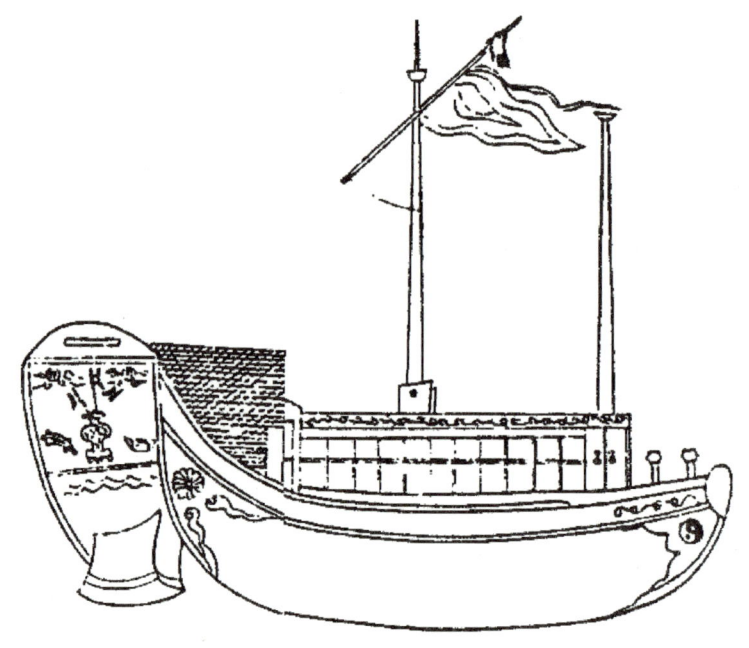

图1-1　快船

（见沈启《南船纪》卷一）

　　（洪武）五年命浙江、福建造海舟防倭。明年，从德庆侯廖永忠言，命广洋、江阴、横海、水军四卫增置多橹快船，无事则巡徼，遇寇以大船薄战，快船逐之。诏祯①充总兵官②，领四卫兵，京卫及沿海诸卫军悉听节制。每春以舟师出海，分路防倭，迄秋乃还。

——张廷玉等《明史》卷九十一《兵三》

---

① 祯：指吴祯。
② 总兵官：明初为有战事时临时任命的统军将领，战事毕即卸任，后来则成为驻守一定防区的常设军事将领。

永乐十年十一月壬寅,"命扬州等卫造海风船①六十一艘"。
　　　　　　　　　　　　——《明太宗实录》卷一百三十四

永乐十一年九月"辛丑,命江西、湖广、浙江及镇江等府卫改造海风船六十一艘"。
　　　　　　　　　　　　——《明太宗实录》卷一百四十三

国初沿海每卫各造大青②及风尖、八桨③等船一百余只,出海指挥统率官军更番出洋哨守。
　　——郑若曾《筹海图编》卷十二《御海洋》,"总督尚书胡云"条

国初于锦衣等四十卫,造风快船九百五十八只,以备水军征进,后止用供送官物。
　　　　　　　　——万历《明会典》卷二百《船工只·快船》

四百料钻风海船一只合用:

杉木二百二十八根,桅心木④二根,杂木六十七根,铁力木舵杆二根,橹坯二十枝,松木五根,丁线一万八千五百八十个,杂作九十四条个,桐鱼油一千一斤一十五两,石灰三千五斤一十三两,舱麻七百二十九斤八两八钱。

船上什物:络麻五百七十四斤一十四两四钱,黄藤三百八十三斤八两,棕毛七百三斤,白麻一十斤。
　　　　　　——正德《明会典》卷一百六十《工部》十四《船只》⑤

---

① 海风船:具体形制不详。因考虑其可能和风快有一定关系,故暂放于此。
② 大青:该船具体形制不详。
③ 八桨:是以八只桨为动力的小船,只供哨探之用,不能击敌。
④ 桅心木:指桅杆。
⑤ 又见沈棨《南船纪》卷一。

快船

船舱尺寸　出造船厂碑

前五舱　共长一丈六寸，每舱阔三尺，底阔五尺四寸，横阔六尺。

中四舱　共长一丈三尺六寸，每舱顺阔三尺四寸，里口阔六尺四寸。

神堂舱　顺阔三尺，横阔四尺八寸。

下官舱二　共五尺五寸。

八尺舱　三尺九寸。

以上各舱口要阔，厅堂要窄。

船身尺寸

底心　长四丈二尺六寸，阔九尺六寸。

梁头　阔一丈二尺六寸。

插头虚板　长一丈三尺四寸。

插梢虚板　长一丈三尺三寸。

以上梁头十四座，头尾共长六丈九尺三寸。

板厚薄

底心梁头搪浪板　三样俱二寸二分，下锯二寸净。

两廒两栈加援板　三样俱二寸，下锯一寸八分净。

匠作工价

大木匠工银八两。舱作工银七两。锯匠工银三两，无底者四两。平船舱作工银六两五钱。平船细木作工银一两五钱。画作工银二钱。油作工银三钱。

以上颜料各匠备，桐油各甲备。

大小风蓬二，合价银二两，有提头梯子者加银五钱。

——沈启《南船纪》卷一

## 八桨船

图1-2 八桨船式
（见郑若曾《筹海图编》卷十三）

## 料 船

旧制边海卫所，各造战船，有七百料、五百料、四百料、二百料、尖艍之殊。向因贼舟不大，七百料停造久矣。其余五百料之类，亦以不便海战，改造福清①等船。

——郑若曾《筹海图编》卷十二《勤会哨》

---

① 福清：今福建福清市。该地以善造福船船型闻名于当时。因福船船型最利于作战，故沿海各地将原来的船型改成此船型。

国朝漳州沿边水寨各置战船，有八百料，有四百料，有三百料，有五十料者。大者谓之快船，小谓之哨船。

——万历《漳州府志》卷七《兵防志》

图1-3　高把稍船式

（见郑若曾《筹海图编》卷十三）

查得浙江沿海玖卫叁拾贰所，先年原有战船伍百肆拾捌只，内有肆百料①、贰百料、捌橹、风快、铜头②、高把梢③、拾桨④等项名色。分属定临观总⑤壹百肆拾伍只，松海昌总壹百伍拾捌只，金盘总贰百贰拾伍只，海宁总贰拾只。每肆百料船壹只，用军壹百名；贰百料船壹只，用军柒拾伍名；捌橹等船用军伍拾名；风快船用军贰拾名，俱于卫所食粮旗军内选驾。

——范涞《两浙海防类考续编》卷二

浙江沿海先年原有战船五百四十八只，内有四百料用军百名，二百料用军七十五名，八橹、风快、铜头、高把梢、十桨用军五十名，风快用军二十名等项名色，俱于卫所食粮旗军内选驾。

——顾炎武《天下郡国利病书》浙江下

一千料海船一只合用：
杉木⑥三百二根，杂木一百四十九根，株木⑦二十根，榆木舵杆二

---

① 料：载重计量单位，每料为一石。一说为容量单位，一料等于一石。
② 铜头：该船的形制不详。万历年间，浙江省有铁头船，是艟艞船的小者，吃水四五尺，首尾皆阔，帆橹兼用。详见《两浙海防类考续编》卷四，可做参考。
③ 高把梢：其形制可能就是《筹海图编》和《武备志》所载之高把梢船。《武备志》把该船放福船之后、浙直船之前，由此来看该船当属于浙直船。
④ 拾桨：当与八桨船相似。
⑤ 定临观总：总，是浙江沿海军队的备倭体制。据《两浙海防类考续编》卷二载："查得浙江沿海地方，原设总督备倭都司壹员，温处守备壹员，考选把总指挥肆员，统辖卫所分为定临观壹总，松海昌壹总，金盘壹总，海宁壹总。至嘉靖贰拾捌年间，将定临观壹总分为贰总：定海总、临观总；松海昌壹总分为贰总：松海总、昌国总。共为陆总。"定临观总，即定海、临山和观海三卫编为一总，设把总一员统领，以卫定临观地区海防。
⑥ 杉木：杉树的木材。杉树，常绿乔木，高可达30米以上。木材白色或淡黄，质轻，耐朽。
⑦ 株木：《南船纪》作"楠木"，当以楠木为是。楠木，楠树的木材，制器具良材。株木，一般指刑杖。

根，栗木①二根，橹坯②三十八枝，丁线③三万五千七百四十二个，杂作④一百六十一条个，桐油三千一十二斤八两，石灰九千三十七斤八两，舱麻⑥一千二百五十三斤三两二钱。

船上什物：络麻⑦一千二百九十四斤，黄藤⑧八百八十五斤，白麻⑨二十斤，棕毛⑩二千二百八十三斤一十二两⑪。

——正德《明会典》卷一百六十《工部》十四《船只》⑫

## 海运船

永乐五年，改造海运船二百四十九只，备使西洋⑬诸国。正统七年，令南京造遮洋船三百五十只，给官军由海道运粮，赴蓟州等仓。登州卫⑭每年装运辽东布花钞锭⑮，原设海船一百只，正统间只存三十一只。

——正德《明会典》卷一百六十《工部》十四《船只》

① 栗木：栗为落叶乔木。果为坚果，可食，亦可入药。木材坚实，可供建筑与制器具用。但此处的栗木，当指铁栗木而言。铁栗木，亦称铁力木，质地坚硬。
② 橹坯：《南船纪》作"橹梭"。
③ 丁线：不详。
④ 杂作：应指造船以外所需工时。
⑤ 桐油三千一十二斤八两：《南船纪》作"三十二斤八两"。
⑥ 舱麻：制造舱料的麻绒和嵌塞船缝的麻絮。
⑦ 络麻：一年生草本，叶子卵形，开黄色小花，结蒴果，球形，表面有皱纹。茎皮纤维供纺织用。这里指其茎皮纤维。
⑧ 黄藤：棕榈科，有刺藤本。茎是编制藤椅、藤篮等藤器的重要原料之一。《南船纪》作"黄麻"。黄麻是田里种的一种麻，茎皮剥下在塘沤后可捶成长纤维，与黄藤属不同物。
⑨ 白麻：即苘麻、青麻，可做绳子。
⑩ 棕毛：棕丝的俗称。棕榈树叶鞘的纤维，红褐色，坚韧而具弹性，是编结蓑衣、绳索等的原料。
⑪ 二千二百八十三斤一十二两：《南船纪》作"二千一百八十三斤十二两"。
⑫ 又见万历《明会典》卷二百《工部》二十《河渠》五《船只》、沈启《南船纪》卷一。
⑬ 西洋：当时指苏门答腊岛以西的印度洋。
⑭ 登州卫：明军队编制卫所之一，洪武九年十二月设，驻今山东蓬莱，下辖八个千户所，是山东备倭都司所辖二十四卫所之一。
⑮ 布花钞锭：布类、棉花、纸钞、银块。

遮洋船三百四十六只。大河卫①五十四只。扬州卫三十六只。水军左卫②二十四只。龙江左卫③二十一只。龙江右卫④二十五只。水军右卫二十只。广洋卫二十四只。江阴卫⑤二十一只。应天卫一十二只。淮安卫三十二只。长淮卫⑥三十六只。高邮卫二十五只。横海卫一十六只。

船式样⑦：底⑧长五丈二尺，头长⑨九尺五寸，梢长⑩九尺五寸，底阔⑪九尺五寸，底头阔⑫六尺，底梢阔⑬五尺，头伏狮⑭阔八尺，梢伏狮阔七尺，梁头⑮一十四座，底板厚二寸，栈板⑯厚一寸七分，钉一尺三钉，龙口梁⑰阔一丈、深四尺，使风梁⑱阔一丈四尺、深三尺八寸，后

① 大河卫、扬州卫、广洋卫、应天卫、淮安卫、高邮卫，各卫均隶属于南京五军都督府的中军都督府。其中大河卫驻淮安东北，领所八；扬州卫驻扬州，领所五；广洋卫驻南京，领所六；应天卫驻南京，领所七；淮安卫驻淮安，领所六；高邮卫驻高邮州，领所五。
② 水军右卫：驻南京，领所七，隶属于南京五军都督府的右军都督府。
③ 龙江左卫：驻南京，领所八，隶属于南京五军都督府的前军都督府。
④ 龙江右卫、水军左卫均为在南京的卫所，领所分别为五和八，隶属于南京五军都督府的左军都督府。
⑤ 江阴卫、横海卫均为在南京的卫所，领所分别为七和六，隶属于南京五军都督府的后军都督府。
⑥ 长淮卫：驻中都，领所五，隶属于中都留守司。
⑦ 此式样据四库本正德《明会典》。万历《明会典》卷二百，该式样列在四百料浅船之后。看来很可能是四库本在抄写时搞错了。该式样是河船四百料浅船的式样。这里暂列于此。
⑧ 底：船底。
⑨ 头长：从船底首端到船头的水平距离。
⑩ 梢长：即船尾的虚梢长度。
⑪ 底阔：船底的宽度。
⑫ 底头阔：船底首端的宽度。
⑬ 底梢阔：船的头部称"头稍"，尾部称"尾艄"，此处应指船首部船底过渡到首封板的宽度。
⑭ 伏狮：也叫"头梁"，指船头或船尾顶部的大横木。在船的首尾要收放锚碇，承受锚碇缆的拉力与摩擦，同时船的首尾端也是易碰撞的部位，故装有一根大横木，称"伏狮"或"伏狮木"，船首的伏狮上多有龙牙桩，两边舷侧有加强木称"拿伏狮"。
⑮ 梁头：梁指横贯船身上部、用来连接船身并承担船面上负载的一批木构件，相当于屋梁。梁头包括这一根梁、两侧肋骨（也叫"个桡"）和靠近船底的一根横木（底梁，也叫"横柴"）所共同连接而成的一个框框构架。此外还包括紧贴在这一构架上的隔舱板，所以梁头现也叫"隔舱"。在明清的文献中，也称横舱壁为"梁头"。
⑯ 栈板：从船舭部到船侧的外板称"栈板"。
⑰ 龙口梁：指定的某船梁的术语，设于船首部。
⑱ 使风梁：多指大桅面梁，在桅舱靠背梁上方，也称"含檀"。

断水梁①阔九尺、深四尺五寸,两厫共阔七尺六寸。

——正德《明会典》卷一百六十《工部》十四《船只》

遮洋船一只合用:

底板楠木三根,底板楠木四根,出脚楠木一根,梁头杂木十根,草鞋底②榆木一段,前后伏狮、拏狮③杂木二根,封头④楠木连三枋⑤一块,封梢楠木短枋一块,挽脚梁⑥杂木一段,面梁⑦楠木连二枋一块,将军柱⑧杂木二段,桅夹⑨杂木板四片,大小钉锔⑩八百斤,艌船麻二百二十斤,石灰七石,椿灰⑪并油船桐油一百五十。

船上什物:大桅一根,头桅一根,大篷一扇,头篷一扇,綟索⑫三副,度綟⑬三条,猫缆⑭一条,猫顶一条,系水⑮一条,纤篢一条,箍头绳一条,八皮六条,撺篢⑯四条,抱桅索⑰二副,橹四枝,脚索⑱

① 后断水梁:也称"后兜水梁",船尾部最后一道水密的横舱壁。
② 草鞋底:有的船尾部虚稍在关封板或尾封板与船侧外板连接部位用弯板条加强,其加强的板件称草鞋底,上多有彩绘,有的文献称"燕尾板"。
③ 拏狮:在船头或船尾伏狮船两舷加强伏狮的木构件。
④ 封头:即俗称"首封板",也称"挡浪板""搪浪板""托浪板""关头板""照水板"。
⑤ 连三枋:在船的头部三根串联搪浪板的木,作用相当于船旁的肋骨。(此处可能指封头板鸡胸的位置用三块横向楠木)。
⑥ 挽脚梁:也叫"尾扎脚梁",是靠近船尾的一根底梁。
⑦ 面梁:指与甲板连接的横指梁。
⑧ 将军柱:即系缆桩。
⑨ 桅夹:也称"桅耳""鹿耳"。两块长木板,下有凸榫与桅座凹槽榫合,侧固定于桅舱靠背梁,两夹中竖桅杆,上有桅栓孔,桅夹穿过桅面梁,桅面梁上多有桅夹的定位榫槽。
⑩ 钉锔:指船建造时用的几种铁钉和几种锔钉,用于板及构件的连接。
⑪ 椿灰:制造艌料的工序之一,将桐油、石灰(或蛎灰)、麻绒(或竹绒)按比例放入白内春成艌料。
⑫ 綟索:缆绳的一种。
⑬ 度綟:缆绳的一种。
⑭ 猫缆:系锚的缆绳。猫,即锚。
⑮ 系水:即系船索。
⑯ 撺篢:竹缆。
⑰ 抱桅索:在帆的一侧,以绳或竹片或竹杆与桅杆套住,使帆的横桁不脱离桅杆,也称"篷弓"。
⑱ 脚索:也称"缭索",脚索分为总脚索和子脚索。总脚索俗称"滑脚",子脚索俗称"鸡爪索""麦须索"。是用以牵拉住风帆,操纵其迎风角度和承受风的横向推力的绳索组。

二副,招头木①一根,篙子②十二根,挽子③二把,水橛④二根,郎头一个,跳板⑤一块,橹跳⑥四块,橹绳四条,戽斗⑦一个,铁锚一个,吊桶⑧一个,挨簦木二根,竹水斗⑨一个,舵一扇,舵牙⑩一根,舵关门棍一根,水桶二个,前后衬舱水基竹瓦全,盖篷⑪并衬舱芦席全。

船式样:底长六丈,头长一丈一尺,梢长一丈一尺,底阔一丈一尺,底梢阔六尺,底头阔七尺五寸,头伏狮阔一丈,梢伏狮阔七尺五寸,梁头十六座,底板厚二寸,栈板厚一寸七分,钉一尺四钉,龙头梁⑫阔一丈二尺、深四尺八寸,使风梁阔一丈五尺、深四尺八寸,后断水梁阔六尺、深六尺,两厫⑬各阔四尺五寸,共九尺。

——万历《明会典》卷二百《工部》二十《河渠》五

永乐元年八月"癸亥,命京卫⑭及浙江、湖广、江西、苏州等府卫造海运船二百艘"。

——《明太宗实录》卷二十二

永乐元年十月"辛酉,命湖广、浙江、江西改造海运船

---

① 招头木:船首的操纵设备,通常用"棹"(也作"招"),比橹大,需多人搬棹。棹由棹杆和棹叶构成,此处指棹叶。
② 篙子:撑船、避碰用的竹篙。
③ 挽子:带钩的竹篙。
④ 水橛:木头橛子,用于无码头靠岸时夯入土中以便系泊船。
⑤ 跳板:船上备的供人员上下船用的跳板。
⑥ 橹跳:伸出舷外供对面协同摇橹的人站立的短跳板。
⑦ 戽斗:装水的木斗,功能如水勺,舀水用。
⑧ 吊桶:打水用的水桶。
⑨ 竹水斗:也称"舣斗",船舷外插竹篙用,样式如曲斗。
⑩ 舵牙:也称"舵牙关门棒",即操舵柄。
⑪ 盖篷:以竹篷为盖,防风雨。
⑫ 龙头梁:船梁名,设于船首部。
⑬ 两厫:厫与艎同义,甲板又称"艎板",指船甲板两内侧的通路。
⑭ 京卫:在京师的军卫,即当时在南京的军队,朱元璋时有四十八卫,朱棣时增至七十二卫。

一百八十八艘"。

——《明太宗实录》卷二十四

永乐二年正月壬戌"命京卫造海运船五十艘"。

——《明太宗实录》卷二十七

永乐三年十月"戊寅，浙江、江西、湖广及直隶安庆①等府改造海运船八十艘"。

——《明太宗实录》卷四十七

永乐三年十一月"丁酉，命浙江、江西、湖广改造海运艘十有三艘"。

——《明太宗实录》卷四十八

永乐四年十月"乙未，命浙江、江西、湖广及直隶徽州②、安庆、太平③、镇江④、苏州⑤等府卫造海运船八十八艘"。

——《明太宗实录》卷六十

永乐五年十月丙申"命广洋、淮安等卫造海运船九十七艘"。

——《明太宗实录》卷七十二

永乐五年十一月"丁巳，命浙江、湖广、江西改造海运船十六艘"。

——《明太宗实录》卷七十三

---

① 安庆：安庆府，治今安徽省安庆市。
② 徽州：徽州府，治今安徽省歙县。
③ 太平：太平府，治今安徽省当涂县。
④ 镇江：镇江府，治今江苏省镇江市。
⑤ 苏州：苏州府，治今江苏省苏州市。

永乐六年二月丁未,"命浙江金乡等卫改造海运船三十三艘"。

——《明太宗实录》卷七十六

永乐六年十一月"庚戌,命江西、浙江、湖广及直隶苏、松①等府造海运船五十八艘"。

——《明太宗实录》卷八十五

永乐七年十一月"戊寅,命龙虎②等卫造海运船九艘"。

——《明太宗实录》卷九十八

永乐七年十二月"丁未,命扬州等卫造海运船五艘"。

——《明太宗实录》卷九十九

永乐十年十月"庚辰,命浙江、湖广、江西及镇江等府卫造海运船百三十艘"。

——《明太宗实录》卷一百三十三

明年(永乐十年),以御史许堪言卫河水患,命礼③往经画。礼请自魏家湾④开支河二,泄水入土河⑤,复自德州西北开支河一,泄水

---

① 苏、松:苏州府和松江府。松江府,治今上海市松江区。
② 龙虎:龙虎卫,隶属左军都督府,当时驻南京,后调往北京。
③ 礼:指宋礼。宋礼(?—1422),字大本,明河南永宁(今洛宁)人。洪武时,以国子生擢山西按察司佥事。永乐时官至工部尚书。永乐九年(1411)奉命开会通河,复督修祥符(今河南开封)至中滦(今河南封丘西南)黄河故道。次年治理卫河。不久,陈瑄治江淮诸河亦完成,南北运河大通,海运遂废。卒于官。
④ 魏家湾:今山东省临清市东南魏湾。
⑤ 土河:今山东省马颊河的陵县西的一段。

入旧黄河①，使至海丰②大沽河③入海。帝命俟秋成后为之。礼还言："海运经历险阻，每岁船辄损败，有漂没者。有司修补，迫于期限，多科敛为民病，而船亦不坚。计海船一艘，用百人而运千石，其费可办河船容二百石者二十，船用十人，可运四千石。以此而论，利病较然。请拨镇江、凤阳④、淮安、扬州及兖州⑤粮，合百万石，从河运给北京。其海道则三岁两运。"已而平江伯陈瑄⑥治江、淮间诸河功，亦相继告竣。于是河运大便利，漕粟益多。十三年遂罢海运。

——张廷玉等《明史》卷一百五十三《宋礼传》

## 两头船

启按：《大学衍义补》有两头船之说。盖为海运谋，船巨，遇风惧难旋转，两头制舵，遇东风则西驰，遇南风则北驰。海道诸船无逾其利。稽之战船卷牍，亦有是名，裁革已久，惜未觌见。其式果于江防利乎否也？尝谓武备不嫌于多，虑患不妨于远。莫为之前犹将求之，而况为之前者有未泯乎？观于"补"⑦云于海且利，则其在江湖漫渎⑧，宜无不利也。兹因未泯者而图之，以托存单⑨之意。

——沈启《南船纪》卷一

---

① 旧黄河：今山东省德州市东北流经河北、山东交界的漳卫新河。
② 海丰：今河北省海兴县东海丰。
③ 大沽河：即今漳卫新河。
④ 凤阳：凤阳府，治今安徽省凤阳县。
⑤ 兖州：兖州府，治今山东省枣庄市兖州区。
⑥ 陈瑄（1365—1433）：字彦纯，明庐州合肥（今属安徽）人。以武臣子从军，积功至四川都指挥同知，率舟师防长江。燕王至，迎降。朱棣即位，封平江伯。永乐元年（1403）充总兵官，总督海运。永乐十三年，奉命治江、淮间诸河，凿清江浦（今江苏淮安西），导水入淮，漕运遂通。理漕河凡三十年，卒于官。
⑦ 补：《大学衍义补》的省称。
⑧ 漫渎：漫涧水与渎谷水的并称。《文选》卷十载："郦善长《水经注》曰：'橐水出橐山，北流出谷，谓之漫涧，与安阳溪水合，又西经陕县故城南，又合一水，谓之渎谷水。'"
⑨ 存单：保存独有的东西。

图1-4 两头船式

(见谢杰《虔台倭纂》)

卷一 正德前的海船

按：《大学衍义补》有两头船之说。盖为海运谋[①]，船巨，遇风惧难旋转，两头制舵，遇东风则西驰，遇南风则北驰。海道诸船无逾其利。盖武备不嫌于多，虑患不妨于远。莫为之前犹将求之，而况设之前者有未泯乎！以此冲敌，则贼舟虽整可乱也。

——郑若曾《筹海图编》卷十三《经略》三《兵船》

---

① 谋：《筹海图编》作"为"，此据《南船纪》卷一《两头船》载文改。

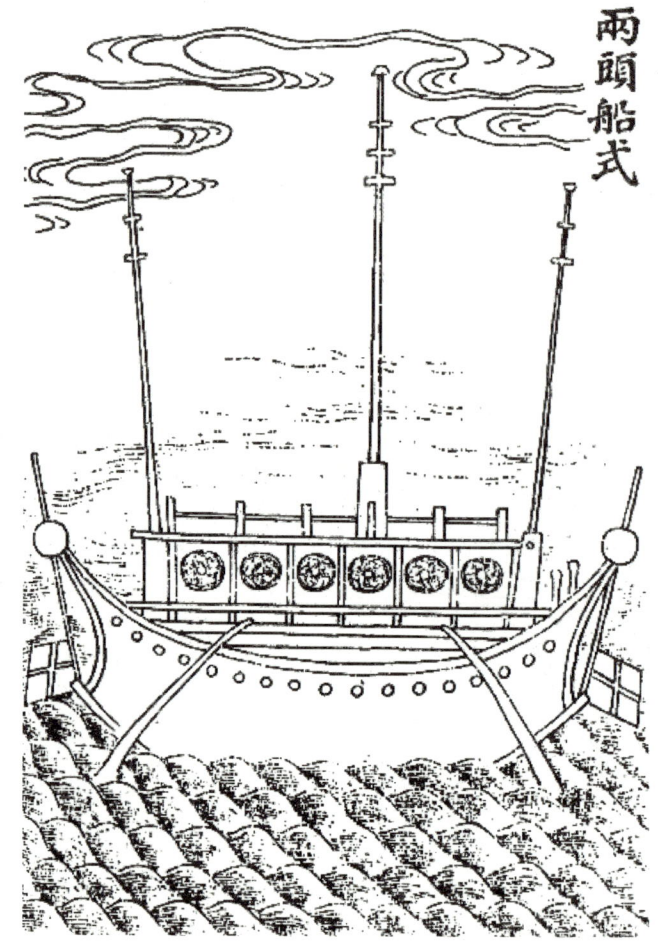

图1-5 两头船式

(见郑若曾《筹海图编》卷十三)

## 宝 船

  永乐二年正月癸亥,"将遣使西洋[①]诸国,命福建造海船五艘"。

——《明太宗实录》卷二十七

---

① 西洋:永乐年间的西洋指今苏门答腊岛西北端以西的印度洋及其沿岸地区。

永乐五年九月"乙卯,命都指挥①汪浩改造海运船二百四十九艘,备使西洋诸国"。

——《明太宗实录》卷七十一

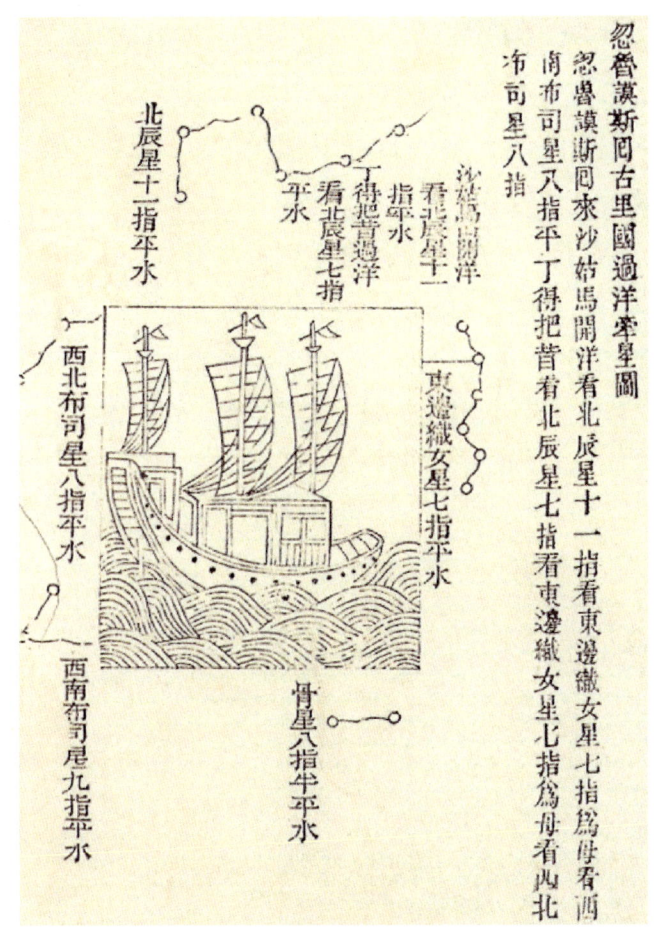

图1-6 郑和航海图牵星图
(见茅元仪《武备志》卷二百四十)

① 都指挥:明军中的官职。明初军队的编制体制是这样的:最高军事领导机构是中央的左、右、中、前、后督府,简称"五军都督府";五军都督府辖除皇上直属的亲军卫所外的全国都司、卫所;都司是都指挥使司的简称,每个省都设有都司,有的省还有行都司,为一省的最高军事机构,上隶属于都督府,下辖卫所;都司或行都司的军事长官称作都指挥使,简称都指挥,为正二品官,其副手称都指挥同知(从二品)和都指挥佥事(正三品);都指挥及其副手一起掌一省的军政。

永乐六年正月丁卯，"命工部造宝船四十八艘"。

——《明太宗实录》卷七十五

永乐十七年九月"乙卯，造宝船四十一艘"。

——《明太宗实录》卷二百一十六

宝船六十三只：大者长四十四丈四尺，阔一十八丈；中者长三十七丈，阔一十五丈。

计下西洋官校①、旗军②、勇士③、力士④、通士⑤、民稍⑥、买办⑦、书手⑧，通共计二万七千六百七十员名：官八百六十八员，军二万六千八百二名。正使太监⑨七员，少监⑩十员，监丞⑪五员，内官内使⑫五十三员。户部郎中⑬一员。都指挥二员，指挥⑭九十三员，千

① 官校：官，指官员；校，指校尉。这里的官员既包括军官（都指挥、指挥、千户、百户），也包括非军人的太监、少监、监丞、内官内使、户部郎中、阴阳官等各种官。校尉，是直驾扈从卫士，原隶仪銮司，后仪銮司改锦衣卫，仍隶焉；掌擎执卤簿仪仗及驾前宣召差遣等事；其人员由佥派民间无恶疾、过犯的丁壮充任。

② 旗军：指卫所军，因卫所军的军士均编制在小旗和总旗之内。卫所军分成两部分，屯田的卫所军称屯种旗军，操练守城的卫所军称操守旗军。卫所军的军士也称旗军。

③ 勇士：四卫营的军士。永乐时以北方逃回的军卒供养马役，给粮授室，号曰勇士，后来多以进马者充役，听御马监官提调，名义上隶属于羽林卫，宣德六年专设羽林卫三个千户所统领，不久改为武骧、腾骧左右卫，称四卫军，单独立营操练，称作禁兵，为皇帝随驾摆列。

④ 力士：随驾宿卫的军士，佥派民间无恶疾、过犯者充任，先隶旗手卫，后改锦衣卫及腾骧四卫，专领随驾金鼓、旗帜及守卫四门。

⑤ 通士：即通事、翻译，负责翻译外国和少数民族语言文字的人员。

⑥ 民稍：民间的艄公。"稍"同"艄"。

⑦ 买办：船上主管载货、乘客业务的人。

⑧ 书手：即书算手，担负书写、抄写及杂役的人员。

⑨ 太监：明宦官官名。明宦官设有十二监、四司、八局等二十四衙门。十二监每监各设太监一员，为正四品官。

⑩ 少监：明宦官官名。明宦官十二监，每监各设左右少监一员，为从四品。

⑪ 监丞：明宦官官名。明宦官十二监，每监各设左右监丞一员，为正五品。

⑫ 内官内使：传达皇帝诏令等的宦官。

⑬ 户部郎中：户部是明朝的六部之一，掌天下户口、田赋的政令，下设十三个清吏司，郎中是清吏司的长官，正五品，是尚书、侍郎下的重要官员。他随郑和船队下西洋，主要是管船队的财务和粮饷。

⑭ 指挥：即指挥使，明军中的官职。明军实行卫所制，卫即卫指挥使司，上隶属于都指挥使司，下辖千户所。卫的军长官称卫指挥使，简称指挥，正三品。一卫约5 600人。

户[1]一百四十员,百户[2]四百三员。教谕一员,阴阳官[3]一员,舍人[4]二名,余丁[5]一名,医官、医士[6]一百八十员名。

——马欢《瀛涯胜览》

图1-7 《天妃经》卷首插图"郑和下西洋船队"

宝船陆拾叁只:大者长肆十肆丈肆尺,阔壹拾捌丈;中者长叁拾柒丈,阔壹拾伍丈。计下西洋官校、旗军、勇士、力士、通士、民

---

[1] 千户:明军中千户所一级的军事长官。一般明军一个卫指挥使司下辖五个千户所,一个千户所下辖十个百户所。一个千户所为1 120人,他的军事长官称千户,正五品。

[2] 百户:明军中百户所一级的军事长官。一个百户所有军士112人,上隶属于千户所,下辖二总旗。百户所的军事长官称百户,正六品。

[3] 阴阳官:明初设置的掌管天文、星卜等的官员。每府正术一人,从九品,是称为阴阳官。每州典术一人,每县训术一人,无品级,是为阴阳生。

[4] 舍人:卫所军官子弟。《明会典》卷一百三十四载:"幼官舍人营,坐营官一员。幼官营,把总一员。舍人营,一司、二司、三司、四司各把总一员。管操练京卫幼官及应袭舍人。殚忠效义营,坐营官一员,把总各一员。管操练京卫报效舍人、余丁。舍人营曰殚忠,余丁营曰效义。"下西洋人员中的舍人就是《明会典》这里所讲的舍人,指的是未袭职的卫所军官的子弟。有的学者说舍人指的是通事舍人、中书舍人、起居舍人等,恐怕不确。舍人不是官员,而是没有品级官职的人,因为如果有品级就应称"舍人二员",而不应称"舍人二名"。

[5] 余丁:又称军余、家丁,明卫所军士家属中成年男丁,正军死亡或老疾即由其补伍。

[6] 医官医士:明设有掌医疗之法的太医院,在边关卫所及人聚处,各设医生、医士或医官,具由太医院派出。

稍、买办、书手，通共计贰万柒千陆百柒拾员名。官捌百陆拾捌员，军贰万陆千捌百贰名。正使太监柒员，监丞伍员，少监拾员，内官内使伍拾叁员，户部郎中壹员，都指挥贰员，指挥玖拾叁员，千户壹百肆拾员，百户肆百叁员，教谕壹员，阴阳壹员，舍人贰名，余丁壹名，医者医士壹百捌拾名。

——《三宝征彝集》

图1-8 郑和下西洋大型宝船复原模型之一

随敕奉差诸员名：钦差正使太监七员，副使监丞十员，少监十员，内监五十三员，都指挥二员，指挥九十三员，千户一百另四员，百户一百另三员，舍人二名，户部郎中一员，鸿胪寺序班①二员，阴阳官一员，阴阳生四名，医官医士一百八十员，旗校、勇士、力士、军力、余丁、民稍、买办、书手共二万六千八百另三名。以上共二万七千四百一十一员名……又拨宝船六十三号。大船长四十四丈，阔一十八丈；中船长三十七丈，阔一十五丈。

——李士厚《郑和家谱考释》

---

① 鸿胪寺序班：明设鸿胪寺，掌朝会、宾客、吉凶礼仪之事。主官为卿一人，左右少卿各一人，左右寺丞各一人，其下属机构：主簿厅，设主簿一人；司仪、司宾二署，各署丞一人，鸣赞四人，序班五十人。序班为从九品官。

永乐三年三月，命太监郑和①等行赏赐古里②、满剌③诸国，通计官校、旗军、勇士、土民、买办、书手共二万七千八百七十余员名。宝船共六十三号，大船长四十四丈四尺，阔一十八丈；中船长三十七丈，阔一十五丈。

——顾起元《客座赘语》卷一《宝船厂》

己卯，命太监郑和等赐劳古里、满剌加诸国，役卒共二万七千八百七十余人，宝船六十三艘，其大修四十四丈，博十八丈，次修三十七丈，博十五丈。

——谈迁《国榷》卷十三，永乐三年六月

永乐三年六月，命和及其侪王景宏④等通使西洋。将士卒二万七千八百余人，多赍金币。造大舶，修四十四丈、广十八丈者六十二。

——张廷玉等《明史》卷三百四《郑和传》

永乐七年己丑，上命正使太监郑和、王景宏等统领官兵二万七千余人，驾使海舶四十八号，往诸番国，开读赏赐。是岁秋九月，自太仓刘家港开船，十月到福建长乐太平港停泊，十二月于福建五虎门开洋，张十二帆，顺风十昼夜到占城国。

——费信著，冯承钧校注《星槎胜览校注·占城国》

---

① 郑和（1371—1433）：本姓马，小名三宝，明云南昆阳（今晋宁）人，回族。航海家，外交家。洪武十四年（1381），明军征云南，被俘，后入燕王朱棣藩邸为宦官，得燕王亲信。"靖难"之役，以监军从征有功，赐姓郑，擢内官监太监，人称三保（宝）太监。永乐三年（1405）、五年、七年、十一年、十五年、十九年六次率船队通使西洋诸国。洪熙元年（1425），任南京守备太监。宣德六年（1431）再下西洋，八年在归途中病逝于古里。
② 古里：今印度西海岸的科泽科德。
③ 满剌：即满剌加，今马来西亚吉隆坡东南的马六甲。
④ 王景宏：明初人。宦官，航海家。永乐三年（1405）与郑和等奉命通使西洋。五年出使东南诸国，七年再使西洋，均与郑和等同任正使。宣德五年（1430）奉使忽鲁谟斯等十七国，九年出使苏门答腊，相传死于南洋爪哇。我国台湾或南洋诸国称之为王三保或王三宝。

所乘之宝舟，体势巍然，巨无与敌，篷帆锚舵，非二三百人莫能举动。趋事人众，纷匝往来，岂暇停憩。缺其食饮，则劳困弗胜。况海水卤咸，不可入口，皆于附近川泽及滨海港汊，汲取淡水。水船载运，积贮仓储，以备用度，斯乃至急之务，不可暂弛。

——巩珍《西洋番国志·自序》

图1-9　郑和下西洋大型宝船复原模型之二

帝敕建弘仁普济天妃之宫于都城外龙江之上，以……帝复建静海禅寺，用显法门，诚千古之佳胜。岂偶然之……永乐三年，将领官军乘驾两千料海船并八橹船……清海道……永乐四年，大船驻于旧港海口①，即古之三佛齐②……首陈祖义、金志名③等，于永乐五年七月内回京。由是……永乐七年，将领官军乘驾一千五百料海船并八橹

---

① 旧港：今印度尼西亚苏门答腊岛东南马六甲海峡入口处。
② 三佛齐：今印度尼西亚苏门答腊岛上的巨港。
③ 陈祖义：广东人，洪武初年逃至旧港，据其地横行，劫夺客船财物。郑和第一次下西洋（1405—1407）回航时，其欲劫郑和船队，郑和反击，将其擒获，带至京师处死。

船……其国王阿烈苦奈儿①谋劫钱粮船只,事……阿烈苦奈儿并家……

——南京静海寺残碑

"……充副使,统领军士,乘大福等号五千料巨舶,赍捧招敕使西洋各番国,抚谕远人……"

——明洪保墓志铭

船号:如清和、惠康、长宁、安济、清远之类。又有数序一、二等号。

船名:大八橹、二八橹之类。

——祝允明《前闻纪·下西洋》

图1-10 郑和下西洋八橹船复原模型

---

① 阿烈苦奈儿:明永乐年间时的锡兰(今斯里兰卡)国王。郑和第三次下西洋(1409—1411)时,阿烈苦奈儿发兵五万,劫郑和船只。郑和率三千人从间道攻下其都城,活捉阿烈苦奈儿,带回南京,后放还。

附：　　　　　　　漕　舫

凡京师为军民集区，万国水运以供储，漕舫所由兴也。元朝混一，以燕京为大都。南方运道，由苏州刘家港、海门黄连沙开洋，直抵天津，制度用遮洋船。永乐间因之。以风涛多险，后改漕运。

平江伯陈某，始造平底浅船，则今粮船之制也。凡船制底为地，枋为宫墙，阴阳竹为覆瓦；伏狮，前为阀阅，后为寝堂；桅为弓弩，弦、篷为翼；橹为车马；簟纤为履鞋，丝索为鹰雕筋骨；招为先锋，舵为指挥主帅；锚为扎军营寨。

粮船初制，底长五丈二尺，其板厚二寸，采巨木，楠为上，栗次之。头长九尺五寸；稍长九尺五寸；底阔九尺五寸；底头阔六尺，底稍阔五尺；头伏狮阔八尺，稍伏狮阔七尺；梁头十四座。龙口梁阔一丈，深四尺；使风梁阔一丈四尺，深三尺八寸；后断水梁阔九尺，深四尺五寸。两厫共阔七尺六寸。此其初制，载米可近二千石<sub>交兑每只止足五百石</sub>。后运军造者，私增身长二丈，首尾阔二尺余，其量可受三千石。而运河闸口原阔一丈二尺，差可度过。凡今官坐船，其制尽同，第窗户之间，宽出其径，加以精工彩饰而已。

凡造船先从底起，底面傍靠樯［墙］，上承栈，下亲地面。隔位列置者曰梁，两艕峻立者曰樯［墙］。盖樯［墙］巨木曰正枋，枋上曰弦，梁前竖桅位曰锚坛，坛底横木夹桅本者曰地龙。前后维曰伏狮，其下曰拿狮，伏狮下封头木曰连三枋。船头面中缺一方曰水井<sub>其下藏缆索等物</sub>；头面眉际树两木以系缆者曰将军柱。船尾下斜上者曰草鞋底，后封头下曰短枋，枋下曰挽脚梁，船稍掌舵所居其上曰野鸡篷。<sub>使风时，一人坐篷巅，收守篷索。</sub>

凡舟身将十丈者，立桅必两；树中桅之位，折中过前二位，头桅又前丈余。粮船中桅长者以八丈为率，短者缩十之一二；其本入窗内亦丈余，悬篷之位，约五六丈。头桅尺寸则不及中桅之半，篷纵横亦不敌三分之一。苏、湖六郡运米，其船多过石瓮桥下，且无江汉之险，故桅与篷尺寸全杀。若湖广、江西省舟，则过湖冲江，无端风浪，故锚、缆、篷、桅，必极尽制度而后无患。凡风篷尺寸，其则一视全舟横身，过则有患，不及则力软。

凡船篷，其质乃析篾成片织就，夹为竹条，逐块折叠，以俟悬挂。粮船中桅篷，合并十人力方克凑顶，头篷则两人带之有余。凡度篷索，先系空中寸圆木关捩于桅巅之上，然后带索腰间，缘木而上，三股交错而度之。凡风篷之力，其末一叶，敌其本三叶。调匀和畅顺风则绝顶张篷，行疾奔马；若风力洊至，则以次减下<sub>遇风鼓急不下，以钩搭</sub><sub>扯</sub>；狂甚则只带一两叶而已。

凡风从横来，名曰抢风。顺水行舟，则挂篷之玄游走，或一抢向东，止寸平过，甚至却退数十丈；未及岸时，捩舵转篷，一抢向西，借贷水力兼带风力轧下，则顷刻十余里。或湖水平而不流者，亦可缓轧。若上水舟，则一步不可行也。

凡船性随水，若草从风，故制舵障水，使不定向流，舵板一转，一泓从之。凡舵尺寸，与船腹切齐。若长一寸，则遇浅之时，船腹已过，其梢尼舵使胶住，设风狂力劲，则寸木为难不可言；舵短一寸，则转运力怯，回头不捷。凡舵力所障水，相应及船头而止，其腹底之下，俨若一派急顺流，故船头不约而正，其机妙不可言。舵上所操柄，名曰关门棒，欲船北，则南向捩转，欲船南，则北向捩转。船身太长而风力横劲，舵力不甚应手，则急下一偏披水板，以抵其势。凡舵用直木一根<sub>粮船用者，围三尺，长丈余</sub>为身，上截横受棒，下截界开衔口，纳板其中，如斧形，铁钉固栓，以障水。稍后隆起处，亦名舵楼。

凡铁锚所以沉水系舟。一粮船计用五六锚，最雄者曰看家锚，重五百斤内外，其余头用两枝，稍用二枝。凡中流遇逆风不可去又不可泊，<sub>或业已近岸，其下有石非沙，亦不可泊，惟打锚深处</sub>则下锚沉水底，其所系缚缠绕将军柱上，锚爪一遇泥沙，扣底抓住。十分危急，则下看家锚。系此锚者曰本身，盖重言之也。或同行前舟阻滞，恐我舟顺势急去，

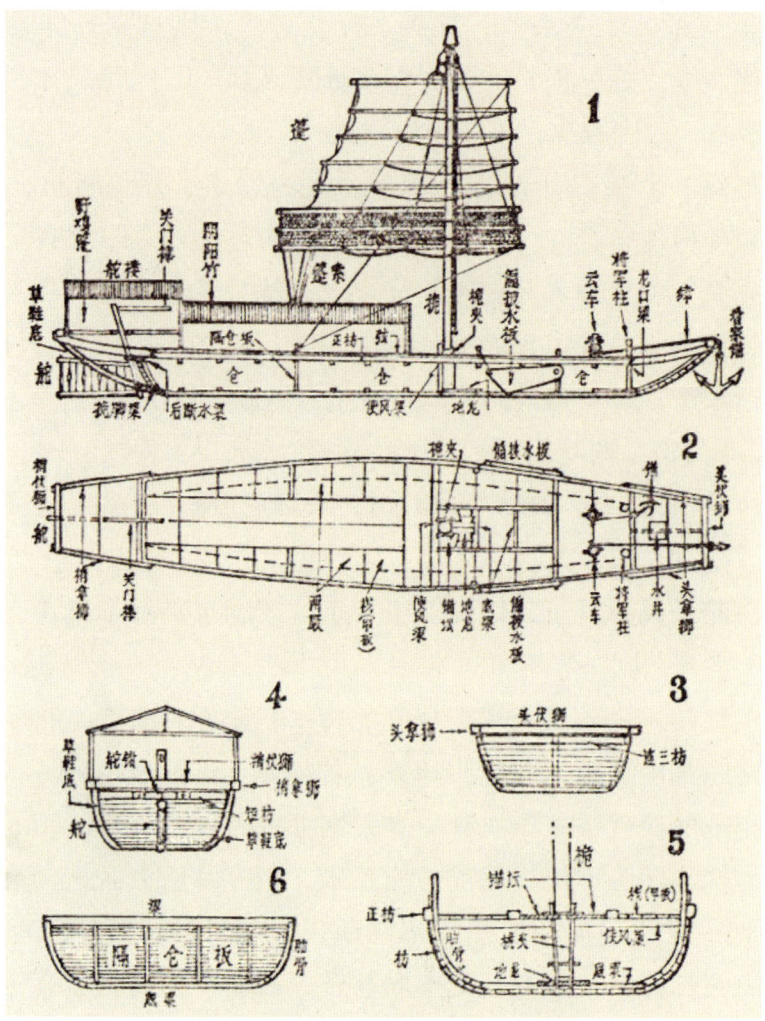

1.纵剖面；2.平面；3.船头；4.船尾；5.桅位横剖面；6.梁头。

图1-11 古舟结构示意图①

---

① 因附录《天工开物·舟》部分文字，由此宕开一笔。笔者曾见一幅古舟结构示意图，其不当之处，与方家商榷。

纵剖面：野鸡篷和舵楼，都是指遮盖操舵处棚子，野鸡篷通常更简陋。不标"看家锚"为宜，可标"铁锚"。

平面：锚坛，当为桅舱，桅座也称"地龙""桅楮"；"栈"不出现标甲板上，船舷部到舷侧的外板名称"井栈"；"水井"即缆索舱。

桅位横剖面：桅和桅夹贴横舱壁，本图如表示内河船，则不应出现肋骨，如表示后来的海船，又缺少了横舱壁。同时，甲板安装不对。

梁头：舱壁上一般不再设横梁，故不可能出现短枋构件。

有撞伤之祸，则急下稍锚提住，使不迅速流行。风息开舟，则以云车绞缆提锚使上。

凡船板合隙缝，以白麻斫絮为筋，钝凿扱入，然后筛过细石灰，和桐油舂杵成团调艌。温、台、闽、广即用蛎灰。

凡舟中带篷索，以火麻秸一名大麻绹绞；粗成径寸以外者，即系万钧不绝。若系锚缆，则破析青竹篾为之。其篾线入釜煮熟，然后纠绞。拽纤篗，亦煮熟篾线绞成，十丈以往，中作圈为接彄，遇阻碍可以掐断。凡竹性直，篾一线千钧。三峡入川上水舟，不用纠绞篗缱，即破竹阔寸许者，整条以次接长，名曰火杖。盖沿崖石棱如刃，惧破篾易损也。

凡木色，桅用端直杉木，长不足则接，其表铁箍逐寸包围。船窗前道，皆当中空阙，以便树桅。凡树中桅，合并数巨舟承载，其末长缆系表而起。梁与枋樯［墙］用楠木、楮木、樟木、榆木、槐木樟木春夏伐者，久则粉蛀；栈板不拘何木；舵杆用榆木、榔木、楮木；关门棒用椆木、榔木；橹用杉木、桧木、楸木。此其大端云。

——宋应星《天工开物》卷九《舟》

## [今说]

### 海船和江河船不同

海船和江河船不同，这种不同主要表现在形制上。海上风大，波涛汹涌，为了抗拒这种波涛，所造之船要坚固，船上建筑不能太高，而江河之船则可以有较高的上层建筑，船的舱室也可略大。因此乘坐海船没有江河船舒适。明代有哪些海船和江河船很难说得清楚。就《明会典》所列之船倒是可以把海船同江河船区分开来。《明会典》列有黄船、马船、快船、海运船、鲜船、备倭船、战船和粮船等八种，这是按其用途分的。如果按江海船来分，则黄船、马船、鲜船、战船都应算作江船，而粮船中的遮洋船是海船，浅船则是江船；快船有的为海船，有的则为江船。因此《明会典》所列的诸船中只有海运船、备倭船、粮船中的遮洋船和某些快船是海船。到了明代江海船已经区分得比较清楚了。正因为如此，罗懋登在《三宝太监西洋记通俗演义》中所讲的郑和下西洋所用的船有马船、粮船、战船，其名称均来自《明会典》，另一座船其名称则来自《南船纪》战座船和巡座船，而所有这些船都是江船，不是海船，也不是郑和下西洋所用之船。罗懋登用这些名称称郑和下西洋之船，足见其没有把江船和海船区分开来，也足见这些船名是由其杜撰的，而并不是郑和出使西洋所乘驾的船舶。因此他所讲的这些船的情况恐没有历史根据，不可信。

从《明会典》所载的海船来看，按用途分只有两种，即海运船和备倭船。海运船中包括粮船中的遮洋船，备倭船中包括海上的快船。民间当也有渔船和运货的商船，但这是很少的且是非法的。因为明初太祖朱元璋三令五申禁止下海捕鱼和经商。海运船除了运粮的遮洋船外，另一重要的用途是用作朝廷派出访问各国的使节所乘之船。但不论是哪种船，当时都是武装船，都同备倭船一样有着保卫海防的作用。从一些事例中明显能看出这一点。永乐四年（1406）十月，平江伯陈瑄督海运至辽东，返回时遇到倭寇侵犯沙门岛（今山东长岛县西北大黑山岛）。陈瑄即率船队与之交战，追倭寇至朝鲜境上，焚其舟殆尽，斩获甚多。永乐十五年（1417），出使西洋诸国的内官张谦，回来时于浙江金乡卫海上遇入侵的倭寇，当即与之大战20回合，杀敌无算，敌遁去。可见明初的海船都是武装船，都负有保卫海疆的任务。

## 明前期海船的形制

明前期海船的形制没有明确记载，现在能看到的相关的绘图有《太上老君说天妃救苦灵应经》（简称"《天妃经》"）插图，《筹海图编》所载的高把梢船、两头船、八桨船图，《武备志》所载的《自宝船厂开船从龙江关出水直抵外国诸番图》（即《郑和航海图》）的四幅图。从这些图来看，有的似后来的福船，有的则似浙直船。如《太上老君说天妃救苦灵应经》插图和《郑和航海图》的四幅图明显具有福船的特征，而高把梢船和八桨船则属于浙直的船型。郑和下西洋船队的船只大体也是这两种船型。做出如此判断基于几点：①广、福、浙直这几类船型中福船最适合于在大洋中航行，七下西洋的船舶不能不采用这种船，《太上说老君天妃救苦灵应经》的插图和《郑和航海图》的四幅图证明了这一点；②八橹风快是明初浙江沿海卫所所使用的战船，郑和下西洋的大八橹、二八橹类，当是浙江沿海的八橹风快，这种帆橹兼用的船，风顺则扬帆，风息则荡橹，同样有利于在大洋上航行；③郑和的船队每次都是从南直隶出发，但到福建后往往停留较长时间，以进一步做好出发前的准备和等候季风。

是不是还有其他形制的船舶呢？当然不排除。但有的人大概是根据《登坛必究》和《武备志》二书列有宋《武经总要》的船图，就认为明初战船的形制就是《武备志》等所载的宋《武经总要》所列的战船。这恐怕值得商榷。

《武经总要》载有六种船：游艇、楼船、艨艟、走舸、斗舰、海鹘。

《武经总要》所列舰船，特别是游艇、楼船（图1-12），上层建筑都比较高，有的达五层，这是不适合于在波涛汹涌的海上航行的，他们只适用航行江河湖泊之中。他们也确实是为江河作战而设计的，《武经总要》中这些船"利顺流以击之"，也可见其是在江河之中。因此如果说明初江河之战船沿袭宋代船的形制是可能的，但说海中战

船还沿袭宋代船的形制（海鹘船除外）恐怕就很难说是准确的了。

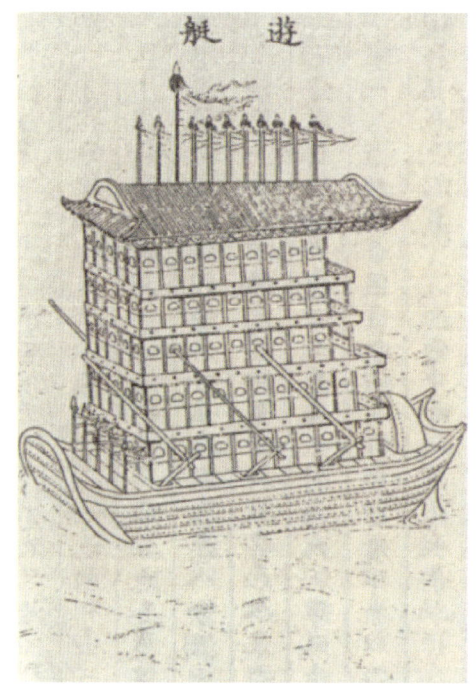

图1-12　游艇及楼船

（见《武经总要》前集卷十一）

明初的舰船无疑是沿袭元代战船形制的，而元代战船是沿袭宋代的。宋代的战船除了上述《武经总要》讲的主要用于江河作战用的战船外，当也有海上用的战船。宋绍兴三十一年（1161），两浙西路军副总管李宝率领一支水军远程奔袭在唐岛①的金水军。在奔袭过程中，连续三天海风大作，浪涛如山，李宝的船被打得七零八落，但当风停之后，又聚集在一起。这说明李宝的船只是经得住风浪的拍打

---

① 唐岛：又名陈家岛，《历史地名大辞典》载："在山东胶县（今胶州市）南一百里。"该辞典又引《海防考》："滨海要冲有胶州石臼等所及海中的陈家岛诸处。"《筹海图编·沿海山沙图》载有"唐岛烽堠"在山东灵山卫（在今胶南东偏北），若据此判断，唐岛当在今山东青岛市的区域内。如果是在胶县南一百里的大海中则很可能是指今胶南市东南海中的灵山岛。具体地理位置到底在哪，有待进一步考证。

的。这样的船只就不可能是《武经总要》所载的游艇、楼船之类。史载，忽必烈征日本时所用的战船"实际上就是南宋水军经常用的'艨艟战舰'"①。如果真如此，就难怪其在日本平户等地遇到飓风时，船坏殆尽了。但这并不是说，元代的船只都不适于航海。元代也应有适于海上运输和作战的船型。从至元二十年（1283）至天历（1328—1330）、至顺（1330—1333）年间，元由海道运东南粟给京师（北京），由四万石以上增至三百万石以上②。运这么大量的粮食没有适于海上航行的船舶显然不可能的。元末占据东南沿海的张士诚、方国珍和陈友定都曾为元漕运东南粟，都拥有大量适于海上航行的船舶，而这些船舶后来均落入朱元璋之手，仅迫降方国珍，朱元璋就得"海舟四百余艘"③。洪武元年（1368）二月，朱元璋命汤和在明州（今浙江宁波）造船，运粮输直沽④。这是明朝自己最早造的海船，从其造船地点判断，其形制当属浙直型。

总之，我们认为明前期海船的形制主要是浙直和福船型，而不都是宋《武经总要》所载的船型。

## 下西洋舟师中的海船构成

下西洋的船也就是宝船，这是从广义上来讲的。从狭义上来说郑和下西洋的船可分为四种：宝船（最大的船）、料船（包括五千料、二千料和一千五百料船）、八橹船（大八橹、二八橹）和水船。这里对其中几种船作一考查。

---

① 史卫民《元代军事史》，军事科学出版社1998年版，第355页。
② 宋濂等《元史》卷九十七《食货志五·海运》，中华书局1976年版。（下同，不注）
③ 张廷玉等《明史》卷一百二十六《汤和传》，中华书局1974年版。（下同，不注）
④ 直沽：金、元时称潞（今北运河）、卫（今南运河）两河会合处为直沽。在今天津市内狮子林桥西端旧三汊口一带，为天津市聚落最早兴起之地。元延祐三年（1316）置海津镇，明永乐二年（1404）筑天津城，为南北漕运和海运的咽喉，京师东南之巨镇。元、明时由于直沽聚落的发展，专称旧三汊口一带为小直沽，称其东南海口附近一带（今天津市东南海河北岸）为大直沽。

## 宝船

宝船是指郑和下西洋船队中最大的船。学者对郑和下西洋船队中有五千料海船、二千料海船、一千五料海船以及八橹船和水船没有什么异议,但对是不是有比五千料、二千料海船还大的大宝船的存在,则有严重的分歧:一种认为根本不存在;一种认为不仅有而且就是史料上所载的长四十四丈四尺、宽十八丈的船;还有的认为存在,但不是在下西洋的船队中,而是只为皇帝、皇室、高官参加开航典礼之用。我们认为比五千料、二千料海船还大的宝船是存在的。说其存在有四点根据。

1.从明钞说集本《瀛涯胜览·卷首》到《明史》共有七种文献有大宝船长四十四丈四尺、宽十八丈的记载,恐怕不能轻易否定。

有一种否定其存在的理由是认为《瀛涯胜览》记载宝船尺度来源于《三宝太监西洋记通俗演义》,因为明刻本《瀛涯胜览》最早的是万历四十五年(1617)的《纪录汇编》本,而该书中没有宝船尺度的记载。有宝船记载的《瀛涯胜览》只有明钞说集本和明抄本《三宝征彝集》的卷首,而这两个抄本不会早于《纪录汇编》;有的还将记载有宝船尺度的七种书均列出,而在这七种书中只有《三宝太监西洋记通俗演义》成书最早,为1597年。这样记载宝船尺度最早的是《三宝太监西洋记通俗演义》,其他书的记载都是晚出,均来源于《三宝太监西洋记通俗演义》[①],而《三宝太监西洋记通俗演义》关于宝船的尺度基本是虚构的。我们认为上述这个论据不够充分,结论值得商榷。实际上,福建省图书馆珍存有马欢的景泰辛未(1451)的《瀛涯胜览》,已有宝船记载,此去最后一次下西洋只有18年。

第一,说明钞说集本的《瀛涯胜览》和明抄本《三宝征彝集》关于宝船尺度的记载晚于《纪录汇编》还没有充足的证据。万明在

---

① 唐志拔《关于郑和宝船尺度出自〈瀛涯胜览〉的论点质疑》,《船史研究》1997年,11~12期;杨㮮《再论"郑和宝船之谜"》,载《郑和下西洋与福建》,福建人民出版社,2004年版,第101页。

《马欢〈瀛涯胜览〉源流考》中指出,"可以说在说本(即明钞说集本——引者)、淡本和三宝本(即《三宝征夷记》——引者)这些明后期出现的定稿本的钞本中,才出现了宝船和人员这段文字。那么,是否马欢的定稿本已有了这段文字呢?应该说不能确定。值得注意的是,即使是根据定稿本刊刻的《纪录汇编》本,也没有这一内容的文字。可以推测,这段文字在初稿本系统传本中未见,在定稿本中也没有,只是在定稿本中的传抄本中才出现,《纪录汇编》刊刻者完全有可能认为出自说部不可信而不取"[1]。由此可见,不能说因为《纪录汇编》没有关于宝船尺度的记载,就说这之前的钞本就没有这段文字的记载。

第二,说顾起元《客座赘语》所载的宝船尺度来源于《三宝太监西洋记通俗演义》没有证据。顾起元(1565—1628),字太初,一作璘初、邻初,号遁园居士,江宁府(今江苏南京)人。他在《客座赘语》卷一《宝船厂》条中写下了宝船的尺度是南京人写南京事,说其资料来源于本地恐怕比说其资料来源于陕西人罗懋登写的《三宝太监西洋记通俗演义》更为可信。

第三,《国榷》关于宝船尺度的叙述不可能来自《三宝太监西洋记通俗演义》。《国榷》为谈迁所撰。吴晗说:"谈迁对史实的真实性态度很严肃。"又说:"谈迁对明代史实虽然十分重视,用一辈子功夫钻研搜集,但对小说戏曲却非常轻视。"[2]说"对史实的真实性态度很严肃"而"对小说戏曲却非常轻视"的谈迁,在他的历史著作《国榷》中采用小说的材料,确实使人难以置信。

第四,从内容来看,《瀛涯胜览》所载宝船的尺度和人员,也不是来自《三宝太监西洋记通俗演义》。我们把《瀛涯胜览》所载的宝船尺度和人员同《三宝太监西洋记通俗演义》上所载的船只尺度和人

---

[1] (明)马欢著,万明校注《明钞本〈瀛涯胜览〉校注》,海洋出版社,2005年版。
[2] 吴晗《谈迁和国榷》,载《中国史学史论集(二)》,上海人民出版社,1980年版。

员比较一下就会发现,除了宝船的大号和中号的尺度能在《三宝太监西洋记通俗演义》找到外,六十三号宝船、宝船上的各类人员及其数字等均找不到。这怎能说宝船的尺度和人员等的数据采自《三宝太监西洋记通俗演义》呢?

第五,《瀛涯胜览》的宝船尺度不是来源于《三宝太监西洋记通俗演义》,恰恰相反,《三宝太监西洋记通俗演义》"宝船"和"马船"尺度来源于《瀛涯胜览》。1985年上海古籍出版社出版了《三宝太监西洋记通俗演义》,其《前言》的作者陆树崙、竺少华说:"《明史》所载郑和奉使西洋,历涉的三十余国,《西洋记》里都有所述及。至于《西洋记》里有关各国之天时地理、风俗人情的描写,也有所本。历史上郑和奉使西洋,有关各国之情况,其随员马欢和费信分别在《瀛涯胜览》和《星槎胜览》中,有过直笔记载。西洋记里的各国情况,便是根据这两部《胜览》的记载敷演而成。赵景深教授在《三宝太监西洋记》一文里,曾把西洋记引用《瀛涯胜览》《星槎胜览》之处,列举了几十条。"①因此结论应是,罗懋登看过明钞说集本《瀛涯胜览》等载有宝船尺度的书,将其加以演义,写入自己的书中,而不是相反的情况。

2.说大号宝船和中号宝船是为皇帝等参加开航典礼特别建造的,而不是航行在大洋上的下西洋船只,也不能令人信服。原因不是别的,就是在下西洋的船队中确有"张十二帆""篷帆锚舵,非二三百人莫能举动"的大船。这是亲身经历下西洋的费信和巩珍讲述的,是不能否定的。这样的大船就是大宝船。

3.大宝船大于二千料海船。亲身经历下西洋的费信和巩珍所记的海上航行时"张十二帆"和"篷帆锚舵,非二三百人莫能举动",无疑是可信的。而这种张十二帆要二三百人驾驶的大船,不是现在人们

---

① (明)罗懋登著,陆树崙,竺少华校点《三宝太监西洋记通俗演义》,上海古籍出版社1985年版,《前言》第7页。

所复原的二千料海船。唐志拔、辛元欧、郑明等在《二千料郑和木质宝船的初步考证与复原研究》一文中指出："二千料郑和宝船的主要尺度估算为：总长61.2米（19.12丈）身长即水线长53米（16.56丈），船宽13.8米（4.31丈）水线宽13.0米，舱深（上甲板外缘到基线）4.89米（1.57丈），设计吃水3.9米，估计排水量约1 170余吨……"首先此处估算的船的尺度不准，二千料海船没有那么大。60多米的船与嘉靖年间出使琉球的封舟相比，要大一些，当时驾驶长十五丈、阔二丈六尺、深一丈三尺的船需一百四十余人①，驾驶二千料船，当不需二三百人。说二千料海船航行时也张十二帆，未免有些牵强，不能使人信服。这里一是复原的二千料船实际远远超过二千料，一是大宝船就是比二千料船大得多。

4. 如何理解宝船的尺度，值得考虑。明尺有多大，一般都认为一尺等于0.307 2米（吴承洛《中国度量衡史》），但这是指官尺。明代除官尺之外，还有民尺。夏子阳《使琉球录》载："按《旧录》载船之尺寸，以官尺为定，盖民尺一尺，仅官尺八寸故也。"这民尺很可能指的是福建的民尺，其他地方官尺和民尺恐怕也不尽相同，这是值得进一步考查的。明初造这样大宝船是可能的。明后期，名臣海瑞的孙子海述祖，就造首尾长约二十八丈、桅高二十五丈的大船。这只比中号宝船短一丈多。所以应该进一步考查一下尺度的问题。下西洋是官方活动，官船建造，是工部或兵部负责，故应该为官尺，又据《龙江船厂志》载，兵部尺大，工部尺小，"但本部（工部）围尺，比之兵部每尺短少五分"。

总之，我们认为航行于大洋的四十四丈四尺的大宝船是存在的。

### 五千料、二千料和一千五百料海船

料是宋代以后出现的用来表示舟船大小的计量单位。如我们前列

---

① 陈侃《使琉球录》。

的明初舟船有五千料、二千料、一千五百料、一千料、七百料、五百料、四百料、二百料、一百五十料等。

**八橹船**

郑和下西洋所用的大八橹、二八橹是多大的船，什么船型，未见明确记载。但人们确有关于八橹船的记载。范涞《两浙海防类考续编》卷二《各区战船·原考》载："查得浙江沿海玖卫叁拾贰所，先年原有战船伍百肆拾捌只，内有肆百料、贰百料、捌橹、风快、铜头、高把梢、拾桨等项名色……每肆百料船壹只，用军壹百名；贰百料船壹只，用军柒拾伍名；捌橹等船用军伍拾名；风快船用军贰拾名，俱于卫所食粮旗军内选驾。"顾炎武《天下郡国利病书》"浙江下"也有同样的记载。这两条材料说明，八橹船为明初浙江沿海卫所使用的战船，其形制当属浙船型。

这两条材料也说明了八橹船的大小。四百料船一只用军一百名，二百料船一只用军七十五名，而八橹船只用军五十名。用军五十名的战船有多大？嘉靖四十年（1561），戚继光在台州造了四十四艘战船，其二号海沧船（后来称冬船）上，包括船长、舵工、繚手、椗手、扳招等在内共五十一名。该船吃水七八尺。隆庆二年（1568），俞大猷在福建造面宽二丈的冬仔船十五艘，每只船用兵五十名，舵工二名，共五十二名。该船面阔二丈，身长为七丈。两种船都是福船，虽有橹但主要用帆①。在浙江帆橹兼用的船是苍山船。郑若曾《筹海图编》卷十三载："苍山船首尾皆阔，帆橹兼用，顺风扬帆，风息则荡橹。其橹设于船之两舷腰半以后，每舷五枝，每枝二跳，每跳二人。方橹之未用也，以板闸于跳上，常露跳头于外。其制以板隔为二层，下层镇之以石，上一层为战场，中一层穴梯而下，卧榻在焉。其张帆下椗皆在战场之处。船之两舷俱饰以粉盖，卑隘于广、福船，而

---

① 俞大猷的《洗海近事》和何汝宾的《兵录》均载：福冬船每船有大橹二张，但戚继光十八卷本《纪效新书》载："夫福船高大如城，非人力可驱，全仗风势。"

阔于沙船者也，用之冲敌颇便而捷。温州人呼为'苍山铁'。"何汝宾《兵录》卷十载："苍船首尾皆阔，帆橹相兼为用，风顺开帆，风逆摇橹。吃水五六尺，狭于福船而阔于沙船，俗呼为'苍山铁'，言其冲贼便而坚也。其后改苍船为艟𫙬，视苍稍增。总之，皆苍山船之遗式，略与渔船相似……船身长七丈，𫙬稍长八尺五寸，舱深七尺五寸，底板厚二寸五分。"

苍山船是帆橹兼用的船，郑和下西洋的八橹船也应是帆橹兼用的船。因为仅靠橹在茫茫的大洋上远程航行是根本不可能的。苍山船可能是八橹船的遗式，只是它比八橹船要小一些。戚继光改制的苍山船称作艟𫙬，比苍山船稍大，全船包括捕盗、舵工、椗手、缭手、甲长和士兵，共三十七名，显然比全船用军五十名的八橹船小。因此可以断定，八橹船长大于七丈，宽小于二丈，吃水大于五六尺，其形制为与渔船相似的苍山船，即"首尾皆阔，帆橹兼用"。

## 增强海防的物质基础

关于海防问题，明代与以前各代不同的是遇到了外敌从海上的频频入侵，这主要是指倭寇，即14世纪至16世纪劫掠中国和朝鲜沿海，由日本的武士、浪人和奸商组成的，得到日本封建主支持的海盗集团。明朝建立之初，倭寇就开始入侵中国沿海。洪武元年（1368），"倭寇出没海岛中，乘间辄傅岸剽掠"[①]。洪武二年（1369），倭寇在山东沿海登陆，"寇山东海滨郡县，掠民男女而去"[②]。朱元璋在这年给日本国王的玺书中说："间者山东来奏：倭兵数寇海边，生离人妻子，损伤物命！"[③]洪武三年（1370）六月，"是月，倭夷寇山

---

[①] 张廷玉等《明史》卷一百三十《张赫传》，中华书局1974年版，第3 832页。
[②] 《明太祖实录》卷三十八，洪武二年正月是月条，史语所校刊本（下同，不注），第781页。
[③] 《明太祖实录》卷三十九，洪武二年二月辛未，第787页。

东,转掠温、台、明州傍海之民,遂寇沿海郡县"①,四处劫掠焚杀。洪武四年(1371)六月,"倭夷寇胶州,劫掠沿海人民"②。洪武六年(1373)七月,"倭夷寇即墨、诸城、莱阳等县,沿海居民多被杀掠"③。同时倭寇也入侵江苏、浙江、福建、广东等地。面对倭寇的入侵,朱元璋采取了三项措施:一是同日本进行交涉,二是加强海防,三是实行海禁。

**同日本进行交涉毫无结果**

明朝建立后,朱元璋为了与民休养生息,医治战争创伤,迅速恢复和发展社会经济,争取相对稳定的周边环境,在政治上实行和平外交,在军事上实行睦邻自固的方针。他认为,"凡日月所照,无有远近,一视同仁"④,主张与各国共享太平之福。他主张采取儒家传统的德治思想,以德为邻,以德怀远,让周边小国心悦诚服。在这一思想支配下,朱元璋即位不久,即于洪武元年(1368)十一月,派使臣赍国书去日本、高丽、安南、占城四国。这次派遣使者的目的,主要是向各国通报朱元璋已经推翻元朝,新建了国家,令四夷君长知道,明王朝要与他们建立友好关系。日本当时正值南北朝时期。明使者到日本九州,遭到南朝的征西将军怀良亲王的断然拒绝。

洪武元年(1368)和二年正月,山东等地发生了倭寇侵扰事件。朱元璋于二年二月初六日⑤,再派杨载等7人出使日本,其国书既表示了对日本通好的愿望,又对倭寇的入侵发出了严正的警告。但是,南朝的怀良亲王认为明朝的国书有伤日本自尊,一怒之下,斩杀明使

---

① 《明太祖实录》卷五十二,洪武三年六月,第1 056页。
② 《明太祖实录》卷六十六,洪武四年六月戊申,第1 248页。
③ 《明太祖实录》卷八十三,洪武六年七月辛亥,第1 487页。
④ 陈建《皇明资治通纪》卷二《太祖高皇帝纪》,洪武元年十一月。
⑤ 洪武二年二月初六,系据《明太祖实录》卷三十九,洪武二年二月辛未条。《明史》卷三百二十二《日本传》载:"洪武二年三月,帝遣行人杨载诏谕其国。"又《明太祖实录》卷三十八载,洪武二年春正月"遣使以即位诏谕日本、占城、爪哇、西洋诸国";卷三十九载,洪武二年二月丙寅"遣阿兰、杨完者不花、邓邦富、牛成、陈节等持诏谕日本等国"。这两次遣使和杨载使日很可能是一回事,因为在17天内明朝廷不可能派出3个使团前往日本。

5人，拘囚正使杨载、吴文华二人，3个月后才将他们放回。

虽两次派遣使者均无善果，倭寇入侵也有增无减，但朱元璋仍谋求用外交手段解决倭寇问题，所以又于洪武三年（1370）三月，令莱州府同知赵秩持诏赴日。当赵秩到达日本镇西府（即大宰府）时，日本时局发生了变化，南朝重臣楠木正仪投降北朝，南朝局势恶化。在这种情况下，南朝的怀良亲王改变了对明朝的态度，接待了赵秩，并决定遣使来华。

洪武四年（1371）十月，日本怀良遣僧人祖来等9人至南京，奉表入朝，贡献良马及方物，并送还倭寇所掠明、台二郡70余人。明太祖朱元璋对日本使臣来朝十分高兴，诏赐日使祖来等文绮、帛及僧衣。

日使的来朝，使明朝更多地了解了一些日本的情况，知道怀良不过是南朝亲王。在日本，还有以足利将军为首的北朝。朱元璋为探究日本实情，并希望与北朝建立关系，于洪武五年（1372）五月任命嘉兴府天宁禅寺住持仲猷祖阐和金陵瓦官教寺住持无逸克勤等8人出使日本，兼送日使祖来回国。祖阐等到日本时，南朝怕明朝与北朝建立关系，将其扣压，软禁在圣福寺。北朝将军足利义满得知情况后，遣使赴镇西迎接祖阐。祖阐一行于洪武六年（1373）六月二十九日到达日本京都嵯峨的向阳院。在此逗留两个月，于八月二十九日离开京都，洪武七年（1374）五月，祖阐返回南京[①]。

祖阐使日被扣两年方还，使朱元璋对日本大为不满。下定决心，加强海防，以武力防御倭寇的侵扰。

洪武九年（1376）四月，怀良亲王遣使圭庭用等使明，朱元璋看过怀良所上表文，认为"词语不诚"，对怀良不满。洪武十三年（1380），朱元璋接连拒绝没有表文的日本怀良亲王和足利义满的使者。十二月，朱元璋在诏谕日本的文书中，对日本怀良纵民为非的不

---

① 祖阐于洪武六年（1373）八月离开京都，七年五月才回到南京，历经八九个月，有的认为此期间，祖阐等又被南朝怀良扣留，看来不无道理。

满已到了难以抑制的程度。洪武十四年（1381），朱元璋拒绝怀良的使者，并亲撰《设礼部问日本国王》和《设礼部问日本国将军》，命礼部移书日本国王，其中说："今彼国迩年以来，自夸强盛，纵民为盗，贼害邻邦。必欲较胜负，见是非者欤，辨强弱者欤？至意至日，将军审之！"①用"必欲较胜负，见是非"来警告日本。

次年，日本怀良托人回信给朱元璋，极尽挖苦嘲弄。朱元璋虽然愠怒，但鉴于蒙古两次征日的教训，决意不出兵日本。至此朱元璋与日本建立友好的愿望和想通过外交途径促使日本政府禁止倭寇的努力均告失败②。于是他彻底断绝与日本的往来，一意加强海防和海禁。

### 建立海防防御体系

朱元璋对倭寇的入侵，实行水陆并防方略，一方面用水师在海上歼灭来犯之敌，一方面，用陆兵将登陆倭寇予以歼灭。

明朝的军队是卫所制，分在京卫所和在外卫所。在京的卫所即京营，他隶属于五军都督府。朱元璋时京营有48卫。无论是京营卫所还是各地卫所均有水军。

洪武三年（1370）七月"壬辰，置水军等二十四卫，每卫船五十艘，军士三百五十人缮理，遇征调则益兵操之"③。这水军24卫都是京营的部队，占京营48卫之半。按其编制当有13万多将士、1 200艘战船。这支庞大的水军当是战略预备队，担负着沿海地区的机动作战任务。

沿海各地卫所的水军，是数量庞大的，是逐步建立起来的。首先

---

① 朱元璋《设礼部问日本国将军》，载《洪武御制全书》第230页。另，《明太祖实录》卷一百三十八，洪武十四年七月戊戌亦载上述二文，文字略有不同。
② 张廷玉等撰的《明史·日本传》等史籍把明朝与日本断绝关系归结为胡惟庸案，但据吴晗先生考证，胡惟庸"通倭通虏都是'莫须有'的事"（《胡惟庸党案考》），故在此不加赘述。
③ 《明太祖实录》卷五十四，洪武三年七月壬辰，第1 061页。案：洪武时京营有48卫，这里讲设水军24卫，是水军占京军的一半，但这水军24卫到底指哪些卫，笔者尚不清楚。24卫见诸史籍的，就笔者所见，只有广洋、江阴、横海、水军4卫是水军卫，因此笔者怀疑说建水军24卫可能是建水军4卫之误，但只是怀疑而已，在没有确凿证据之前也只能从建水军24卫之说。

是建立卫所，在卫所的基础上建立水军。

朱元璋在建国之初就在沿海建立了一些卫所，到洪武十八年（1385），广东沿海建立了4卫8所，福建建立了5卫，浙江建立了4卫，在南直隶（含沿江）建立了5卫1所，山东建立了3卫2所，北直隶建立了1卫，辽东建立了3卫。整个沿海共设置了25卫、11所，但分布稀疏，也还没有形成有效的防御体系。

洪武十九年（1386），随着朱元璋与日本外交交涉的失败，明朝的海防建设也进入了一个新的阶段。

在浙江，洪武十九年（1386）正月，征蛮将军信国公汤和平息了思州诸洞的动乱，回到了南京。他请求解甲归田，回家养老。朱元璋大加赞赏，答应他的请求，并对他说："日本小民屡扰濒海之民，卿虽老，强为朕一行，视其要害地，筑城增兵，以固守备。"① 汤和要求熟悉沿海防务的方国珍的侄子方鸣谦一同前往。方鸣谦认为："倭海上来，则海上御之耳。请量地远近，置卫所，陆聚步兵，水具战舰，则倭不得入，入亦不得傅岸。"② 朱元璋接受了这个既御敌于海，又御敌于陆的海防方略。汤和到浙江后，设卫所，筑城池59座。这年在浙江建立了11卫所，洪武二十年又建立了17卫所，到洪武末年浙江就有11卫、30所。可以说北起乍浦（今平湖东南乍浦镇），南迄蒲门（今苍南南蒲城），沿海二千余里，建立的卫所、巡司，总有百城，彼此联络，援应接济，护卫着两浙大地。

在福建，洪武二十年（1387）四月，朱元璋命江夏侯周德兴往福建。周德兴到福建后，"筑城一十六，增置巡检司四十有五，分隶诸卫，以为防御"③。洪武二十一年（1388），"又命（汤）和行视闽、

---

① 《明太祖实录》卷一百九十一，洪武二十一年六月甲辰，第2878页。
② 张廷玉等《明史》卷一百二十六《汤和传》，第3754页。
③ 《明太祖实录》卷一百八十一，洪武二十年四月戊子，第2735页。

粤，筑城增兵"①。二月，"置福建沿海五卫指挥使司，曰：福宁、镇东、平海、永宁、镇海，所属千户所十二，曰：大金、定海、梅花、万安、莆禧、崇武、福金（全）、金门、高浦、六鳌、铜山、玄钟，以防倭寇"②。同月，又置福州中卫指挥使司。到洪武末年，福建共置11卫、13所。

在广东，到洪武末年，沿海至少置8卫、26所。

在京师所在地的南直隶，到洪武末年在沿海和长江下游共建有9卫、10所。在山东，至洪武末年，沿海共置10卫、6所。

在北直隶，至洪武末年，共置2卫。

在辽东，至洪武末年，沿海共置8卫、1所。

朱元璋另一项加强海防的措施是建立巡检司。洪武二十年（1387），周德兴在福建就曾增置巡检司45处。"洪武二十六年定，凡天下要冲去处，设立巡检司。"③这之后，沿海建立了更多的巡检司。巡检司的士兵称作弓兵，主要由佥派的民壮担任，也有由囚犯充役者，因此不是正规军。一个巡检司不同时期、不同地点的人数不等，有的50人，有的100人，有的可能多些，有的可能少些。其任务是"专一盘诘往来奸细及犯卖私盐犯人，逃军、逃囚、无引面生可疑之人"④。洪武年间沿海设立了多少巡检司，笔者未见具体数字，成书于嘉靖四十年（1561）的《筹海图编》载，沿海的巡检司为229处。如果说卫所军主要是作战的话，那么巡检司主要是盘查，二者相互补充，共同加强沿海防卫。

到洪武末年，从广东到辽东的沿海防卫设施，包括卫所、巡检司、墩台烽堠等都已基本完备。据不完全统计，洪武一朝在沿海各

---

① 张廷玉等《明史》卷九十一《兵三》，第2 244页；陈祖汝等《福建通志》卷八十六《历代守御》，道光十五年修，同治十年重刊本。

② 《明太祖实录》卷一百八十八，洪武二十一年二月己酉，第2 818页。

③ 《明会典》卷一百三十九《兵部二十二·关津二》。

④ 《明会典》卷一百三十九《兵部二十二·关津二》。

地（包括长江下游）共设立59卫、89所、200处左右的巡检司和900处左右的烽堠。这1 000余处军事设施，大小相间，延绵相续，分布在18 000余千米的海防线上，从而在沿海形成了水陆并防且有一定层次和纵深的防御体系。

这些沿海的卫所和巡检司也拥有水军。到洪武二十三年（1390）四月，朱元璋明确下令"滨海卫所每百户置船二艘，巡逻海上盗贼。巡检司亦如之"①。这一决定使得沿海近59卫、89守御千户所和200左右处巡检司至少拥有4 000多艘战船②，是一支十分可观的水上力量。这支水上力量属于各个卫所和巡检司，是地方水军，防守各自的防区。有了中央直属水军和地方水军这样两种水上力量，平时近海巡逻由地方负责，远海巡逻由中央直属水军担任，就在海上形成了有层次的防御体系。敌入侵规模小，地方水军就可将其歼灭；敌入侵规模大，地方水军和中央直属水军则联合作战，消灭入侵之敌。

中央直属水军和各地水军加在一起所需战船5 000艘以上，如没有5 000艘以上的战船就没有这些御敌于海上的水军。战船作为水军的主要装备，是建立水军的物质基础。因此明廷上上下下十分重视发展造船业，在沿江、沿海特别是广东、福建、浙江地区，建置了大小不等的造船厂，承造了大批海船。如洪武三年（1370）六月，"诏延安侯唐胜宗，督浙江属卫官军造海船，修城隍"③；洪武五年（1372）八月，由于倭患加剧，"官军逐捕往往乏舟，不能追击"，诏浙江、福建滨海九卫造海船660艘，以御倭寇。明太祖担心造船会加重百姓的负担，谕中书省臣曰："自兵兴以来，百姓供给颇烦，今复有兴作，乃重劳之。然所以为此者，为百姓去残害，保父母、妻子也。朕恐有司

---

① 《明太祖实录》卷二百一，洪武二十三年四月丁酉，第3 007页。《明会典》卷二百《工部二十·备倭船》载："沿海卫所，每千户所设备倭船十只，每一百户船一只，每一卫五所，共船五十只。"与实录所载不同，但可能更符合当时的实际情况。
② 这是按每卫50艘、每千户所10艘来计算的，如按每卫100只、每千户所20艘算则将增加一倍。据《明英宗实录》卷六十三载："洪武初，浙江沿海卫所备倭海舟七百三十艘。"
③ 仓圣脉《浙江通志》卷九十五《海防一》。

因此重科吾民，反致怨讟。尔中书具榜谕之，违者罪不赦！"省臣对答说："陛下爱民而预防其患，所费少而所利大。臣尝闻：'倭寇所至，人民一空。'较之造船之费，何翅千百，若船成，备御有具，濒海之民，可以乐业，所谓因民之所利而利之，又何怨？但有司之禁，不得不严。"① 十一月，又命"浙江、福建濒海诸卫改造多橹快船，以备倭寇"②。洪武六年（1373），倭夷剽掠海滨，德庆侯廖永忠上言曰："臣闻御寇莫先于振威武，威武莫先于利器用。今陛下神圣文武，定四海之乱。君主万国，民庶安乐，臻于天（太）平。而北虏遗孽，远遁万里之外，独东南倭夷，负其鸟兽之性，时出剽窃，以扰濒海之民。陛下命造海舟，蒭捕此寇，以奠生民，德至盛也。然臣窃观倭夷，鼠伏海岛，因风之便，以肆侵掠。其来如奔狼，其去若惊鸟。来或莫知，去不易捕。臣请令广洋、江阴、横海、水军四卫，添造多艪③快船，命将领之。无事则沿海巡徼，以备不虞。若倭夷之来，则大船薄之，快船逐之，彼欲战不能敌，欲退不可走，庶乎可以剿捕也。"④ 明太祖朱元璋采纳了廖永忠的这一建议。洪武八年（1375）八月，"命靖宁侯叶昇巡行温、台、福、兴、漳、泉、潮州等卫，督造防倭海船"⑤。洪武十七年（1384）八月，"命荥阳侯郑遇春、东川侯胡海督金吾等卫造海舟一百八十艘"⑥，大大改善了水军的战船配备。洪武二十年闰六月，"敕福建造海舟百，广东倍之，以九月会浙江，出海捕倭"⑦。洪武二十三年（1390）正月，镇海卫军士陈仁，建言造海舟，曰："臣闻古人之言曰：'不备不虞，不可以师。'故

---

① 《明太祖实录》卷七十五，洪武五年八月甲申，第1 390~1 391页。
② 《明太祖实录》卷七十六，洪武五年十一月癸亥，第1 404页；《续文献通考》卷一百三十二《兵考·舟师水战》。
③ 艪：橹的异体字。
④ 《明太祖实录》卷七十八，洪武六年正月庚戌，第1 423页。
⑤ 《明太祖实录》卷九十九，洪武八年四月丙申，第1 680页。
⑥ 《明太祖实录》卷一百六十四，洪武十七年八月庚午，第2 534页；《续文献通考》卷一百三十二《兵考·舟师水战》。
⑦ 谈迁《国榷》卷八，洪武二十年闰六月庚申，中华书局1958年版（下同，不注），第673页。

将之用在军,军之用在器。将不智武,与无将同;军不精练,与无军同;器不坚利,与无器同。向者,陛下命濒海卫所造防海舟,所以备外寇、卫民命也。然臣窃观苏州太仓当大海之口,倭寇必由之地,所造海舟岁月已久,樯檝摧坏,一有缓急,则假漕运之舟代之。器用不便,何以御敌?失机误事,其害非细。宜令军卫急造海舟,以将统之。无事足以自守,有事足以御敌,庶武备严整,永绝外患。"① 接着朱元璋于四月就下达了沿海卫所,每百户置船二艘,巡检司亦如之的命令。洪武年间造了多少战船,笔者未见有明确记载。总的来说,当时的造船满足了水军之所需,在海上有效地打击了入侵的倭寇。如,洪武三年(1370)六月,倭夷寇山东,转掠温、台、明沿海之民,然后侵扰福建沿海,福州卫出军击敌,获倭船13艘,擒倭300余人。洪武五年(1372)六月,指挥使毛骧在温州下湖山打败倭寇,然后追击倭寇至石塘大洋,俘获倭船13艘,生擒倭寇130余人。洪武六年(1373)三月,明廷命广洋卫指挥使於显为总兵官、横海卫指挥使朱寿为副总兵官,出海巡捕倭寇。同年,廖永忠亦曾督舟师出海捕倭。洪武七年(1374)正月,以靖海侯吴祯为总兵官、都督金事於显为副总兵官领江阴、广洋、横海、水军4卫舟师出海,巡捕海寇,所统在京各卫及太仓、杭州、温、台、明、福、漳、泉、潮州沿海诸卫官军悉听节制。吴祯在琉球大洋击败倭寇,俘获倭寇及其船只。自是,吴祯"每春以舟师出海,分路防倭,迄秋乃还"②。洪武年间,倭寇的入侵没有酿成大祸患,与洪武年间大造战船、御敌于海的策略是分不开的。

**海禁政策**

为了杜绝对入侵倭寇的接济,朱元璋还实行海禁政策:禁止私自出海,禁止出海捕鱼,禁止私通海外诸国,禁止擅自出海与外国互市,等等。海禁政策当时对御倭有一定的作用,但它也妨碍了人们的

---

① 《明太祖实录》卷一百九十九,洪武二十三年正月甲申,第2 986~2 987页。
② 张廷玉等《明史》卷九十一《兵三》,第2 243页。

生产生活，阻碍了民间造船业的发展。

**永乐、宣德年间进一步加强海防**

洪武年间大造战船，水陆并防有效地保卫了沿海人民的生命财产安全。入侵的倭寇受到了严重打击，但并没有杜绝其入侵。

永乐、宣德年间倭寇的入侵次数比洪武年间略有减少。之所以出现这种情况一是明朝海防力量增强，给入侵的倭寇以沉重的打击；二是日本政局发生了变化，南北朝分裂局面结束，削弱了倭寇产生的社会基础；三是明朝和日本建立了正常的朝贡贸易关系，日本在一段时间内实行取缔倭寇的政策。

面对倭寇的入侵，永乐帝朱棣和宣德帝朱瞻基继续实行太祖朱元璋水陆并防的方略，朱棣特别注重防敌于海，多次下达沿海加强戒备的命令，也多次派水军出海巡逻。永乐二年（1404）五月，朱棣命清远伯王友充总兵官、都指挥佥事郭义充副总兵，出海巡哨，遇寇贼就行剿捕。是年七月，又命都指挥吕毅充副总兵，协同总兵官清远伯王友巡哨海道。当月，王友获得歼灭海寇的胜利。朱棣得知后大喜，敕谕王友："下人成功者，未必皆出其能，多由主将能导之方略，作其志气。今宝等有获，亦尔之功。但所获货物宜悉与之，尔勿干与毫末。"①九月，朱棣以北风将起，贼船难至，巡海军士未备御寒之衣，令王友率军回京休整。

永乐三年（1405）三月，朱棣命都指挥同知蔡彬、姜清、冯斌统领舟师，沿海备御，遇寇相机剿捕。

永乐六年（1408）十二月，朱棣先后派出7支部队巡捕倭寇。十二月十一日，命都指挥李龙、指挥王雄率山东官军6 000往沙门岛等处，巡捕倭寇。②十二月十八日，命安远伯柳升充总兵官、平江伯陈瑄充副

---

① 《明太宗实录》卷三十三，永乐二年七月癸巳，第590页。
② 《明太宗实录》卷八十六，永乐六年十二月甲申，第1 138页。

总兵官，率舟师缘海巡捕倭寇。① 十二月二十五日，命丰城侯李彬充总兵官、都督费瓛充副总兵统率官军"自淮安沙门岛"，缘海捕倭；命都指挥罗文充总兵官、指挥李敬充副总兵官，率官军自苏州抵浙江等处沿海捕倭。② 十二月二十七日，命都指挥姜清、张真充总兵官，指挥李珪、杨衍充副总兵，往广东、福建，各统海舟50艘，壮士5 000人，缘海提备倭寇。同时，敕广东都指挥使司，令沿海卫所严加戒备，并选海舟50艘、旗军5 000人，以能战将领领之，听总兵姜清节制，在海往来巡视，遇寇剿捕。③ 在这几支舰队中，罗文、姜清等所率领之舰队在海上与李彬舰队相遇，均由李彬节制。这样李彬等的几支水军就构成了从山东到广东的整个沿海巡逻线。这是永乐年间出海巡逻规模最大的一次。在这几支舰队出海过程中，朱棣不断发出指示。永乐七年（1409）正月，倭寇侵犯东海千户所后，退至鹰游山。朱棣指示丰城侯李彬说："为将出奇制胜之道，在于临敌随机应变。此寇逗留海滨，正授死之时，尔等宜乘机运谋，以立奇功。"④ 二月，他又下令责备总兵官安远伯柳升不奋力擒贼，并指示丰城侯李彬、都督费瓛合力剿捕。三月，又指示总兵官平江伯陈瑄说："海运粮舟发时，必会合安远侯柳升等，令以兵护送，或遇寇至，务协力剿杀，毋致疏虞。"⑤ 七月，又指示陈瑄说："率海运舟师回还，遇倭寇就便剿除。若将士能斩贼首一级者，赏银五十两；临敌畏缩者，即斩以徇。"⑥ 在朱棣的一再指示下，三月，总兵官安远伯柳升率水师至青州海中灵山遇倭寇，与之交战，大败倭寇，斩杀及溺死者无数。倭寇遁去，柳升即同平江伯陈瑄追至金州白山岛一带，而浙江定海百户唐鉴等也追至朝鲜

---

① 《明太宗实录》卷八十六，永乐六年十二月辛卯，第1 141页。
② 《明太宗实录》卷八十六，永乐六年十二月戊戌，第1 146页。"自淮安沙门岛"，疑有脱字，应为"自淮安抵沙门岛"，即负责巡逻今江苏北部至山东半岛沿海一线。
③ 《明太宗实录》卷八十六，永乐六年十二月庚子，第1 147页。
④ 《明太宗实录》卷八十七，永乐七年正月壬子，第1 153页。
⑤ 《明太宗实录》卷八十九，永乐七年三月丙辰，第1 178页。
⑥ 《明太宗实录》卷九十四，永乐七年七月丁酉，第1 252页。

义州界。①《明史·柳升传》记述此事说:"七年(柳升)同陈瑄帅舟师巡海,至青州海中,大破倭,追至金州白山岛而还。"②九月,广东巡海副总兵指挥李珪报告,贼船至钦州鱼洪村劫掠百姓,烧毁房屋,官军追至安南万宁海上,遇贼船20余艘,奋击之,杀贼及贼溺死者无算。

永乐九年(1411)正月,命丰城侯李彬充右副总兵、平江伯陈瑄充参将率领浙江、福建官军剿捕海寇。闰十二月,命李彬所统的捕倭军士休息,同时令各都司严加备御。

永乐十四年(1416)五月,因有倭寇在海上往来,朱棣命辽东总兵官都督刘江及各都司沿海卫所加强戒备,相机剿捕。六月,"命都督同知蔡福充总兵官,指挥庄敬为副,率兵万人于山东缘海巡捕倭寇。上面戒之曰:'濒海之民,数罹寇害,故命尔除寇安民,尔宜严约束,身先士卒,以殄寇为务,无纵下人重为民害,违者并其将皆不贷'"③。同月,因登州卫报告,有倭船33艘泊靖海卫杨村岛,除令山东都指挥卫青率军往捕外,又敕谕蔡福等与卫青合兵歼灭倭寇,不得贻误时机。到九月,朱棣才命蔡福回京,所率军队各回卫所。

永乐十五年(1417)内官张谦率下西洋军还,至浙江金乡卫海上,猝遇倭寇。当时张谦所率领之官军只有160余人,而倭寇有4 000,官军毫不畏惧,与敌大战20余回合,大败倭寇,杀死无算。朱棣得知,甚为高兴,六月,命人慰劳。八月,因浙江松门卫报告有倭船在海上往来,于是朱棣命山东、福建等都司,令沿海卫所"严整军马,昼夜谨备,遇贼至随机剿捕,误事必杀不赦"④。同月,朱棣又命都指挥谷祥、张翥往直隶府州及浙江、福建沿海巡捕海寇。

永乐十六年(1418)五月,金山卫报告,有倭船百艘、贼7 000

①《明太宗实录》卷八十九,永乐七年三月壬申,第1 148页。
② 张廷玉等《明史》卷一百五十四《柳升传》,第4 236页。
③《明太宗实录》卷一百七十七,永乐十四年六月丁卯,第1 932页。
④《明太宗实录》卷一百九十二,永乐十五年八月壬寅,第2 023页。

多人攻城劫掠。朱棣命令海道捕倭都指挥谷祥、张翥以兵策应，各卫所要固守城池，贼至，勿轻出战，有机可乘亦不可失，务出万全。同时，又命令福建、山东、广东、辽东各都司及总兵官都督刘江督促沿海各卫严加兵备。当月，朱棣又命令山东都司调马步官军8 000人，由都指挥卫青、李凯率领，到沿海剿捕倭寇，有功者升赏，退避者斩首。六月，又命令辽东总兵官都督刘江对倭寇相机剿捕，"若兵势多寡不敌，则固守城池，慎勿轻战"①。

永乐十七年（1419）二月，朱棣敕捕倭都指挥谷祥、张翥以及浙江、福建沿海卫所要严加戒备，因为有报告说倭寇欲来滨海为寇。四月，敕令辽东总兵官都督刘江："今朝鲜报：'倭寇饥困已极，欲寇边。'宜令缘海诸卫严谨备之，如有机可乘，即尽力剿捕，无遗民患。"②六月，又命令山东沿海卫所严兵备，因为当时接到金山（州）卫报告："有倭船九十余艘在海往来。"③当月，取得望海埚大捷。

永乐十八年（1420）正月，沿海卫所报告，有倭寇300余人，船10余艘，在金乡、福宁及井门、程溪等处登岸杀掠，然后奔向东南。对此，朱棣命辽东总兵官广宁伯刘荣及山东、浙江、福建滨海诸卫要严加戒备，贼至相机剿捕。

永乐十九年（1421）正月，广东巡海副总兵指挥李珪于潮州靖海遇倭寇，杀败敌人，生擒15人，斩首5级，并获不少器械。二月，命都督佥事胡原为总兵官，都督佥事梁铭、都指挥薛山为副总兵，率领原调广东都司所属的官军5 000人，入海巡捕倭寇。④

朱棣之所以能够命令水军多次大规模地出海巡逻捕倭是因为他有强大的水军装备战船的物质基础。他即位后，对海船建造更加重视，

---

① 《明太宗实录》卷二百一，永乐十六年六月辛丑，第2 090页。
② 《明太宗实录》卷二百一十一，永乐十七年四月丙戌，第2 133页。
③ 《明太宗实录》卷二百一十三，永乐十七年六月甲戌，第2 141页。
④ 《明太宗实录》卷二百三十四，永乐十九年二月辛丑，第2 257页。

永乐元年（1403）九月，"命浙江观海卫造捕倭海船三十六艘"①，又命福建都司造海船137艘。二年（1404）正月，命在京卫所造海船50艘。三年（1405）六月，命浙江都司造海舟1 180艘。四年（1406）十月，命浙江、江西、湖广及直隶徽州、安庆、太平、镇江、苏州等府卫，造海船88艘。七年（1409）十月，命江西、湖广、浙江及苏州等府造海船35艘；十二月，命扬州等卫造船5艘。九年（1411）十月，又命浙江临山、观海、定海、宁波、昌国等卫造海船48艘。十年（1412）十一月，命扬州等卫造海风船61艘。十一年（1413）九月，命江西、浙江及镇江等府卫改造海风船61艘。以上仅永乐前11年就造海船1701艘。此外，永乐六年（1408）命工部造宝船48艘，永乐十七年（1419），造宝船41艘。宝船为下西洋而造。但下西洋的船只同样有着保卫海疆的任务。永乐十五年（1417），出使西洋诸番的内官张谦，回来时于浙江金乡卫海上遇入侵的倭寇，与之大战20回合，杀敌无算，敌遁去。从永乐元年（1403）到永乐十年（1412）的十年间还造海运船1210艘。运粮船也是武装船队，也有着保卫海疆的任务。平江伯陈瑄任总兵官总督漕运时，"运舟还，会倭寇沙门岛。瑄追击至金州白山岛，焚其舟殆尽"②。以上所造海船、宝船和海运船计3 000艘。这3 000艘海船、宝船和海运船对创造和平的海外环境、巩固沿海防御，起着重要的作用。这3 000艘舰船的服役，标志着明朝海防力量的增强。

在注重海上防卫的同时，朱棣和朱瞻基还注意加强沿海的防卫设施，进一步设置卫所。朱棣是从北方起家的，永乐十八年（1420），京师又迁往北京。为了加强北方和京师的防务，他对渤海海岸的卫所建设十分重视。永乐元年（1403）二月，置抚宁卫于抚宁（今属河北），将开平中屯卫自沙峪移于真定府（今河北正定）寻又移于滦

---

① 《明太宗实录》卷二十三，永乐元年九月辛丑，第428页。
② 张廷玉等《明史》卷一百五十三《陈瑄传》，第4 207页。

州（今河北滦县）。永乐二年（1404）十一月，设天津卫。永乐三年（1405），设天津左卫。永乐四年（1406）设天津右卫（均驻今天津）和卢龙卫（驻今河北卢龙）。此外，还建梁城所（在今天津宁河西北）。这样在永乐年间在渤海海岸相继增加了5卫1所。宣德五年（1430）正月，明廷又在属于辽东的渤海海岸设立了宁远卫（驻今辽宁兴城）和宁远中左千户所（驻今辽宁锦西东北塔山）、宁远中右千户所（驻今辽宁兴城西南沙后所）、广宁中前千户所（驻今辽宁绥中西南前所）、广宁中后千户所（驻今辽宁绥中）、广宁中左千户所（驻今辽宁锦州南松山）、广宁中右千户所（驻今辽宁凌海市）等1卫6所。这样就使整个渤海沿岸的防卫大为加强。

在辽东，总兵官负责防倭，筑望海埚城，从而加强了京师左翼的防卫。正如《筹海图编》所说："辽地负山阻海，屹然为东北雄镇。北邻沙漠而辽海、三万、沈阳、铁岭之统于开原者，足遏其冲；南枕沧溟而金、复、宁（海）、盖、旅顺诸军联属海滨者，足严守望。京师翰屏可谓固矣。"①在山东，永乐二年（1404）建即墨营，六年置备倭都司，七年建登州营。宣德四年（1429）建文登营，备倭都司节制3营20余卫所②，加强了山东半岛沿海的防卫，当然也就加强了京师右翼的防卫。京师，远有辽东、山东的屏蔽，近有渤海沿海卫所的防卫，安全是有保障的。

从上述可知，明廷海陆加强戒备是从永乐六年（1408）十二月开

---

① 郑若曾《筹海图编》卷七《辽阳事宜》。
② 山东沿海到嘉靖年间有10卫、14所。宣德年间，山东沿海有10卫，但到底有多少卫所说法不一。《读史方舆纪要》载，大山、金山、百尺崖、寻山、宁津、海阳等6所为成化中置；石白寨所，嘉靖中置；王徐寨所，明初为百户所，嘉靖中改为千户所。《明史·地理志》和宣统《山东通志》载，大山、金山、百尺崖、寻山、海阳5所为成化中置。《明史·地理志》载，宁津所为洪武三十一年置，石白、夏河为弘治后置。由此看来，宣德年间山东沿海只有浮山、雄崖、奇山、福山、胶州等5所。但《明英宗实录》正统三年十一月丙申条载，山东三司请求将沿海卫所的粮仓俱隶属于府县。这中间提到了其所有的百尺崖、寻山、宁津、海阳、夏河、王徐6所，可见这6所至晚在正统三年已经建置了，从《明史》说宁津所是洪武三十一年置来看，这6所不排除为洪武年所建，而大山、金山、石白3所也很可能不是《读史方舆纪要》和《明史·地理志》所记载的建置时间。从上述记载来看，到宣德年间，山东沿海至少有10卫、11所。

始的。这时与明廷友好的日本将军源义持病逝，中日关系渐渐疏远，倭寇又猖狂起来。但是由于明廷的加强海防建设和水陆戒备，倭寇一进入中国海域或者一登陆就受到强有力的打击，往往以失败告终。除上述一些小的胜利外，最大的一次胜利要算望海埚之战。

望海埚大捷是永乐十七年（1419）六月，在辽东总兵官都督刘江指挥下取得的。刘江，原名刘荣，宿迁（今属江苏）人。其父名江，本是燕山左护卫的一名士卒，因有病，由子刘荣代役。刘荣遂冒父名为刘江，曾从徐达征战，后为总旗，在朱棣的燕王府做事。因其雄伟有智略，而受到朱棣的器重，升为密云卫百户。随朱棣起兵，为前锋，屡立战功，由百户升为中军都督府右都督。永乐八年（1410），随朱棣北征，败敌于斡难河，又败阿鲁台于靖虏镇，进左都督。回师后，朱棣命其镇守辽东。永乐十三年（1415）十二月，其因倭寇进犯旅顺口，没有及时策应而受到朱棣的斥责。自此之后，刘江吸取以往的教训，决心重整军威，严惩倭寇。永乐十四年（1416）五月，朱棣令刘江及沿海卫所严加防备倭寇，相机剿捕。刘江遵照指示，于当年十二月在金州、旅顺口、望海埚置7所瞭敌台，以加强瞭望。十六年（1418）八月，刘江经朝廷批准，在金州卫金线岛西北望海埚，以山石垒堡筑城，置烟墩瞭望，以防御倭寇。

永乐十七年（1419）四月十二日，朝廷通报刘江：据朝鲜报告，倭寇饥困已极，可能前来劫掠，当令沿海诸卫所严谨防备，"如有机可乘，即尽力剿捕，无遗民患"①。刘江得悉通报后，即进行周密的备战部署，并在所构筑的城堡内增配铳炮，提高守备部队的战斗力。六月的一天夜间，哨兵瞭望东北方向的海中王家山岛上举火有光。刘江判断倭寇聚集在那里，将登岸劫掠，遂下令马步官兵迅速进入望海埚城堡中待敌。次日，停泊在马雄岛倭船31艘，向陆地驶来，2 000多倭寇登岸后径奔望海埚。刘江披头散发，举旗鸣炮，伏兵尽起。接着刘

---

① 《明太宗实录》卷二百十一，永乐十七年四月丙戌。

江指挥部队,兵张两翼,夹击敌人。倭寇大败,逃入樱桃园一废弃空堡中躲避。刘江命部队包围空堡,实行"围师必缺",开其西壁。经过激战,倭寇果从西壁逃出。刘江督兵分两翼夹击之,将倭寇擒杀尽绝,生擒113人,斩首千余级。① 残余倭寇本欲乘船逃奔海上,但船只已被江隆焚为灰烬,结果全部被歼,无一逃脱。望海埚一战,倭寇全军覆没,明军大获全胜,明成祖听到捷报后,下诏封刘江为广宁伯,全体将士各有奖赏,自此以后刘江恢复原名为刘荣。

此战,严惩了来犯的倭寇,震慑了敌人,对保卫海疆的安全起了重要作用。《明史·兵志》载:"自是倭大惧,百余年间,海上无大侵犯。朝廷阅数岁一令大臣巡警而已。"②

永乐宣德年间,倭寇之所以没有酿成大的祸患,原因当然很多,但就明朝廷本身来讲最主要的是两条,一是水陆军的抵御,一是加强海防建设,而且都卓有成效。

这里再对明廷、日本勘合贸易略做说明。

勘合贸易就是贡赐贸易。日本人对称臣朝贡于明廷感到有伤其民族尊严,加以这种贡赐贸易是以勘合为凭证进行的,所以就称其为勘合贸易。

勘合贸易,在日本来讲,是以称臣朝贡的方式,获取他们所需中国货的一种形式;在明廷来讲,是抑制倭寇入侵,巩固海防的一种手段。

洪武十九年(1386)后,明廷、日本双方再无来往。但随着时间的推移,明廷、日本双方政局都发生了变化。在明朝,洪武三十一年(1398)闰五月,朱元璋病逝于西宫,其孙朱允炆即位。在日本,

---

① 此据《明太宗实录》卷二百十三,永乐十七年六月戊子及《国榷》卷十七,永乐十七年六月戊子条。《明史》卷一百五十五《刘荣传》作:"斩首千余级,生擒百三十人。"《殊域周咨录》卷二《东夷·日本》和《明史纪事本末》卷五十五《沿海倭乱》作:"生擒数百人,斩首千余。"郑晓《吾学编·四夷考》上卷《日本》、《明史》卷三百二十三《日本传》和《罪惟录》列传三十六《日本国》作:"斩首七百四十二,捕生八百五十七。"

② 张廷玉等《明史》卷九十一《兵三》,第2 244页。

1392年（明德三年，洪武二十五年）室町幕府第三代将军足利义满（源道义）迫使南朝天皇退位，保留北朝天皇，实现了全国统一。足利义满知道与明朝通商能获得巨大利益，遂于1401年（应永八年，建文三年）正月，遣肥富和僧人祖阿赴明通好。祖阿到后，建文帝一反其祖父的办法，予以响应，遂与足利义满的日本开始使者往来。但建文帝派往日本的使者还没回国，他的皇位已被他的叔叔朱棣夺取。

朱棣夺取皇位后，希望通过加强对外关系，"招徕绝域"①，万国来朝，来树立自己的威信，消弭人们对他以非正当手段夺取帝位的不满，也企图通过恢复中日邦交关系，开展两国贸易，使日本政府获取厚利，以制止倭寇来华骚扰。

永乐元年（1403）八月，朱棣命左通政赵居任、行人张洪偕僧道成出使日本。当使者即将出发时，日本所遣的使者圭密等一行已到达宁波。十月，日使圭密一行到达南京，明成祖见后十分高兴，特别加以优待，并派遣原本计划出使日本的赵居任送圭密一行回国。明使一行于永乐二年（应永十一年，1404）五月，到达兵库，足利义满亲自到兵库迎接。就在这年，明廷同意与日本进行贸易，并"诏日本十年一贡，人止二百，船止二艘，不得携军器，违者以寇论。乃赐以二舟，为入贡用"②。同时，立日字勘合一百道，底簿二册；本字勘合一百道，底簿二册。将日字勘合一百道及日字、本字底簿各一册，收于礼部，将本字勘合及日字底簿一册交于日本，由日本政府保存，入贡时携来。将本字底簿一册交浙江布政司收存，以俟日船抵宁波后验对。此后，日本进贡船需有勘合，如无勘合即系伪诈。日本得到"勘合"，也就是取得了与明朝进行朝贡贸易的权力。

中日勘合贸易确立后，日本应明廷的要求，捣毁了对马、壹岐等岛屿上的倭寇老巢。《明史·日本传》载："时对马、壹岐诸岛贼掠

---

① 张廷玉等《明史》卷三百二十六《榜葛剌传》，第8 446页。
② 张廷玉等《明史》卷三百二十二《日本传》，第8 347页。

滨海居民，因谕其王捕之。王发兵尽歼其众，絷其魁二十人。以三年十一月献于朝，且修贡。"对此，明廷给予高度赞扬，"遣鸿胪寺少卿潘赐偕中官王进赐其王九章冕服及钱钞、锦衣加等"。第二年又遣侍郎俞士吉"赍玺书褒嘉，赐赉优渥"①。

自此以后，两国使节频繁交往，永乐二年至八年（1404—1410），明廷六次派使节出使日本，日本使节也乘贡船七次入明，双方关系十分密切。

但永乐六年（1408），日本室町幕府第三代将军源道义去世，其子义持继立。义持未为将军前，并不受其父的宠信，其父信任的是幼子义嗣。义持为了与义嗣争夺势力，不得不依靠拥有一定势力的武士。这些武士不满意幕府垄断对明贸易和限制倭寇的行动，因此，义持继立为将军后，出于维护其支持者武士利益的考虑，改变了对明朝的政策，断绝了与明廷的勘合贸易，一改其父的政策，纵民为寇，不断侵扰明朝。

朱棣与日本建立勘合贸易关系其目的之一是以此作为羁縻日本的一种手段，使之能够制止倭寇来华侵扰。应该说，这在足利义满时是有一定的作用，但这种作用也是极其有限的。这点我们从前文所列倭寇入侵情况中就可看出。在永乐朝的22年间，倭寇共入侵27次，而从永乐二年（1404）到永乐八年（1410）的8年间，日本派遣勘合船凡6次，明廷遣使去日本也是6次，双方你来我往，关系密切。然而就在这关系密切的同时，倭寇入侵中国沿海竟达9次之多，不是比永乐年间平均入侵的次数少而是多。与此不同的是永乐十七年（1419）望海埚之战歼敌千余后，倭寇的入侵的次数才低于平均数，倭寇的入侵才有所收敛。

明朝建立之后就受到倭寇的侵扰，为了对付倭寇的侵扰，明廷采取了多种措施：外交交涉，实行海禁，加强海防建设，实行勘合贸

① 张廷玉等《明史》卷三百二十二《日本传》，第8 345页。

易，等等。外交交涉解决倭寇入侵的问题了吗？事实告诉了朱元璋、朱棣等外交交涉并不能彻底制止倭寇的侵扰，日本的统治者不听信这套，结果他们不得不和日本断绝来往。而海禁政策只能限制本国沿海居民，影响他们的生产生活，虽然在一定程度上减少了对入侵倭寇的接济，但也不能彻底阻止倭寇的入侵。实行勘合贸易，想用给日本统治者一些好处的办法，让这些统治者取缔倭寇，且不说这些统治者有的接受明廷给的好处，有的不接受明廷给的好处，就是表示接受明廷的好处者也不会真的为明廷取缔倭寇。因此真正能解决倭寇问题的办法是加强海防建设。首先，大造战船，建立一支强大的水军，倭寇入侵就在海上把它消灭。其次，陆上建立严密的防御体系，待倭寇登陆，让其有来无回，像望海埚之战那样。当然，这不是说像外交交涉、勘合贸易等这些措施不必要，而只是说不要把抵御倭寇入侵的全部立足点放在这些举措上面，建立强大的海防才是彻底消灭倭寇的有效手段，才是重中之重。如果不用武力把倭寇们彻底消灭，倭寇总是要来侵扰的。

|明代海船图说|

# 卷二 嘉靖后的海船·广船

# [古图说]

## 海船总说

海上战船，在山东不得知①。在南直隶②则有沙船③。驾船之兵则江北等处盐徒也。此方江海相交，沙浅甚多。沙船不甚大而底平，故南直隶多用之。在浙江则有苍山船。驾船之兵则台州等处之渔民也。此船大者可载七八百石，小者可载三四百石，故浙江多用之。在广东则有东莞之乌尾，可载三四千石；广东新会之横江，可载七八百、一二千石。驾船之兵则二县之商徒，名曰后生者也，故广东多用之。在福建则有白艚船。驾船之兵则福清县之盐民、漳泉之商民也。此船大者可载二三千石，中者可载七八百、一千石，下者可载五六百石，故福建多用之。

沙船颇少④。苍山船虽不甚小，亦不甚大。乌尾、横江虽大中兼用，其制度不善，以与大势海寇从事，每不能支。唯福建之白艚，上有战楼⑤，艕有遮垜⑥，可战可守。驾船之兵，养以厚粮，人人乐战。故南直隶、浙江昔年多造此船，相兼以灭倭，见今亦相兼用之以防守。广东见差同知、守备前来打造募兵，何独于本省而疑之？故为闽省良图者，当以整搠战船为要务也。

——俞大猷《正气堂续集》卷一《又与刘凝斋书》

---

① 海上战船，在山东不得知：明代文献对山东海船记载颇少，故俞大猷说"不得知"。实际上，在宋代蓬莱水城就有刀鱼战船，故蓬莱水城也曾经称"刀鱼寨"。蓬莱水城出土的两艘古战船属浙江建造的船舶。

② 南直隶：明建都于南京，故称南京附近地区为南直隶，相当于今江苏、安徽、上海二省一市之地。

③ 沙船及以下各船的形制等均见后文。

④ 少：疑为"小"字之误。在北方水域主要是沙船，船舶尺度也不小。

⑤ 战楼：供指挥作战的房间。

⑥ 艕有遮垜：船两舷有垛墙似的遮板。《筹海图编》载："福船高大如楼……其旁皆护板，护以茅竹，坚立如垣。"

钟按：闽、广、浙、直①船制各异，而不知其所以异者，由于海势之不同也。广东船制两旁设架②，便于摇橹；福建船制其旁如垣，其篷用捲③，便于使风；浙直船制平底布帆，便于荡桨。此船制之异也。所由然者，福建海水最深，各信地④俱近外洋，一望无际，纵有海岛，如浮沤⑤之着水耳。故有风时多，无风时少，顺则使风，逆则戗风，此福船所由制也。广东自出五虎门⑥，上及大鹏⑦，下及北津⑧以西，俱有海屿，或断或续，联络于外，商船来往，多从里海⑨，且风气和柔，全仗摇橹，此广船所由制也。浙直海水深处固多，浅处时有，近岸平沙或数十里，潮长水深寻丈，潮退仅可尺许，故叭喇唬、沙船专事荡桨，此浙直之船所由制也。若易地则风水不同，其制亦当少异。推此而山东以北，危矶暗沙，往往有之，船制又不可执此例彼矣。然欲攻大敌于外洋，非福船不可。盖福船之制其蜂房垣樯，即古之楼船⑩巨舰，其重底⑪坚牢，即今之过洋与使琉球船式也。故诸省船制惟福建为工⑫。

——邓钟《筹海重编》卷十二《钟按》⑬

卷二 嘉靖后的海船·广船

---

① 闽、广、浙、直：闽，指福建；广，指广东；浙，指浙江；直，指明代的南直隶。
② 两旁设架：指伸出舷外方便摇橹的板架。
③ 其篷用捲：指可折叠的帆。
④ 信地：军队的驻地或管辖的地区。
⑤ 浮沤：水面上的泡沫。
⑥ 五虎：今地不详，抑或五虎门的"五"字为衍字，即"虎门"，亦称虎头门，在今广州市东南珠江之口，有大虎、小虎二山，对列如门，故名。凡海船入广州者，必自香港入珠江，经虎门而达于黄浦。
⑦ 大鹏：今广东省深圳市东大鹏半岛上的大鹏镇。
⑧ 北津：今广东省阳东区南北津。
⑨ 里海：靠近海岸的近海，与外洋相对。
⑩ 楼船：有船楼的大船，"楼船者，船上施楼也"，始于战国，汉代大兴，如宋《武经总要》所载的楼船，甲板上就有楼三层。
⑪ 重底：船底为重板结构，一层破损，还有一层，故坚牢。
⑫ 工：精，巧。
⑬ 又载于王鸣鹤《登坛必究》卷二十五、范涞《两浙海防类考续编》卷十、王在晋《皇明海防纂要》卷六《战船说》。

水战利走利斗之应宜，则有艨艟①、斗舰②、游艇③、天艎④、绝海、飞江⑤、楼船楼、走舸⑥、艅艎、下濑、戈船⑦、沙船、渔船、梭船、网船、鹰船⑧、巨舰、横海、追云、潢龙、沧兕⑨、四轮舸⑩、两舳舟⑪、八卦六花船、鸳鸯桨、子母舟、破敌舸⑫、高把梢船⑬、开浪船⑭、蜈蚣船⑮、八桨船⑯、大头船、尖尾船⑰、大福船⑱、苍山船、艟䑠船⑲、两头船⑳、草撇舡㉑、沧海舡㉒、广东船㉓、水虎捷、水虎翼㉔、叭喇唬㉕、混江龙、犁云蚪、飞海龙、赤天艘、铁海青、四跳三橹㉖之

明代海船图说

① 艨艟：古代战舰名。三国时已有之。形制见宋《武经总要》前集卷十一。
② 斗舰：战船。三国时已有之。形制见宋《武经总要》前集卷十一。
③ 游艇：大型战船。隋伐陈时，杨素所造的大舰五牙舰，即属此。形制见宋《武经总要》前集卷十一。
④ 天艎：又名艅艎，春秋战国时吴王大舰名。后泛称大船、大型战舰。
⑤ 绝海、飞江：一为海上，一为江上的战船。形制不详。
⑥ 走舸：轻便快速的战船。三国时已有之。形制见宋《武经总要》前集卷十一。
⑦ 下濑、戈船：均为战船，形制不详。
⑧ 沙船、渔船、梭船、网船、鹰船：均用于作战。梭船和网船，又称网梭船。详见本书卷四《浙直船》。
⑨ 巨舰、横海、追云、潢龙、沧兕：均为战船，形制不详。
⑩ 四轮舸：以四个轮形桨推进的战船，即车轮舸，详见本书卷五《特殊船舶》。
⑪ 两舳舟：一种战船。形制不详。
⑫ 八卦六花船、鸳鸯桨、子母舟、破敌舸：详见本书卷五《特殊船舶》。
⑬ 高把梢船：一种双桅战船。《筹海图编》卷十三有其形制图。
⑭ 开浪船：又名鸟船。实属浙江船，明代文献认为属福船的一种。详见本书卷三《福船》。
⑮ 蜈蚣船：一种从西方传入的战船。详见本书卷五《特殊船舶》。
⑯ 八桨船：一种只供哨探用，配八把桨的小型战船。《筹海图编》卷十三有其形制图。
⑰ 大头船、尖尾船：即新会县尖尾船和东莞县大头船，广东船的两种形制。详见本卷《广船》部分。
⑱ 大福船：福船的主要船型。详见本书卷三《福船》。
⑲ 苍山、艟䑠：浙江的两种船型。详见本书卷四《浙直船》。
⑳ 两头船：一种海运船。详见本书卷一《正德前的海船》。
㉑ 草撇舡：福船的一种。详见本书卷三《福船》。
㉒ 沧海舡：当为海沧船之误。海沧船，又名冬船，福船的一种。详见本书卷三《福船》
㉓ 广船：详见本卷《广船》部分。
㉔ 水虎捷、水虎翼：两种战船。形制不详。
㉕ 叭喇唬：一种浙直用的战船。详见本书卷四《浙直船》。
㉖ 混江龙、犁云蚪、飞海龙、赤天艘、铁海青、四跳三橹：均为战船名，其形制不详。混江龙，1363年，朱元璋和陈友谅鄱阳湖水战时，陈友谅曾用此船。

名，率皆古今水战之长技，有用而捷者，有用而顿者①，其风涛顺逆之势，港汊大小之宜，江海浅深之用，此在明将审势相机，因时变用，不可拘也。然不佐助以火，弗易有功，故军中大利用者，必在水火，大为害者，亦在水火，若非水火，又无以见崩天裂地之势，却在用之得宜不宜耳。

——何良臣《阵纪》卷二

王圻《续通考·海船论》曰："或问：'海洋战艘何者为善？'曰：'各有所宜也。北洋利用沙船，南洋利用广、福船。苏州近洋多暗沙伏途，易于胶浅。沙船底平而轻，能调戗②，使斗风③，不畏滚涂浪④，且可抛铁猫，故利用沙船也。闽、浙远洋寥阔，风涛拍天，广、福、苍山铁之类，重而底尖可以破浪，且可下木椗，故利用广、福船也。''然吴淞⑤、白茆⑥、福山⑦等港复设福、苍船，何也？''盖贼舟有大小。小舟以沙船御之足矣。若遇大舟必福船，凌风驾涛，势如山摧，贼舟遇之即碎，所谓斗船力，不斗人力，且夺上风，施火器，故设之以备用。盖东洋深浅非沙民⑧不能知，福船大小非福人⑨不能驾。福人操舟而以沙民为向导，所谓设福船者如此。即西北至于扬子江⑩，东南至于大七⑪、小七⑫俱可用，非尽用大福船也。至广船大

卷二 嘉靖后的海船·广船

----

① 顿：通"钝"，这里和"捷"（胜利）相对应，为失败、不成功之意。
② 调戗：戗即斜行，调戗指船在遇到逆风时，调整船的航行角度及帆与风的风向角，取曲折航线前进的一种操作技术。
③ 使斗风：使船乘风而行。
④ 滚涂浪：即涌浪。
⑤ 吴淞：今上海宝山。
⑥ 白茆：今江苏省常熟市东南白茆镇。
⑦ 福山：今江苏省常熟市北福山。
⑧ 沙民：长江口及其外崇明岛等众多山沙（岛屿）上的居民。
⑨ 福人：指福建沿海的渔民。
⑩ 扬子江：今江苏仪征市、扬州市一带的长江称扬子江。
⑪ 大七：今浙江省嵊泗县西北大戢山。
⑫ 小七：今浙江省嵊泗县西小戢山。

于福船，但广船难用，其故有七：非我军门所辖则难制，一也；毁坏须铁力木修理则难继，二也；造船大户倩人①驾驶，任其敝而不惜，三也；造费浩烦，移文修造，理势难行，四也；此船在广饶鱼盐之利，不乐于雇，五也；欲许其带货，则广货之来，一逾梅岭②，即浮长江，四通八达，非如浙、直之风涛可畏，故带货亦所不愿，六也；广人自以鱼盐取西南诸番之利，不必如福船之当唘以取中国之利，七也。知此，则广船之难用亦可见矣。'"

又福船、沙船论曰："或问：'福船与沙船海战孰利？'曰：'福船者至利之器也。敌舟小者相遇则犁沈之，而敌又难于仰攻，此其制诚尽善矣。但高大如城，非人力可驱，全仗顺风、顺潮，而回翔③有所不便。又其吃水深，惟利空阔大洋，在里海则易胶浅④，须跟哨船接继。故又有海沧船之设，其犁贼舟与福船同，而吃水稍浅，风小亦可动。至于捞取首级，非草撇船、苍山铁不可，此皆福船之别名而异用也……水战非乡兵所宜，乃沙民之长技也。盖沙民生长海滨，土著之民为主，而用沙耆民⑤、沙船辅之，贼舟岂有能入者哉！'"

——《钦定续文献通考》卷一百三十二《兵十二》

海舟以舟山之乌槽⑥为首。福船耐风涛，且御火。浙之十装标号软风⑦、苍山，亦利追逐。广东船，铁栗木⑧为之，视福船尤巨而坚。

---

① 倩人：雇请人。
② 梅岭：即五岭之一的大庾岭。在今江西大余、广东南雄两县之间。
③ 回翔：转向，改变航行方向。
④ 胶浅：搁浅。
⑤ 沙耆民：年高有德的沙民。
⑥ 乌槽：船主体大部分涂成黑色，故名乌槽。乌槽，即乌艚。《虔台倭纂》载："乌艚，广之巨舰，铁力木所造，坚致耐久过于福船。"言浙江舟山的乌艚为诸舟之首，是否得当，尚待考查。
⑦ 十装标号软风：疑为船名。
⑧ 铁栗木：亦称铁力木、铁木。常绿乔木。高达30米。叶子披针形，花白色。木材暗红色，质地坚硬。分布于东南亚热带地方，我国云南、广西等地也出产。

其利用者二，可发佛郎机①，可掷火球②。大福船亦然，能容百人。底尖上阔，首昂尾高，柁楼三重，帆桅二，傍护以板，上设木女墙及炮床。中为四层：最下实土石；次寝息所；次左右六门，中置水柜，扬帆炊爨皆在是；最上如露台，穴梯而登，傍设翼板，可凭以战。矢石火器皆俯发，可顺风行。海苍视福船稍小。开浪船能容三五十人，头锐，四桨一橹，其行如飞，不拘风潮顺逆。艟艚船视海苍又小。苍山船首尾皆阔，帆橹并用。橹设船傍近后，每傍五枝，每枝五跳③，跳二人，以板闸跳上④，露首于外。其制上下三层，下实土石，上为战场，中寝处。其张帆下碇，皆在上层。戚继光云："倭舟甚小，一入里海，大福、海苍不能入，必用苍船逐之，冲敌便捷，温人谓之苍山铁也。"沙、鹰二船，相胥⑤成用。沙船可接战，然无翼蔽。鹰船两端锐，进退如飞。傍钉大茅竹，竹间窗可发铳箭，窗内舷外隐人以荡桨。先驾此入贼队，沙船随进，短兵接战，无不胜。渔船至小，每舟三人，一执布帆，一执桨，一执鸟嘴铳⑥。随波上下，可掩贼不备。网梭船，定海⑦、临海⑧、象山⑨俱有之，形如梭。竹桅布帆，仅容二三

① 佛郎机：即佛郎机铳，由葡萄牙传入的后装火炮。有大、中、小多种型号，大者可达千余斤，小者不足二十斤。它由一个母铳和若干子铳所组成。母铳的后部有"巨腹"，腹上开有长孔，供安放子铳用。子铳可以预先安装弹药，战时轮流发射，减少了传统火炮装弹药的时间，提高了火炮的射速。铳身铸有准星和照门，可以瞄准射击。铳身还铸有炮耳，可以灵活地调整射击角度。
② 火球：一般作火毬，中国古代一种球状抛掷火器。它用纸、布或麻裱糊成球形外壳，内装可爆燃的火药、预制的纵火与杀伤元件，用药线点燃，掷出后以杀伤敌人。
③ 跳：指橹跳板。
④ 以板闸跳上：用板固定铺在跳板上。
⑤ 相胥：共同。
⑥ 鸟嘴铳：又称鸟铳，明代后期对火绳枪和燧发枪的统称，清代多称鸟枪。嘉靖年间从海外传入。它同中国传统的金属管形火器相比，有许多优点。它采用了机发火，既简化了射击动作，又便于用两手稳定持枪瞄准；枪柄采用曲形木柄，也利于握持和瞄准；身管长，口径较小，身管脊部加设准星和照门，采用的铅子与口径吻合。这些使其与传统的手铳相比具有射程远、射速快、准确性高的优点。
⑦ 定海：今浙江省宁波市镇海区。
⑧ 临海：今属浙江省。
⑨ 象山：今属浙江省。

人，遇风涛辄异入①山麓，可哨探。蜈蚣船，象形也，能驾佛朗机铳，底尖面阔，两艕楫②数十，行如飞。两头船，旋转在舵，因风四驰，诸船无逾其速。盖自嘉靖以来，东南日备倭，故海舟之制，特详备云。

——张廷玉等《明史》卷九十二《兵四》

臣等谨按：《兵志》③及王鸣鹤④《水战议》⑤详论各舟之制。福船有六：一号、二号俱名福船；三号哨船，又名草撇船；四号冬船，又名海沧船；五号鸟船，亦名开浪船；六号快船。

福船高大如楼，耐风涛且御火，可容百人，底尖上阔，首昂尾高，柁楼三层，帆桅二，艕护以板，设木女墙⑥及炮床⑦。中为四层：最下实土石；次寝息所；次左右六门，中置水柜，扬帆炊爨皆在是；最上如露台，穴梯而登，艕置翼板，可凭以战。矢石火器皆俯瞰而发，敌舟小者，相遇即犁沈之，而敌又难仰攻。戚继光云："倭船矮小，福船乘风下压，如车碾螳螂，斗船力而不斗人力，是以每战取胜，但无风不可使。"⑧

海沧船视福船稍小，风小亦可动。

苍山船首尾皆阔，帆橹兼用。橹设船艕近后，每艕五枝，每枝二

---

① 异入：抬入。
② 楫：船桨。
③ 兵志：指张廷玉等编的《明史》卷九十二《兵志》。
④ 王鸣鹤：山阳（今江苏淮安）人，万历十四年（1586）武科进士，曾任广西总兵官、骠骑将军。鉴于当时社会上轻视武将，武将亦自轻而不知兵的状况，他辑《登坛必究》，以备将帅学习参考。
⑤ 水战议：指王鸣鹤《登坛必究》卷二十五《水战》一卷的战船部分。实际上这一部分是辑自邓钟的《筹海重编》，而邓钟的《筹海重编》是在郑若曾《筹海图编》的基础上重编而成的。
⑥ 木女墙：女墙，指城墙上呈凹凸形的小墙。木女墙是指置于两侧船舷护板上的木制的呈凹凸形的矮墙。
⑦ 炮床：放置火炮的支架。
⑧ 语见戚继光《纪效新书》（十八卷本）卷十八《治水兵篇》。

跳①，每跳二人，以板闸跳上②，露首与外。其制上下三层：下实土石，上为战场，中层寝处。张帆下舵，皆在上层；隘于广、福船，而阔于沙船。戚继光云："倭舟一入里海，大福船、冬船不能入，必用苍船逐之。"③冲敌便捷，温州人谓苍山铁也。

艟艑改苍船为之，其制稍大，比海沧小而无立壁，最为得中。

沙船，沙民所使，在太仓④、崇明⑤、嘉定⑥有之。其船能调戗，使斗风，然惟便于北洋而不便于南洋，可各港协守，小洋出哨。盖其底平，不能破深水之大浪也。

渔船于诸船中至小，而其用为至便。以之出海，每载三人：一执布帆，一执桨，一执鸟嘴铳。易进易退，随波上下，敌舟瞭望所不及，用之颇得其力。

叭喇唬船，浙中多用之，福之烽火门亦有之。底尖面阔，首尾一样。底用龙骨，直透前后。每边十桨或八桨，其疾如飞。有风竖桅，用布帆。甚便追逐、哨探。倭奴号曰"软帆"，亦畏惮之。

开浪船以其头尖，故名。四桨一橹，其行如飞，不拘风潮顺逆。

广船视福船尤大，铁力木⑦为之，以冲他船必碎，福船但用松杉，不能当也。其制下窄上宽，状如两翼，在里海则稳，在外洋则摇动。所恃者有发熕⑧、佛郎机，中敌必碎；以火毯之类，从高掷下，敌舟必焚。福船亦然。广船有大战舰、尖尾船、大头船之名，总名乌艚。《兵志》言："海舟以舟山之乌艚为首。"⑨盖舟山亦有此船式

---

① 每枝二跳：每只橹设橹跳板二个。
② 以板闸跳上：用木板固定铺在跳板上。
③ 语见戚继光《纪效新书》（十八卷本）卷十八《治水兵篇》。文字略有改动。
④ 太仓：今江苏省太仓市。
⑤ 崇明：今上海市崇明区。
⑥ 嘉定：今上海市嘉定区。
⑦ 铁力木：即铁栗木。
⑧ 发熕：亦称发矿、发烦，大型管形火器。重约五百斤，用铅子一百个，杀伤力颇强，是从西方传入中国的火器。也有称其为大佛郎机者。
⑨ 见张廷玉等编《明史》卷九十二《兵四》。

也。又有横江船数号。其称白艚者，福建式也。

鹰船与沙船相须为用。沙船可以接战，然无翼蔽。鹰船两头俱锐，进退如飞。其膀钉大茅竹，竹间设窗，可发铳箭。窗内舷外，隐人可以荡桨。先驾此入贼队，沙船随进，短兵相接，可以制胜。

网梭船，定海、临海、象山皆有之。其形如梭，乃渔船之小者。竹桅布帆，仅容二三人，遇风浪辄舁之山麓，可用之哨探。

蜈蚣船，象形也。其制始于西南夷，以驾佛郎机铳。铳之重者千斤，小者六百五十斤。其法流入中国，可驾诸火攻之具。凡海舟无风不可动，惟蜈蚣船底尖面阔，两旁列楫数十，其行如飞。

两头船两头制舵，因风四驰，诸船无逾其利。

八桨船，闽、广、浙直皆有之，可供哨探之用，不能击贼也。

盖自嘉靖①以来，东南日备倭患②，故海舟之制特详。

——《钦定续文献通考》卷一百三十二

## 广　船

查得广东东莞③有乌尾船者，其打造以铁梨木，其板厚七寸，其长十丈，其横阔三丈有奇，其硬如铁，触之无不碎，冲之无不破，远可支六七十年，近亦可耐五十年，是佛郎机④望而畏焉者也。如蒙本院⑤查处，差官移咨广东军门⑥转行东莞县，将民间乌尾大船，如价收

---

① 嘉靖：明朝皇帝朱厚熜在位的年号。朱厚熜在位45年，自嘉靖元年（1522）至嘉靖四十五年（1566）。

② 倭患：倭寇入侵所造成的祸患。倭寇是13世纪初至17世纪初侵略朝鲜和中国沿海，由日本的武士、浪人、商人等组成的，得到日本诸侯怂恿和支持的日本海盗集团。嘉靖年间特别是嘉靖三十一年（1552）后，倭寇特别猖獗，给中国人民造成了极大灾难，称作倭患。

③ 广东东莞：今广东省东莞市。

④ 佛郎机：明朝对葡萄牙的称谓，亦有以此称西班牙者。

⑤ 本院：浙江巡抚朱纨对本职的自称。

⑥ 军门：明代对总督、巡抚的俗称。

买，或费七八百两，可得一只。如福建浯屿①得二只，铜山②、烽火③各一只，浙江亦量买二三只，就雇骁勇兵夫撑驾，无事之时，许附近一二日内程途生理④。在船什物，先以官给，后责令自备自修，系名水寨，不时查考。如此庶几木坚可以经久，广大可以壮威，冲击可以必胜。又此船海上所无，可以免意外之患。闽浙之所当买，未有切于此者。

——朱纨《阅视海防事》，《明经世文编》卷二百六

广船视福船尤大，其坚致亦远过之。盖广船乃铁栗木所造，福船不过松杉⑤之类而已。二船在海若相冲击，福船即碎，不能当铁栗之坚也。倭夷造船亦用松杉之类，不敢与广船相冲。但广船难调，不如调福船为便易。何也？广船非我军门所辖，不似福船之易制御，一也。广船若坏，需用铁栗木修理，难乎其继，二也。造船大户倩人驾驶，任其毁坏而不惜，三也。造费浩繁，其毁甚易，移文修造，理势难行，四也。将欲重价以雇之，则此船在广鱼盐之利自多，区区价微，不乐于雇，五也。欲许其带货，则广货之来，无资于海。盖福建收港溪水甚逆，浙直道远，风涛可畏，不如一逾梅岭，即浮长江，四通八达，故虽带货亦非其所愿，六也。向来通倭多漳泉⑥无生理之人，广人自以鱼盐取西南诸番之利，不必如福船之当啗以取利中国，七也。

---

① 浯屿：指浯屿水寨，明洪武时置，为海防重地。原设于海边旧浯屿山，即今福建龙海市东南浯屿岛，正统或成化年间，迁入厦门，仍以浯屿寨为名。

② 铜山：即铜山水寨，在今福建东山东北。正统初年（1436）在此建水寨，景泰三年（1452）正式确定为福建五水寨之一。

③ 烽火：指烽火门水寨。洪武年间，周德兴在福建烽火岛（在今福建霞浦东北）建水寨，称烽火门水寨。正统九年（1444）焦宏迁至松山寨（在今福建霞浦东偏南）。

④ 生理：生意，包括进行捕鱼捞虾等生产活动。

⑤ 松杉：松木和杉木。松木，为常绿或落叶乔木。树皮多为鳞片状，叶子针形球果。材用很广，种子可食用、榨油，松脂可提取松香、松节油，产于我国各地。杉，为常绿乔木，高可达30米以上。树冠的形状像塔，叶线状披针形。木材白色或淡黄，质轻，耐朽，主要产于长江中上游和福建地区等。

⑥ 漳泉：漳州府和泉州府。漳州府治今福建省漳州市；泉州府治今福建泉州市。

此广船之利弊也。广东大战舰用火器于浪漕中，起伏荡漾，未必能中贼，即使中矣，亦无几何，但可假此以褫敌人之胆耳。所恃者有二：发礟、佛郎机，是惟不中，中则无船不粉，一也；以火毯之类于船头，相遇之时，从高掷下，火发而贼舟即焚，二也。大福船亦然。

——郑若曾《筹海图编》卷十三《经略三·兵船》

图2-1　广东船式①

（见郑若曾《筹海图编》卷十三）

① 又见于邓钟《筹海重编》卷十二，王鸣鹤《登坛必究》卷二十五，王圻、王思义《三才图会》器用四卷，茅元仪《武备志》卷一百十六。

广船视福船尤大,其坚致亦远过之。盖广船乃铁力木所造,福船不过松杉之类而已。二船在海若相冲击,福船即碎,不能当铁力之坚也。倭夷造船亦用松杉之类,不敢与广船相冲。但广船难调,不如调福船为便易。广船若坏需用铁力木修理,难乎其继,且其制下窄上宽,状若两翼,在里海则稳,在外洋则动摇。此广船之利弊也。广东大战舰用火器于浪漕中,起伏荡漾,未必以能中贼,即使中矣,亦无几何,但可假此以褫敌人之胆耳。所恃者有二:发磺、佛郎机,是惟不中,中则无船不粉,一也;以火毯之类于船头,相遇之时从高掷下,火发而贼舟即焚,二也。大福船亦然。广船用铁力木,造船之费加倍福船,而其耐久亦过之。盖福船俱松杉木,蝤虫①易食,常要烧洗,八九汛后,难堪风涛矣。广船木坚,蝤虫纵食之,亦难坏也。

——邓钟《筹海重编》卷十二《经略四·广东船图说》②

守备庄渭阳曰:"广船不如福船者。广船下狭上阔,不耐巨浪,又其上编竹为盖,遇火器则易燃,不如福船上有战棚,御敌尤便也。往年游击③侯国弼改造福船业有成效,今合酌用其制,底用广船式,上用福船面,庶足涉鲸波而销氛祲也。"

——邓钟《筹海重编》卷十二《经略四·开浪船图说》④

---

① 蝤虫:也称海蛆。
② 又载于王鸣鹤《登坛必究》卷二十五,王在晋《皇明海防纂要》卷六,茅元仪《武备志》一百十六。王圻、王思义《三才图会》只引前两句。
③ 游击:即游击将军,武职官名。明后期军队的组织编制一般是总兵—参将、游击—把总—哨官—旗总—队。队是最基层的单位,一队十二人。三队或四队为一旗,三旗或四旗为一哨,三哨或四哨为一总,三总或四总为营,营的军事长官就是参将或游击将军。参将和游击的区别在于参将所率领的军队是防守一定地域的部队,而游击将军所率领的部队是机动部队。
④ 又载于王鸣鹤《登坛必究》卷二十五。

图2-2 新会县尖尾船式[①]

（见郑若曾《筹海图编》卷十三）

  乌艚，广之巨舰，铁力木所造，坚致耐久，过于福船，海中攻击，毋论倭船，即福船亦不能当。兼以发熕、狼机[②]、火球所及，无舟不焚、不碎。但船即难调，坏亦难修，以铁力木不可常得故也。又其制下窄上宽，状若两翼，在海洋荡漾，用火器鲜能中贼。此则其所短也。

——谢杰《虔台倭纂》上卷《倭防二》

---

① 又见于邓钟《筹海重编》卷十二，王鸣鹤《登坛必究》卷二十五，王圻、王思义《三才图会》器用四卷，茅元仪《武备志》卷一百十六。

② 狼机：即佛郎机。

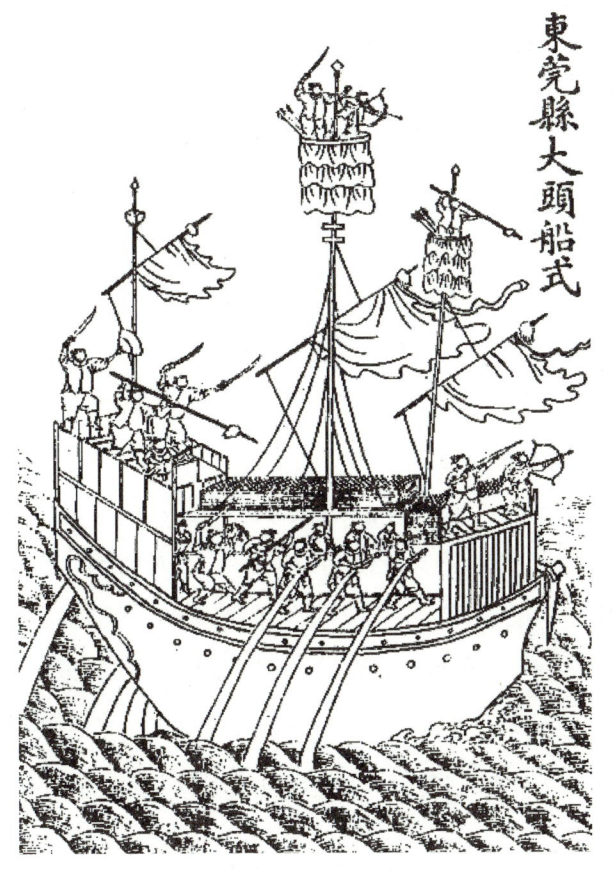

图2-3 东莞县大头船式[1]

（见郑若曾《筹海图编》十三）

**战船** 广之艨艟战舰胜于闽艚。其巨者曰横江大哨，自六橹至十六橹，皆有二桅。桅上有大小望斗、云棚。望斗者，古所谓爵室[2]也，居中候望，若鸟雀之警示也。云棚者，古所谓飞庐[3]也。望斗深

---

[1] 又见于邓钟《筹海重编》卷十二，谢杰《虔台倭纂》上卷，王鸣鹤《登坛必究》卷二十五，王圻、王思义《三才图会》器用四卷，茅元仪《武备志》卷一百十六。

[2] 爵室：古代船上的瞭望室。爵，通"雀"。《释名·释船》曰："其上屋曰庐，象庐舍也。其上重屋曰飞庐，在上，故曰飞也。又在上曰爵室，于中候望之，如鸟雀之警示也。"

[3] 飞庐：船甲板上方第二层尾部的屋舍。《释名·释船》曰："其上屋曰庐，象庐舍也。其上重屋曰飞庐，在上，故曰飞也。"

广各数尺，中容三四人，网以藤，包以牛革，衣以绛色布帛，旁开一门出入，每战则班首立其中。班首者，一舟之性命所系，能倒上船桅，于望斗中以镖、箭四面击射。势便，或衔刀挟盾，飞越敌舰，斩其帆樯；或同疍人①没水凿船，而乘间腾跃上船杀敌；或抱敌人入水淹溺之。其便捷多此类。舰旁有苾篱②，夹以松板，徧③以藤，蒙以犀兕④、绵被。左右架佛朗机炮、磁炮、九龙信炮、蒺藜锡炮、霹子炮、神炮⑤数重，及火砖⑥、灰礶、烟毯⑦之属。尾梢作叉竿连棒。又有箐竹楼橹⑧以隐蔽，又或周身皆炮，旋转回环，首尾相为运用，其捷莫当。此戈船⑨之最精者也。

其小者曰飘风子，曰大、小拨桨。大拨桨，每船一艘桨百余，小者亦五六十。人坐船内拨之，其行若飞。人各有所隐蔽，箭炮莫能中。桨之利胜橹。橹立桨坐。立则人在舱外易受敌，坐则人在舱中。每一桨有一鸟枪⑩或三眼神枪⑪辅之，桨动则群枪齐发。

其飘洋者曰白艚、乌艚，合铁力大木为之，形如槽然，故曰艚。首尾又状海鳅。白者有两黑眼，乌者有两白眼。海鳅远见，以为同类，不吞噬。

其载人与货物者曰艚⑫，制亦如斗舰。上施兵器及炮火、飞石、

---

① 疍人：旧时南方居住于水上的人。疍，又写作蜑（dàn）。
② 苾篱：防护篱笆墙。苾（bì），通"庇"，庇护。
③ 徧（biàn）：全面，遍及。
④ 犀兕：指犀牛和兕的皮。兕（sì），古代兽名，皮坚厚，可以制甲。一说雌的犀牛。
⑤ 磁炮、九龙信炮、蒺藜锡炮、霹子炮、神炮：均为火器，具体形制不详。
⑥ 火砖：一种砖形手投火器。基本构造是用纸或薄木板做成砖形外壳，内装火药、小型火器、有毒物质、铁蒺藜等。用药线点燃后，掷入敌船或营阵，用以纵火、惊扰和杀伤敌有生力量。
⑦ 火礶、烟毯：均为火器。具体形制、构造不详。
⑧ 箐竹楼橹：用细竹搭成的无顶盖的高台，用以瞭望和攻守。箐（jīng）竹，细竹。
⑨ 戈船：古代战船的一种，源于战国时。《汉书·武帝纪》颜师古注引臣瓒曰："《伍子胥书》有戈船，以载干戈，因谓之戈船也。"
⑩ 鸟枪：即鸟铳。
⑪ 三眼神枪：即三眼铳。一种三管手持火铳。
⑫ 艚：客货船的一种统称。

灰礜①，旁布渔罛②。小者曰横水艜。

捕鱼者曰香舮③，亦曰乡舮，曰大涝罾④、小涝罾。其四橹、六橹者曰小舮，八橹者曰大舮，曰繰罛船，曰沉罾。其曰朋罛者，以船十数梭⑤为一朋，同力以取大鱼，故曰朋罛，亦曰摆帘网船。

其上滩濑⑥者，曰匾水船，即艑艖⑦也，亦曰扒竿船。叉二木于船首，以张帆席，故曰扒竿。竿即樯也。

疍人所居曰艇。孔鲋云："小船谓之艇。"《释名》云："艇，其形径挺⑧，一人、二人所乘行也。"

盗舟曰龙艇，长四五丈，裸无篷盖，数十人以桡拨之⑨，奋迅如龙，最利攻劫。吾粤水道多歧⑩，山海相通，盗贼易为出没。龙艇之为害，无处无之。其曰大龙艇者，长九丈七尺，宽一丈一尺六寸，两旁有桨四十四，橹十二。入洋⑪则纯用桨，出洋⑫则纯用橹及风篷。每橹八人，桨一人，更番出力，凡有三百余人，为两班。船上有木柜⑬，其形方，长六七尺，可避波涛。两旁为铳眼及强弩架，弩亦四十有四。又有竹栏，以支牛皮、絮被，罾罛⑭，为御矢石铳炮之具。其船轻而疾，受水浅，倏忽可数百里。白艚、乌艚最畏之，以其无风可行，不

卷二　嘉靖后的海船·广船

---

① 飞石、灰礜：均为击敌兵器，形制不详。飞石，似即击敌的石块；灰礜，似即一种装灰的小口大腹瓦器。
② 渔罛（gū）：渔网。罛，一种大型渔网。
③ 舮（liǎo）：小船。
④ 罾（zēng）：一种用木棍或竹竿做支架的方形渔网。
⑤ "梭"疑为"摌"字之误。"摌"同"搜"。
⑥ 滩濑（lài）：滩头和浅水沙石滩。
⑦ 艑艖（biàn chā）：艑为扁浅形的大船，艖为小船。
⑧ 径挺：直貌。
⑨ 以桡拨之：用桨来划动。桡（ráo），船桨。
⑩ 歧：航路多变。
⑪ 入洋：从大洋（海）回来。
⑫ 出洋：泛指到外国去，这里指到大洋（海）去。
⑬ 木柜：木制的柜子。这里似指一种稳定船舶的装置——防摇水舱。
⑭ 罾罛：泛指渔网。

能追逐故也。其名生船，以乌、白艚无风则死也。其柜以水椰①之木。帆以布，布以粗麻为之，染以薯茛②，浸以矾水及盐。其底以铁力木或红卢桂木③，性柔耐水可长久。更佐以香舤之船，左右相夹，往往无敌。

香舤长短与相等，宽亦如之，周以竹篱而头方，上亦有柜稍圆，惟不用桨而纯用橹耳。橹十四或十六，桅则三之。或于船两旁作代风轮二或四，以激水；水力即风力也。或止作空底一层，于最近水处，稳便愈甚，不然止在船两旁顺置长空匣，疾亦如之。

——屈大均《广东新语》卷十八《舟语》

图2-4　近代广东圆尾船

---

① 水椰：不详，抑或为常绿乔木椰子的一种。
② 薯茛：植物名。多年生缠绕藤本植物，地下具块茎，外紫黑色，内为棕红色，块茎富含鞣质，煮法染丝绢，也可染棉、麻织物和渔网、渔衣等，使利水耐用。
③ 红卢桂木：不详，抑或为桂树的一种。桂为樟科，常绿乔木。

藤埠船　琼①船之小者，不油灰，不钉镗②，概以藤扎板缝，周身如之。海水自罅漏③而入，渍渍有声，以大斗日夜戽④之，斯无沉溺之患。其船头尖尾大，形如鸭母⑤。遇巨风随浪浮沉，以船有巨木为脊，底圆而坚，故能出没波涛也。苏轼云："番人舟不用铁钉，止以桄榔须⑥缚之，以橄榄糖⑦泥之，泥干甚坚，如水如漆。"盖自古而然矣。

洋船桅⑧　洋船桅，其巨者一桅费千余金。每洋中风狂，船将覆没，以刀顺风势斩桅。桅大者合两人抱，皆立断，如鸿毛飘空。船人以桅为命，桅即断，则船随风所至，得至岸者无几矣。

船帆　广州船帆，多以通草席⑨缝之，名之曰𦨴⑩，其方者曰平头𦨴，顺风使之。其有斜角如折叠扇形者，逆风可使，以为勾篷。勾篷必用双𦨴，前后相叠，一左一右，如鸟张翼⑪，以受后八字之风，谓之鸳鸯𦨴。舟人有口号云："鸳鸯双篷，使风西东。"

——屈大均《广东新语》卷十八《舟语》

---

① 琼：指琼州府。治今琼山区，辖境相当今海南省地。
② 镗（dā）：翻土农具。
③ 罅（xià）漏：裂缝和漏穴。
④ 戽（hù）：即戽斗，一种汲水器械。
⑤ 鸭母：前狭后广，如鸭身之形。
⑥ 桄榔须：桄榔树叶柄基部的棕毛。桄榔树，俗称砂糖椰子、糖树。常绿乔木，肉穗花须的汁可制糖，茎中的髓可制淀粉，叶柄基部的棕毛可绳或制刷子。
⑦ 橄榄糖：用橄榄树脂和皮叶熬制的胶脂，可以涂补船只。
⑧ 洋船桅：外国船的桅杆。
⑨ 通草席：用通草编成的席子。通草有二说。一说通草即木通。明李时珍《本草纲目·草七·通草》："有细细孔，两头皆通，故名通草，即今所谓木通也。"一说通草即通脱木。明李时珍《本草纲目·草七·通草》："今之通草，乃古之通脱木也。宋《本草》：混注为一，名实相乱，今分出之。"二者哪个为是，待考查。
⑩ 𦨴：广东土字，帆也。
⑪ 鸟张翼：俗称蝴蝶帆。

明代海船图说

图2-5 现代广东帆船

蛋家艇 诸蛋以艇为家，是曰蛋家①。其有男未聘，则置盆草于梢；女未受聘，则置盆花于梢，以致媒妁。婚时以蛮歌相迎，男歌胜则夺女过舟。其女大者曰鱼姊，小曰蚬②妹。鱼大而蚬小，故姊曰鱼，而妹曰蚬云。蛋人善没水，每持刀槊水中与巨鱼斗。见大鱼在岩穴中，或与之嬉戏，抚摩鳞鬣③，俟大鱼口张，以长绳系钩，钩两腮，牵之而出。或数十人张罛，则数人下水，诱引大鱼入罛。罛举，人随之而上；亦尝有被大鱼吞啖者。或大鱼还穴，横塞穴口，已在穴中不能出而死者。海鳅长者亘百里，背常负子。蛋人辄以长绳系枪飞刺之。

---

① 蛋家：即蛋户。蛋人散居在广东、福建等沿海地带，向受封建统治者的歧视和迫害，不许陆居，不列户籍。他们以船为家，从事捕鱼、采珠等劳动，计丁纳税于官。明洪武初，始编户，立里长，由河泊司管辖，岁收渔课，名曰蛋户。清雍正初，明令消除旧籍，与编氓同列；辛亥革命后，临时政府通令解放贱民，蛋户也在内。

② 蚬（xiǎn）：软体动物，介壳呈圆形或心形，表面有轮状纹。生活在淡水中或河流入海的地方。

③ 鳞鬣（liè）：鱼的鳞片和鬣毛。

候海鳅子毙,拽出沙潬①,取其脂,货至万钱。疍妇女皆嗜生鱼能泅汙②。昔时称为龙户者,以其入水辄绣面文身,以象蛟龙之子,行水中三四十里,不遭物害。今止名曰獭家。女为獭而男为龙,以其皆非人类也。然今广州河泊所③,额设疍户,有大罾、小罾、手罾、罾门、竹箔、篓箔、摊箔、大箔、小箔、大河箔、小河箔、背风箔、方网、辏网、旋网、竹筴④、布筴、鱼篮、蟹篮、大罛、竹篢⑤等户一十九邑。每岁计户稽船,征其鱼课,亦皆以民视之矣。诸疍亦渐知书,有居陆成村者,广城西、周墩、林墩是也。然良家不与通姻,以其性凶善盗,多为水乡祸患。曩有徐、郑、石、马四姓者,常拥战船数百艘,流劫东西二江⑥,杀戮惨甚。招抚后,复有红旗、白旗等贼,皆疍之枭黠⑦。其妇女亦能跳荡力斗,把舵司䉶⑧,追奔逐利。人言徭居輋⑨而偏忍,疍居水而偏愚,未尽然也。粤故多盗,而海洋聚劫,多起疍家。其船杂出江上,多寡无定,或十余艇为一艅,或一二罛至十余罛为一朋。每朋则有数乡舿随之醃鱼,势便辄行攻劫,为商旅害。秋成时,或即抢割田禾。农人有获稻者,各以钱米与之,乃得出沙⑩。其为暴若此。议者谓,诚以十船为一甲,立一甲长;三甲为一保,立一保长。无论地僻船稀,零星独钓,有无罛朋及大小舿船,皆使编成甲

卷二 嘉靖后的海船·广船

① 沙潬:沙滩。潬(tān),水中沙堆。
② 泅汙(qiú qiú):游水。汙,浮行水上。
③ 河泊所:元代在建康、安庆、池州等处设置的掌收鱼税的官署。明代广为设置,洪武十五年(1382),全国有河泊所252处。清代只在广东设河泊所官二人。
④ 筴(jì):渔具。
⑤ 篢(gàng):用于地名,如篢口。
⑥ 东西二江:东江和西江。东江,珠江东支,在广东省东部。东源寻乌水,西源九曲河(定南水),均出江西省南部安远、寻乌两县间,南流到广东省龙川县五合附近汇合,折向西南流,下游经珠江三角洲,到狮子洋出五虎门入海。西江,珠江干流,在广东省西部。上源南盘江出云南省沾益县马雄山,在黔、桂两省区边境和北盘江汇合,称红水河;东南流到象州县石龙附近纳柳江后称黔江;到桂平纳郁江后称浔江;到梧州纳桂江,入广东省境始称西江。
⑦ 枭黠:凶恶狡猾。
⑧ 䉶(shuāng):船帆。
⑨ 輋(shē):同"畲",近山之地。
⑩ 出沙:似指下田而言。水旁地谓之沙。

保，互结报名，自相觉察。按以一犯九坐之条，则奸宄难匿，而盗薮可清。然清疍船及澳艇，尤为先务。

——屈大均《广东新语》卷十八《舟语》

# [今说]

## 嘉靖后海船的发展变化

明嘉靖后海船的发展较之前出现了明显的变化，主要体现在以下几个方面。

1.形制区分更加明显。

明代后期，在东南沿海的船舶形制是不同的，明显地分为广船、福船、浙船和直船四种不同的形制。四种船的不同既表现在以下几个方面。

船形不同。广船下窄上阔，状若两翼；福船底尖上阔，首昂尾耸；浙船、叭喇唬船底尖面阔，首尾一样；直船、沙船底平，能耐滚涂浪。

行使方式略有不同。虽广、福、浙、沙船都有风使帆，但"广东船制两旁设架，便于摇橹；福建船制其旁如垣，其篷用捲，便于使风；浙、直船制平底布帆，便于荡桨"。

大小坚致程度不同。广船用铁力木制造，最为坚致耐用，也最大。大者可载三四千石，中等的可载一二千石。福船为松杉木制造，不如广船坚致，也没有广船大，大者可载二三千石，中等的可载一千石，但比浙、直船大。浙、直船在三种船型中是最小的，其大的可载七八百石，小的可载三四百石。

所以这四种船形制有明显的区别。还有苍山船，俞大猷说它是浙江船，邓钟则把它分在浙、直船类，王圻似乎又把它列入福船内。现

在看来，它的形制特点不明显，到底应归入哪一类，难说。最为明显的是明代后期海船有广、福、直这三种船，但有一种观点认为东南沿海的船型只有广船和福船两种，这恐怕值得商榷。

之所以形成这样四种船的形制是由不同海区的海况不同所决定的。广东沿海岛屿较多，行船多在沿海岛屿间，"风气和柔"，便于摇橹。福建沿海海水最深，出海就是外洋，一望无际，有风时多，无风时少，利于使帆。浙直沿海海水深处固多，浅处时有，近岸平沙或数十里，潮涨水深寻丈，潮退仅可尺许，故利于平底的沙船。人们在生产生活的实践中为了适应不同的海况，造出了这不同形制的海船。应该说这些海船开始都属民船，只是功用不一，有的是渔船，有的是商船，有的是盐船，用于作战则是后来的事，甚至有的用于作战以后也还是民船，如广船大体就是如此。

2.载重量有所增加。

嘉靖以前沿海卫所的战船，按载重量分有八百料、七百料、五百料、四百料、三百料、二百料、一百五十料、一百料、五十料等型号；按形制分，有快船（风快）、铜头、哨船、八橹、十桨、高把稍、大青、风光等名称的船。① 与这些舰船相比，嘉靖至万历年间的战船，载重量要大于明初以来的战船。嘉靖至万历年间的战船载重量未见明确记载，但我们可以大体计算出其载重量。俞大猷所造的一号大福船宽3丈（15米），水线长9.7丈（28.5米），吃水我们按一般的说法1.2丈（3.6米）。这些船均为木质船，其载重量当在150吨以上，大大超过800料。另外《大明会典》载400料浅船，身长比俞大猷所造大福船短1.6丈（4.8米）；《南船纪》载，400料战座船阔只有1.7丈（5.1米），比俞大猷所造三号冬仔船还窄1尺（0.33米），而同一号福船

---

① 参见《明太祖实录》卷七十八洪武六年正月庚戌条，《明史》卷九十一《兵志》三，《两浙海防类考续编》卷二，《筹海图编》卷十二《御海洋》、《勤会哨》，《南船纪》，万历《漳州府志》卷七《战船》。料为重量单位，一料为一百斤。

比则窄1.3丈（3.9米），短1.01丈（3.03米）。从这些数据对比来看，我们可以说嘉靖至万历年间的战船载重量超过其以前的近海战船，甚至比郑和下西洋时某些战船还大。

3.船型众多，更适于作战。

以上我们叙述了几种船形，但实际上明代后期船的型号纷繁复杂，种类众多。范涞在《两浙海防类考续编》中，列出浙江的战船有21种。这些船型各有长处，也各有不足。但这些船只相互配合，就能充分发挥其长处，而克服其不足。因此就整体来说，这些船只大中小齐备，最大的可载三四千石，最小的只载三五个人；适于在各种海区航行、作战，广、闽、浙、直，远洋近海，无所不宜。作战时，既有专事侦察船，更有作战船；既能单船作战，也能群船围敌；既能撞沉敌船，也能击碎敌船；既能消灭敌人，也能捞取首级等，清扫战场。

正是因为有这些齐全完备的战船，明军在海上与敌相较具有明显优势。这也是民族英雄、军事家俞大猷提出要御敌于海，要建立强大的水军，要使水军在海防军中占七成的原因之一。当然御敌于海的最大好处是使内地免受敌人的烧杀劫掠。在实战中，明军总是把各种船型有机地结合在一起来使用，如戚继光的船队，他的一哨船队由五艘战船组成，其中福船二只，海沧船一只，艟䚪二只。船队既不是单纯用福船，也不是单纯用海沧和艟䚪。为什么要这样配备呢？一句话是为了在各种情况下都能有效地打击敌人。福船高大既能犁沉敌船，也能用火器击沉敌船，它在深海作战颇具优势，但在水浅的近海和无风时则失去了这些优势，而且因为其高大而不能捞取首级。为了弥补大福船这些不足，则在船队中配置了海沧船、艟䚪等。海沧船比福船略小，无风也可以行驶，一般情况下也可以犁沉敌船，但同样不能捞取首级。为此又在船队中配置了艟䚪。艟䚪比海苍船略小，比敌船略大，也能犁沉敌船。因其吃水浅，故在近海当福船、海沧船不能行驶时，靠它击敌。同样，也只能靠它捞取被击毙的敌人的首级。由此可见，这大中小三种船配合在一起，即发挥了各船的长处，又克服了各船的不足，能更有效地打击敌人，是一个完美的组合。当然在作战时，还要有各种侦察船的配合。总之，海上作战要多种战船有机地结合在一起，才能在任何情况下都可同敌船作战，并取得胜利。在实战当中，人们逐渐找到了更适合于东南沿海作战的船型，这就是福船。所以无论是戚继光在浙江，还是俞大猷在两广，他们所造的战船大都或全部是福船。船的形制的变化是嘉靖至万历年间舰船制造的一大进步。

4.战船数量大增。

嘉靖中期之后，战船数量大增。譬如浙江沿海有四十一卫所，按每百户所造一只船的规定，浙江四十一卫所当共有战船800余只，但实际没有那么多。《明史·朱纨传》载："浙江卫所四十一，战船四百三十九，尺籍尽耗。"① 这当是嘉靖年间的数字。《两浙海防类考续编》卷二《原考》载："查得浙江沿海玖卫叁拾贰所，先年原有战船伍百肆拾捌只。"《明英宗实录》载："洪武初，浙江沿海卫所备倭海舟七百三十艘。"② 而万历年间《全浙兵制》载："全浙福、苍、沙唬等船通共一千八只（除小划船不计）。"③ 该书中各单位战船合计1 117只，这是万历二十年（1592）前后船的数量。而到嘉靖三十年，"两浙江洋河道沿海各区战舰、哨船，通共壹千贰百伍拾贰只"④，这比洪武初年战船数增加71.5%。

5.更多地使用火器。

嘉靖至万历年间的战船较以往另一突出的进步是大量使用火器。嘉靖以前的战船也使用火器，但只有碗口铳、手把铳等几种，且数量少，并不占主导地位。嘉靖之后，发生了根本性变化。早在嘉靖四十

---

① 张廷玉等《明史》卷二百五《朱纨传》，第5 405页。
② 《明英宗实录》卷六十三，正统五年正月丙寅，第1 210页。
③ 侯继高《全浙兵制》卷一《全浙水陆兵制》。
④ 范涞《两浙海防类考续编》卷二《续定·各区战船》。

年（1561），戚继光福船上使用火器的人员已占战斗人员的50%，而到万历年间有的竟高达70%多。火器的使用，增强了舰船的战斗力，改变了海战战术；使用火器的人员占战斗人员70%多，表明海战已由使用冷兵器为主转变为使用火器为主。这些是有时代意义的。

从上述内容可以看出，就总体而言，嘉靖至万历年间的战船与以往相较是有进步、发展的。但也需要指出，万历后战船出现了变小的趋势，以浙江（表2-1）为例，隆庆四年（1570）有各种战船723只，到万历三十年（1602）增至1 252只，即增加529只，但大型船只如福船等数量减少，而中小型战船如叭唬船、沙船的数量则增加。

表2-1　隆庆四年至万历三年浙江各类主要战船数量增减变化表（单位：只）

| | | 总数 | 福船 | 草撇船 | 苍船 | 艟䑸 | 叭唬船 | 沙船 | 备注 |
|---|---|---|---|---|---|---|---|---|---|
| 隆庆四年 | | 723 | 83 | 29 | 62 | 16 | 128 | 27 | 叭唬船包括民唬和军唬 |
| 万历三十年 | | 1252 | 49 | 16 | 9 | 12 | 545 | 114 | |
| 万历比隆庆 | 增减数 | +529 | -34 | -13 | -53 | -4 | +417 | +87 | |
| | 增减比(%) | +73.2 | -41 | -44.8 | -85.5 | -25 | +325.8 | +322.2 | |

表2-1根据《两浙海防类考续编》卷二编制。从表中数据变化可以明显看出，在浙江沿海战船总数增加73.2%的情况下，大型船舶占比却下降40%以上，而中小型的叭唬船、沙船占比却增加3倍以上。这反映出当时海上防御越来越靠近内陆，如此也致使在援朝战争期间，京津地区征调浙、直战船时只有沙船、叭唬船等，而大型战船只有现造。

## 战船保障抗击外敌入侵

嘉靖后的海船在抗击外敌入侵的战斗中，起到了保障作用。这主要表现在以下几次反击外敌入侵的作战中。

1.抗击倭寇入侵。

嘉靖三十一年（1552），倭寇开始猖狂入侵东南沿海地区。为抗击倭寇入侵，明廷调兵遣将，同时在陆地和海洋消灭来犯之敌。这里只举抗倭明将俞大猷在海上打击倭寇的数例来说明海船在抗倭中的重要作用。

抗倭战争伊始，明廷任命俞大猷充温台宁绍参将。他任职后，向提督军务的王忬建议要御倭于海洋，"'攻贼长技，当以福建楼船破之，则蜓蚰之丑不足平，而沧、沙诸船非足恃也。'王公善之，大调福建舟师，分布诸岛澳"，"小而雕剿，大而合战，于是松门、普陀、烈港、昌国、临山、观海诸处连捷，凡俘千五百"①。

嘉靖三十三年（1554）五月，明廷命张经总督直隶、浙江、山东、两广等处军务，御倭。嘉靖三十四年（1555）五月，张经督副总兵俞大猷及汤克宽等诸将率狼土兵败倭于王江径（今浙江嘉兴北），"共擒斩首功凡一千九百八十有奇，溺死及走死者甚众。余贼不及数百，奔归柘林。自有倭患以来，东南用兵未有得志者，此其第一功云"②。六月，三丈浦倭贼出海，俞大猷率舟师击敌斩首130有奇，冲沉敌舟7艘。同月，俞大猷率舟师追敌于马迹山，擒倭寇头子滩拾卖及从贼57人，斩首93级。七月，俞大猷督水兵追敌于茶山，焚其5舟。余贼逃往马迹山等地，又追之，坏其3舟，斩首67级，生擒42人。八月，柘林倭出海，俞大猷督兵击之，斩首70有奇，获船9艘。闰十一月，川沙洼贼出海，俞大猷和王崇古率水兵出海追之，及老鹳嘴，斩首170余级，生擒47人，冲毁贼巨舟8艘。在半年的时间里，据不完全统计，俞大猷在海上就擒斩倭寇676人，俘获焚毁敌船32只，应该说取得了重大的胜利。

嘉靖三十五年（1556）三月，朝廷命俞大猷代刘远为浙直总兵官。他上书朝廷提出御倭方略："大洋虽哨而内港必防，内港虽防而陆兵必练。水陆俱备，内外互援，而又求得其人以共理之。贼来则

---

① 李杜《征蛮将军都督虚江俞公大猷功行记》、赵恒志《后军都督府都督同知赠左都督俞公大猷行状》，载焦竑《献征录》卷一百七；俞大猷著，范中义点校《正气堂全集》，上海辞书出版社2011年版（下同，不注），第13、836页。
② 《明世宗实录》卷四百二十二，嘉靖三十四年五月甲午。

击，贼去则追，又来又击，又去又追，如是二三年而后可耳。故今之制兵，水兵常居十七，陆兵常居十三。亟断而行，期必灭贼，乃为上计。"① 同月，贼入吴淞江，俞大猷设伏海口，斩350级，沉敌船13艘。六月，苏、松倭寇出海，俞大猷督水兵追战，斩首300余级。这年俞大猷两次海上作战就歼敌650人，击沉敌船13艘。

嘉靖三十六年（1557）十月，在胡宗宪用间招抚下，勾结倭寇的大头目王直从日本回到形胜地岑港（今浙江舟山市定海区西北岑港镇）。他心存疑虑，尚不想立即见胡宗宪。胡宗宪将王直到达的消息报告朝廷，朱厚熜令胡宗宪："可相机设谋擒剿，不许疏虞。"② 这时俞大猷写信给胡宗宪说："贼据岑港，实有负嵎之势。更番以攻之，密布以困之，俟其出而围击之。天果助顺，或可收功。今若恐其遁去，且以大兵分布临之，仍一面攻击，一面言诱，一面令德阳夷使辈，写字与各倭，谓我官兵只欲得一王直，许其绑解，即释其他，或可济也。"③ 然后，俞大猷率兵船到达岑港，泊于岑港南北水道，防贼逃遁。又写信给胡宗宪提出："宜将定海总福、苍船原拨载土、汉官兵者，尽数取回，分为五枝。一枝泊长涂，一枝泊石牛港，一枝泊舟山渡头，一枝泊马墓港，一枝泊列港，并力夹击，决可成功。愿军门张主，勿听纷纷之论，以误大计。"④ 俞大猷就是要把王直彻底歼灭。正是俞大猷和其他将领所陈的兵威，在胡宗宪的用间下，王直才于十一月到胡宗宪处。胡宗宪于嘉靖三十七年（1558）正月，将王直交给浙江按察司。第二年十二月，王直伏法。王直的被逮是抗倭的重大胜利。

嘉靖三十七年（1558）三月，俞大猷督参将张四维等官兵船，追

---

① 俞大猷《正气堂集》卷十六《恳乞天恩亟赐大举以靖大患以光中兴大业疏》，《正气堂全集》第339、340页。
② 范表《海寇议》后。
③ 俞大猷《正气堂集》卷九《议计缚王直》，《正气堂全集》第182页。
④ 俞大猷《正气堂集》卷九《请益加防截》，《正气堂全集》第185页。

倭于九山等海洋，斩倭首41颗。四月，又督参将张四维等水陆官兵，斩倭首282名颗。七月，王直余党遁逃柯梅（在今舟山市东北），俞大猷部署参将张四维堵截。十一月，王直余党出海逃走，俞大猷引舟横击之，沉其乘舟，稍有斩获，余贼逃往福建。"大猷先后杀倭四五千，贼几平。"① 俞大猷在抗倭战争中立下了不朽功勋。

  俞大猷的战功很大一部分是在海上取得的。俞大猷在海上作战未曾失败过。也可以说，明军在御倭战争中，在海上未打过败仗。为什么？当然和明军的官兵特别像俞大猷这样的将领奋不顾身，英勇作战分不开，但其中另一个重要原因是明军的武器装备，特别是战船优于敌人。正如抗倭名将戚继光所说："夫福船高大如城，非人力可驱，全仗风势，倭舟自来矮小，如我之小苍船，故福船乘风下压，如车碾螳螂，斗船力而不斗人力，是以每每取胜。"② 可见在抗倭战争中，海船是对敌作战取胜利的重要保障条件。

  2.援朝抗日的露梁海战。

  万历二十年（1592），统一日本的丰臣秀吉发动了侵朝战争，并欲侵略中国。明廷应朝鲜之邀，出兵援助朝鲜，抗击日本的侵略。万历二十年十二月明军收复了平壤。之后，明军继续向南推进。万历二十一年（1593）正月二十三日，李如松到达开城，准备一举攻下王京汉城（今首尔）。但由于碧蹄（在汉城北30里）失利，明军留驻于开城一线，不再向南推进。与此同时，日军也处于困境。于是双方展开了和谈。经过双方谈判，日军答应于四月初八，从朝鲜撤退并送还朝鲜二王子及大臣，明廷则封丰臣秀吉为日本国王。但直到万历二十四年（1596）日本也未完全撤军，而明军则完全撤出朝鲜。万历二十四年九月，明廷封丰臣秀吉为日本国王。实际丰臣秀吉根本不满足日本国王这一封号，暂时休战和谈只是缓兵之策。万历二十五年二

---

① 张廷玉等《明史》卷二百十二《俞大猷传》，第5 605页。
② 戚继光《纪效新书》（十八卷本）卷十八《治水兵篇·福船说》。

月，丰臣秀吉部署再次侵朝，准备先攻占全罗、忠清二道。[①]六月，日军大部队先后抵达朝鲜[②]。七月，日军首先进攻朝鲜水军，并将其打败。控制了海上通道的日军，开始在陆地上分左右路发起进攻。右路以加藤清正为先锋，总兵力约64 300人，左路以小西行长为先锋，总兵力约49 600人。进攻的目标是占领全罗、忠清二道。

明廷册封丰臣秀吉不久，朝鲜就得知丰臣秀吉再次入侵的消息。朝鲜国王再次请求明廷派兵援救。万历二十五年（1597）二月十五日，明廷任命前延绥总兵署都督同知麻贵为备倭大将军总兵官（后改提督）。三月十五日任命山东布政司右参政杨镐为右佥都御史，经略朝鲜军务。三月二十九日，以兵部右侍郎邢玠为兵部尚书兼右副都御史，总督蓟辽保定军务兼理粮饷，经略御倭。调吴惟忠选员3 785名，杨元领兵3 000多名，以杨镐监督二将，克期前往朝鲜援救。

万历二十五年（1597）八月中旬，日军围攻南原。结果南原失守，全州失陷，明军退守京城，人心惶惶。这时，杨镐从平壤到汉城，人心始定。杨镐布置明军在稷山设防。九月初七日，日军到达稷山，明军乘其未及列阵，纵骑突击，挫败日军。

稷山之战后，日军南撤，在沿海一带布营屯驻。加藤正清屯于蔚山，小西行长屯于顺天，岛津义弘屯于泗川。这时，明朝援军已陆续赴朝，至十一月份已有4万余人。总督邢玠也于十一月抵达汉城，召集诸将，决定将4万人分成左中右三协。由左副总兵李如梅，中副总兵高策，右副总兵李芳春、解生分统。经理杨镐与提督麻贵率左右协为主力，专攻加藤正清，由中协进行机动配合。同时，由小部分明军同朝鲜军佯攻顺天，以牵制小西行长。

十二月二十三日午夜，明军从庆州分三路直捣加藤清正的蔚山。明军围攻蔚山前后12天，由于指挥失误和士气低落，功败垂成。

---

① 据《日本战史·朝鲜役》。
② 吴晗辑《朝鲜李朝实录中的中国史料》上编卷四十，宣祖三十年六月癸酉载，当时日军18万。

蔚山战后，总督邢玠决定继续请饷增兵，并请求明廷增调水军，水陆夹攻。万历二十六年（1598）二月，明廷任命副总兵都督佥事陈璘为御倭总兵官。陈璘的广兵、刘綎的川兵和邓子龙的浙兵先后调往朝鲜。邢玠把明军分为三路：东路由麻贵率领进剿加藤清正，中路由董一元率领进剿岛津义弘，西路由刘綎率领进剿小西行长。水路陈璘统水兵1.3万人，战船数百艘（一说500余艘）在海上策应。三路并进，水陆夹击。

五六月份，刘綎、陈璘等军陆续到达朝鲜。八月，丰臣秀吉病死，日军有撤退的动向。九月，明军和朝鲜军开始攻打盘踞沿海的日军。但三路明军均无战功，并颇有损失。不久，日军按照丰臣秀吉的遗命准备撤退。十一月十八日，东路的加藤清正烧毁了城堡，尽数撤出；中路十七日开始撤退，十八日也基本撤光；西路的小西行长也想撤，无奈明朝和朝鲜的水军封锁住海路，撤退受阻，于是他求援于岛津义弘。

十一月十四日，小西行长向陈璘请和时，陈璘曾放走其一只小船。朝鲜水军统制使李舜臣①认为这是狡猾的小西行长请求援兵的。十八日，李舜臣说："倭船出去已四日，援兵必将至矣。吾辈当往猫岛等处把截待之。"②陈璘入朝之后，同李舜臣并肩作战，深深敬佩李舜臣的勇敢善战，足智多谋，于是听从了他的意见，将水师2.8万余人、战船800余艘做如下部署：令先锋老将邓子龙率军千人埋伏于露梁津海峡北侧，李舜臣军伏兵于南海岛的观音浦，陈璘自率大军泊于竹岛及水门洞港湾。

十八日夜，岛津义弘果然率七八百艘战船③来援，与明、朝联军水军在露梁海域相遇。日军遭到明、朝水军的夹击，奔向观音浦，这

---

① 李舜臣在元均闲山失败后，再次被起用。
② 吴晗辑《朝鲜李朝实录中的中国史料》上编卷四十二，宣祖三十一年十二月乙卯。
③ 此据邢玠《经略御倭奏议》。内岛津义弘本营船300只，将官鸭南皋冲锋船60只，对马岛太守船60只，还有其他船。一说500余艘。

时已是十九日清晨，入港的日军发现无路可退，只好掉转船头决一死战。李舜臣亲自擂鼓督战，首先冲向敌舰，被日船包围。陈璘率船冲入围中救援，也被包围。陈璘命令船只下碇，用炮火轰击敌船。日军则放鸟铳攻击陈的坐舰。陈璘命令军卒伏在甲板上，以盾牌掩蔽身体。日军以为明船上的战卒均被击毙，四下靠帮跳船，明军突然跃起，用长枪将跳帮的日军戳入大海。陈璘鸣金收兵，船上一片寂静，日军疑有诈，不敢贸然进攻，稍稍后退。突然明船喷筒齐发，很多日军船只被击中起火，日军被击毙和跳水溺死者甚多。这时李舜臣已冲出重围。年近古稀的明朝总兵邓子龙率勇士200名，跃上朝鲜船，奋勇追击日船，投掷燃烧的火毯向敌进攻。但在激战时，明军火器误中邓子龙船，船上起火。日军趁势围攻，李舜臣来援，邓子龙力战而死。李舜臣发现日军大楼船一只，3员日军将领在上指挥，就集中兵力实施攻击，并射死一员日将。包围陈璘的日船纷纷散去救援其楼船的主将。陈璘与李舜臣合力进攻日军，用虎蹲炮轰击敌船。这时，李舜臣胸部中弹，左右将其扶入帐中。他对侄子李莞说："战方急，慎勿言我死。"①李莞按照李舜臣的指示，以其名义，发布命令，继续督军作战。在明、朝水军殊死攻击下，日军败溃。此战共俘获日本舰船100艘，烧毁200艘，斩首500级，生擒180余名，溺死者无数。②明、朝联军取得了巨大的胜利。

　　明水师入朝前，日本水军在朝鲜沿海肆无忌惮。陈璘水师到后，日水师再也不敢横行。而露梁一战则使日水军受到了前所未有的打击。可见明水师是有战斗力的，而这一战斗力和明水军所用的战船是分不开的。明战船与日本的战船相比仍占优势，特别是明战船所用之的火器，更具优势。

---

① 吴晗辑《朝鲜李朝实录中的中国史料》上编卷四十二，宣祖三十一年。
② 此据吴晗辑《朝鲜李朝实录中的中国史料》上编卷四十二，宣祖三十一年十一月乙巳。

3.收复澎湖。

明代后期,荷兰人也把魔爪伸向中国。在明代,荷兰人的入侵大体可分3个时期:万历二十九年至三十三年(1601—1605),天启二年至四年(1622—1624)和崇祯三年至六年(1630—1633)。

荷兰人第一次来中国是1601年(明万历二十九年),其目的是打开中国市场。原因是1594年(万历二十二年)与西班牙人合并后的葡萄牙①,禁止荷兰人进入里斯本的港口。荷兰商人不能从那里贩运到中国的货物,就自己到东方来,开辟贸易的市场。荷兰人派出两艘战舰、200多人②于万历二十九年冬来到澳门港外,声言与明朝做买卖,不敢有劫掠行为。广东当局没有答应他们,税使李凤③邀其首领进入广州城,游玩了一个月,因过去未曾有荷兰人入贡的记载,李凤不敢向朝廷报告,遂令其回去。

万历三十一年(1603),荷兰人再次入侵中国领海。先是万历三十年(1602)3月,荷兰联合东印度公司设立后,任命韦麻郎(Wijbrand Van Waerwijck)为15艘舰队的司令。万历三十二年(1604)为了打开中国通商的大门,韦麻郎亲自率领700吨和500吨的两艘大船和两艘中等的船,于七月十二日(8月7日)到达澎湖。因当时中国的汛兵已撤,荷兰殖民者"如入无人之墟,遂伐木筑舍为久居计"④。

明泉州当局多次派人催促韦麻郎离去,韦麻郎就是赖着不走。福建南路参将施德政见几次交涉无结果,遂派都司沈有容率50艘战船,前往澎湖,令韦麻郎离去。《东西洋考》对沈有容与韦麻郎交涉有一段较为详细的叙述:

---

① 1580年(明万历八年)西班牙攻陷里斯本,吞并葡萄牙。
② 此据戴裔煊《〈明史·佛郎机传〉笺正》,中国社会科学出版社1984年版,第90页。朱杰勤《十七世纪中国人民反抗荷兰侵略的斗争》(《历史研究》1962年第1期)说:"荷兰水师提督韦麻郎(Van Waerwijck)带领八艘战舰于攻打马尼剌失败后……"
③ 李凤,《明史·和兰传》作"税使李道"。据张维华先生在《明史欧洲四国传注释》考证,李道当为李凤。
④ 张廷玉等《明史》卷三百二十五《和兰传》,第8 435页。

沈多才略，论说锋起，从容谓夷曰："中国断不容远人实逼处此，有诳汝逗留者，即是愚尔。四海大矣，何处不可生活？"嗣又闻珰使在此，更曰："堂堂中国，岂乏金钱巨万万。尔为鼠辈所诳，钱既不返，市又不成，悔之何及！"麻郎见沈豪情爽气，叹曰："从来不闻此言！"旁众露刃相语曰："中国兵船到此，想似要与我等相杀。就与相杀何如？"沈厉声曰："中国甚惯杀贼，第尔等既说为商，故尔优容。尔何言战斗，想是元怀作反之意。尔未睹天朝兵威耶？"夷语塞。①

同时，施德政"严禁奸民下海，犯者必诛"②，"严守要害，厉兵拭甲……又声言预作火攻之策"③。韦麻郎理屈词穷，兵力又不能与明军对抗，知道不能与明朝通贡，又处境困难，不得不于十月二十五日退出澎湖。

但荷兰殖民者并没有打消侵掠中国的野心。万历三十七年（1609）和万历四十五年（1617），东印度公司董事会一再指示荷印总督，要求直接打通对华贸易通路。万历四十七年（1619），荷兰为了与葡萄牙、西班牙竞争，与另一个殖民者英国共同组织一个所谓"防御委员会"，第二年又组成联合舰队，准备更大规模地入侵中国。天启二年（1622），荷印公司总督库恩（Jan Pietersz Coen）决定以雷约兹（Cornelis Reyersen）为司令，率领一支舰队前往中国沿海。库恩给雷约兹的训令是：

> 雷约兹要攻打并毁灭葡萄牙在澳门的殖民地，如有可能，可与派到马尼拉四周海道来破坏贸易的私掠船合作。
> 
> 无论攻陷澳门与否，舰队应赶到福建沿岸，在澎湖群岛

---

① 张燮《东西洋考》卷六《外纪考·红毛番》，中华书局1981年版（下同，不注），第128~129页。
② 张廷玉等《明史》卷三百二十五《和兰传》，第8 435页。
③ 张燮《东西洋考》卷六《外纪考·红毛番》，第129页。

或台湾建立堡垒,并由此要求中国通商。如果未获巴达维亚总督同意,不得放弃堡垒。

如果中国人拒绝要求,必须用武力打开市场,在这种情况下,准许与日本及中国海盗合作。

如果发生战事,尽可能俘虏中国人送到巴达维亚使用。

舰队运载213 588里拉及大量胡椒、檀香和铅以便通商,此外在巴达维亚储存750 000里拉备用。①

从这些训令中明显地看出荷兰殖民者的侵略者嘴脸。

1622年4月10日雷约兹率领8艘舰船、1 024名水手和士兵②,由巴达维亚出发,中途与其他4艘船会合,到达澳门后又有两艘兰英联合舰队的船加入。这样共有舰船14艘。③1622年(天启二年)6月24日,荷兰殖民者进攻澳门,结果大败,死136,伤126人④。雷约兹见攻打澳门没有希望,就自己率领9艘船于6月29日,扬帆北上,前往澎湖。7月10到达澎湖,明朝的10艘巡逻船和几艘渔船,见比自己较强的荷兰舰队,没有回击而回到泊地。7月27日,荷兰人启程入侵台湾,当天就到达安平港,然后又沿岸南下,以寻找良港,但无一港湾胜过安平,遂于7月30日返回澎湖岛。根据总督的训令,荷兰人于8月2日开始在澎湖岛上筑城和建棱堡。在筑城的同时,荷兰人于8月派人到厦门要求通商,同时也派军舰到大陆沿岸进行窥探。荷兰的代表在浯屿见到守备王梦熊,不仅提出了通商的要求,还提出中国人既与荷兰人贸易就不能再同葡萄牙和西班牙人进行贸易。9月10日,王梦熊带来了总督商周祚的信,拒绝荷兰人的通商要求,并要他们离开澎湖,拆毁炮台。荷

卷二 嘉靖后的海船·广船

---

① L.布鲁斯《荷兰人侵占澎湖群岛的经过》,朱杰勤译《中外关系史译丛》,海洋出版社1984年版(下同,不注),第121页。

② L.布鲁斯《荷兰人侵占澎湖群岛的经过》,朱杰勤译《中外关系史译丛》,第121页。

③ (日)村上直次郎《澎湖岛上的荷兰人》,许贤瑶译《荷兰时代台湾史论文集》,第6页。这次荷兰人的入侵到底有几艘船说法不一,除本文所讲的14艘外,还有的说荷舰15艘、英舰1艘,荷兵700名。

④ L.布鲁斯《荷兰人侵占澎湖群岛的经过》,朱杰勤译《中外关系史论丛》,第121页。

兰人见用谈判不能达成与中国通商的目的，就按照总督库恩的指示，用军事手段打开中国的大门。10月2日，东印度公司委员会决定对中国采取敌对行动。

福建巡抚商周祚言：

> 红夷自六月入我澎湖，专人求市，辞尚恭顺。及见所请不允，突驾五舟，犯我六敖。六敖逼近漳浦，势甚岌岌。该道程再伊、副总兵张嘉策多方捍御，把总刘英用计沉其一艇，俘斩十余名。贼遂不敢复窥铜山，放舟外洋，抛泊旧浯屿。此地离中左所仅一潮之水，中左所为同安、海澄门户，洋商聚集于海澄，夷人久垂涎，又因奸民勾引，蓄谋并力，遂犯中左，盘据内港，无日不搏战，又登岸攻古浪屿，烧洋商黄金房屋船只，已遂入泊圭屿，直窥海澄。我兵内外夹攻，夷惊扰而逃。已复入厦门，入曾家澳，皆即时堵截，颇被官兵杀伤。①

西方人记载当时的情况是：东印度公司决定对中采取敌对行动两星期后，荷兰人一支8艘舰船、422人组成的舰队，由尼文律（Van Nienwenroode）率领到达福建沿海。他们到了厦门入口处的虎头山，毁了80艘民船，开始分几个地方登陆。入侵澎浪屿的荷兰殖民者，焚烧马尼拉商人黄合兴房屋船只，俘虏200名中国人，押到澎湖，然后转运到巴达维亚。在此次行动中，殖民者大肆杀戮。当时格罗宁根号船长威廉·庞德古供称："我们就于30日（1622年11月）率领七十名火枪手攻打这些村庄，居民都跑到碉堡里去，我们也追到那里去；他们冲出来两次，那种可怕的啼哭声和嚎叫声真像世界末日来临似的。他们拼命想冲出来，我们挡住了他们，用刀砍他们的头，用火枪射倒了一些人，他们又急急忙忙地逃回去……我们又把他们赶回碉堡，把他们

---

① 《明熹宗实录》卷三十，天启三年正月乙卯，第1535页。

全部杀死在那里。"①由此可见，这些侵略者是何等的残暴。

荷兰人烧杀劫掠，但其无力在陆上建立据点，登陆后的荷军并不占有优势，即便在水上，他们也没有太大的优势。荷军的船大，但运转没有中国船灵活，一旦停泊在港口易于受到中国的火攻。所以后来尼文律写道："听到这里（指日本）发动大军侵略朝鲜，反对中国，但中国能够经得起考验，日本人虽然深入攻占了许多堡垒和据点，但终于被迫撤退，这是一件令人惊讶的事……我们在中国作战，在舰上的炮火支援下，仅有足够登陆的兵力，我们明白，距离成功还很远。根据我的判断，虽然不一定正确，用武力迫使中国人屈服是极端困难的。"②事实确也如此。荷兰人想用军事入侵达到其通商的目的，但是军事的入侵激起了中国人的更强烈的反抗。由于荷兰人掠夺沿海居民，过去与其私下进行贸易的人再也不敢去澎湖，过去与其进行贸易的商人也不再同其做买卖。

军事上的失败使荷兰人感到征服中国的困难太大，于是"遣人请罪，仍复求市。盖夷虽无内地互市之例，而闽商给引贩咬嗍吧者，原未尝不与该夷交易。今许止遵旧例，给发前引，原贩彼地旧商，仍往咬嗍吧市贩，不许在我内地，另开互市之名。谕令速离澎湖，扬帆归国。如彼必以候信为解，亦须退出海外别港以候，但不系我汛守之地，听其择便抛泊"③。荷兰殖民者一面"指天说誓，自谓拆城远徙"；一面在澎湖"修筑如故"④。但荷兰殖民者"以讲和愚我，以回帆拆城缓我，今将一年所矣，非惟船不回，城不拆，且来者日多，擒我洋船六百余人，日给米，督令搬石砌筑礼拜寺于城中，进足以攻，

---

① 转引自陈碧笙《十七世纪上半期荷兰殖民者对台湾和东南沿海的侵略及其失败》，《厦门大学学报》1962年第1期第59页。
② 1623年11月5日尼文律在日本平户给雷约兹的信。转引自L.布鲁施《荷兰人侵占澎湖群岛的经过》。
③ 《明熹宗实录》卷三十，天启三年正月乙卯，第1 536页。
④ 《明熹宗实录》卷三十八，天启三年九月壬辰，第1 943页。

退足以守"①。

天启三年（1623），荷兰殖民者在澎湖除继续修筑城堡外，并派军舰劫掠中国通马尼拉的商船，还是那个庞德古供称："五月一日（1623），我们在航程中遇见一只开往马尼拉的中国大帆船，载着价值千金的货物和二百五十个人。我们抢夺了这只船，把掳到的大部分中国人放在大船上，剩下二十到二十五个人放在帆船上……夜里把全部中国人都关进船舱里去，舱盖上用杠杆拴住……我们把这些中国人以及从别条船上带来的中国人全部带到澎湖去，把他们两个两个地绑在一起，总数大约有一千四百人，叫他们运土造堡垒，造好后再把他们运到巴达维亚卖出去。"②这些被强迫修城堡的中国人，由于在烈日下的高强度劳动和不得饱食，千余相继死去③。而造完城堡后运往巴达维亚的中国人也多被折磨而死。1624年1月3日荷兰印度总督彼得·卡宾特（Pieter de Carpentier）在给荷兰东印度公司董事会的报告中写道："我们的人在澎湖搜集了中国人一千一百五十名，一半因疾病、饥饿及强制劳动而死，剩有五百七十一名中国人乘Zienick Zee号舰来吧城。中途死去四百七十三名，剩下九十八名，到达的时候又因水病死去六十五名，生存者只三十三名而已。"④卡宾特只是讲了一批中国人的遭遇，实际荷兰殖民者残害致中国人死亡的绝不只是这些。张维华先生在《明史佛郎机吕宋和兰意大利四国传注释》中转引他文说："当荷人俘掳华人至澎湖时，使之担土筑堡，及堡筑毕，则转卖于Bantam为奴隶，计被卖华人凡千四百或千五百人也。"又转引

---

① 《明熹宗实录》卷三十七，天启三年八月丁亥，第1 927页。
② 转引自陈碧笙《十七世纪上半期荷兰殖民者对台湾和东南沿海的侵略及其失败》，《厦门大学学报》1962年第1期第59页。
③ 有学者研究指出，"在城未完之前，中国役一千五百人中饿死了一千三百人，因为每天所发的米还不到半斤"。朱杰勤《十七世纪中国人民反抗荷兰侵略的斗争》，《历史研究》1962年1期第27页载："在强制劳动的过程中，从事劳役的1 500人中死去约1 300人。"但L.布鲁施《荷兰人侵占澎湖群岛的经过》则说："在烈日下强制劳动而每日只得半磅米糊口的中国人因而致死的有四百多人。"
④ W.P.Groeneveldt.De Nederlanders in China, 1601—1624, p.222.

他文说:"荷人于攻取澳门失败后,即驶至澎湖,筑堡自守,惟工人稀少,不足役使,遂至福建濒海之地,夺获小舟六十只,而被俘中国人,则不知凡几。其因饥饿及虐使而死者不可计,而其发遣爪哇役为奴隶者,约为千四百人或千五百人。或言其死于虐使及饥饿者,为数亦与此相等。"总之,殖民者的残忍,令人发指。

荷兰殖民者占据澎湖,严重危害着福建沿海民众的生产和生活。澎湖为"海滨要害,屏蔽八闽,通吕宋、琉球、日本诸国必泊之地,商渔鲜艋日往来以千数"①,而自荷兰殖民者占据澎湖,"渔船不通,米价腾贵",去东西洋经商者"内不敢出,外不敢归"②。荷兰殖民者不仅占领我国的领土侵犯我国的主权,还严重的危害着我国人民的生命财产安全。所有这些理所当然地要遭到中国人民的反抗。

在多次催促荷兰人赖着不走的情况下,明廷决定以武力赶走敌人。当时福建巡抚南居益指出:"看得夷情反复,既经投款,复皆占据澎湖、北港,往返宣谕,实为无益。其停泊风柜仔,乃澎湖信地,此外若语(浯)屿、白坑、东椗、莆头、古雷、洪屿、沙洲、甲洲等处,皆漳、泉内地,亦敢于任情出入矣。每称拨船往日本,既明示我以勾倭之意,而巨寇如李旦辈,又阴载以为内向之媒,狡夷盘据日久,变诈百出,要挟不已,必至狂逞,除行该道查审逃回商稍,以杜奸细,仍檄巡海各道,选将练兵,倍加提防,俟兵力稍克(充),相机进剿。"③南居益是天启三年(1623)二月代商周祚为福建巡抚的。他上任不久,就提出了对荷兰殖民者要采取选将练兵,倍加提防,相机进剿的方针。八月,他又上书朝廷说:"(荷印总督)已大集战舰,议往澎湖求互市,若不见许,必至构兵……为今日计,非用兵不可。"④并具体指出:"申明大义,奖率三军,就见在营寨之兵,联为

---

① 《兵部题〈澎湖捷功〉残稿》,《明清史料》乙编,第七本。
② 《明熹宗实录》卷三十七,天启三年八月丁亥,第1 928页。
③ 沈国元《两朝从信录》卷十九。
④ 张廷玉等《明史》卷三百二十五《和兰传》,第8 436页。

战争之具。檄行各道将略，抽水兵之精锐五千，列舰海上，以强渡澎湖声讨之势。仍分布水陆之兵，连营信地，以为登岸冢突之防。"①准备以精锐的5 000水兵进攻澎湖之敌，同时加强沿岸的防守。九月，南居益再次上疏，明廷指示："红夷狡诈，为患方深，巡抚官着督率将吏，悉心防御，作速驱除，有不用命的，俱照军法处治……一切安攘事务，俱听便宜行事。"②明廷已下达了剿除窃据澎湖的荷兰殖民者的命令。南居益接到此命令后，令漳州和泉州二府募兵买船，进一步做进攻澎湖的准备。

天启三年（1623）十二月二十日，明军四五十艘先锋战船已出现在澎湖群岛的北端。天启四年（1624）正月初二，由守备王梦熊率领的明军由吉贝（在今澎湖岛北吉贝屿上）突入镇海港（在澎湖北60里，为镇海屿上一港口）一边垒一石城为营，一边奋力进攻敌人，敌人被压迫在风柜（在澎湖南20里）一城。当月，南居益又派加衔都司顾思忠率领舟师到澎湖镇海，进行策应。明军多次与荷兰殖民者作战，并有所斩获，但荷兰殖民者仍然顽抗，不肯撤走。南居益担心师劳财匮，遂进行第三次增援，派海道副使孙国桢督同水标游击刘应龙、澎湖把总洪际元、洪应斗驾船与五月二十八日直达娘妈宫（即今澎湖马公），察看夷人所占风柜的形势。风柜三面临海，只有莳上屿一线可通，而敌人又绝断深沟，派兵船戍守。根据这种地形，明军决定先攻戍守的敌船，再攻敌城，只要消灭了敌船，敌城就不难攻取。六月十五日，明军誓师进攻。这时明军有各种战船200艘，兵万人，而荷兰殖民者只有13艘战舰，这些战舰的士兵加上守城的士兵也只有991人，且其中还有118人是没有战斗力的年少者。荷兰舰队司令雷约兹在这之前曾多次提出辞职，但总督府直到1624年5月初才推荐松克（Martinus Sonck）为其继任的人选。松克上任时得到的训令是确保

---

① 《明熹宗实录》卷三十七，天启三年八月丁亥，第1 930～1 931页。
② 《明熹宗实录》卷三十八，天启三年九月壬辰，第1 943页。

澎湖岛并对中国采取强硬态度。但当他8月3日来到澎湖同雷约兹交接工作时才发现"对敌方而言，我们的军力真是薄弱得可怜"。他已经明白不可能与明军长期对抗。当时巡抚南居益一方面运火药、火器接济进攻澎湖的明军，一方面指示明军做如下部署：守备王梦熊直趋中墩扎营，分布要害，断绝敌人的水源，防止敌人登岸，攻击敌人的舰船；把总洪际元等为策应部队，移兵船于镇海营前，直逼敌船，候风顺时水陆并进。七月初二，松克已经无计可施，遂派一头目携带通事赴镇海营，面见明军将领，求开一路。明海道孙国桢和游击刘应龙严厉谴责荷兰殖民者的头目，令其迅速归还澎湖，迟则大军攻剿，歼灭无遗。初三日，明军分三路齐进，直逼敌城。敌惊恐万状，于十一日竖起白旗，差遣头目和通事至娘妈宫，"乞缓进师，容运粮米上船，即拆城还地"。海道孙国桢"恐攻急彼必死斗，不如先复信地，后一网尽之为稳，姑许之"①。七月十三日，荷兰殖民者果然开始拆城和运米上船，撤离澎湖，二十八日尽毁门楼，全部撤离②。但荷兰殖民者又转而入侵台湾。

4. 粉碎荷兰人侵扰。

占领台湾的荷兰殖民者不仅残酷地压迫剥削我台湾人民，而且还以台湾为基地，不断侵扰福建沿海。崇祯三年（1630），荷兰人犯中左所（今福建厦门）。当时，郑芝龙募龙溪人郭任力，率10余人，夜潜荷兰人船队，焚毁其船只，荷兰人逃遁。

崇祯六年（1633）六月初六，荷兰侵略者大小船20余艘夹攻南澳（今广东南澳），官军拒敌血战，17人阵亡，把总范汝椤受重伤，虽焚敌船6艘，但自己船被焚10只。六月初七日，敌船乘风势突袭中左。中左乃张永产的汛地，但张永产正在泉州筹措粮饷，其部将蔡全斌遇

---

① 沈国元《两朝从信录》卷二十三。
② 《明清史料》乙编，第七本《澎湖红夷拆城遁去残稿》载："据前后檄报，白旗愿降则七月十一日事也，先从西北拆铳城则十三日事也，直抵高文律所居，尽毁门楼则二十八日事也。"

敌，战船被烧5只。五虎游击郑芝龙刚从广东回来，正在中左岸上清洗船只，被敌焚烧战船10只。十六日荷兰侵略者又犯青澳港，二十六日犯剌屿打石澳，七月初八日再犯中左。① 在荷兰殖民者频频入侵的形势下，福建巡抚邹维琏八月十二日亲至漳州，檄调郑芝龙、高应岳、张永产、刘应宠、邓枢、王尚忠等，大集舟师，决心痛歼入侵之敌。

战斗于九月初一打响。当日明军在澎湖大屿焚敌夹版船一只，焚溺敌数百人，生擒敌酋1人，敌兵6名。九月十五日，得报荷兰侵略者船9只，海盗刘香船50余只，自南北上，游移外洋。二十日早五鼓，明水师150余艘，其中有56艘极大的战船②，自围头（今福建晋江市南金井镇南围头）启航，直向料罗（今金门东料罗）扑去，分成两路夹击侵略者的夹版船。参将陈鹏协同陈麟、朱华、吴华，攻焚大夹版一只。游击郭禧、胡美、林察、陈秀、陈经武、方玑、袁德等船联络互进，攻焚夹版船2只。哨官张梧、千总郑彩、捕盗黄胜，不顾个人安危，冒险夺获敌夹版船1只。侵略者的另外5艘夹版船在明水军的打击下，狼狈逃窜。陈鹏、郭禧、胡美、陈麟奋勇当先，生擒出海夷王呷𠱸啴吧哇。这一战"千总哨官等各献生擒红夷共八十四名，首级五颗，哨船一只，贼妇二口，小厮一名，海贼一十九名，又据解到大铳六门，小熉二门，鸟铳一十三门，剑十把，铁鏊一顶，铁甲一领，火药六筒，续又据陈鹏解到番书七本，海图一面，番剑一口，陈秀解到铁甲项圈并掩心共三块"，明军"阵亡者八十六名，重伤者计一百三十二名"③。明军付出了一定的代价，但获大胜，称作料罗大捷。"料罗之役，芝龙果建奇功，焚其巨舰，俘其丑类，为海上数十年所未有。张永产擒活夷十名"，"论功除芝龙外，莫多于永产者"④。

---

① 《明清史料》乙编第七本《兵部题行兵科抄出福建巡按路振飞题稿》。
② 朱杰勤《十七世纪中国人民反抗荷兰侵略的斗争》，《历史研究》1962年第1期。
③ 朱杰勤《十七世纪中国人民反抗荷兰侵略的斗争》，《历史研究》1962年第1期。
④ 《明清史料》乙编第七本《兵部题行兵科抄出福建巡按路振飞题稿》。

邹维琏组织的这次歼击入侵福建沿海荷兰殖民者的战斗，从九月初一日开始，到九月二十日结束，历时二十天，"生擒夷酋一伪王，夷党数头目，烧沈夷众数千，计生擒夷众一百一十八名，馘斩夷级二十颗，焚夷夹版巨舰五只，夺夷夹版巨舰一只，击破夷贼小舟五十余只，夺获盔甲、刀剑、罗经、海图等物皆有籍存，而前后铳死夷尸，被夷拖去，未能割级者累累难数"①。这确实是了不起的胜利，而取得这次胜利的原因有：①邹维琏集中了福建的水军，明军以150余艘战船对付敌人9艘夹版船和刘香的50余艘战船，形成了以众击寡的优势；②明各支水军密切合作，相互联络，相互支援，对敌夹版船穷追猛打；③将领身先士卒，官兵同仇敌忾，不畏强敌，勇猛作战。这一仗打出了明水军的威风，打掉了荷兰侵略者的气焰，使其"不敢窥内地者数年"②。

## 广船的优缺点和广东海防船

广船优点明显，不足也明显。广船的优点主要有三：船体大，坚固耐久，火力强。广船是用铁力木建造的。铁力木质地坚硬，加之建造时用的板材厚达七寸，所以船体特别坚固。这一方面使得该船的寿命长，可达六七十年，少者也可达五十年；另一方面，它与其他船相撞时，由于它体大、坚固，而其他船多为松杉木制造难与其抗衡，倭寇的船小当然更不在话下，即便大福船也易被它撞碎。它装备大型的火器发熕和佛郎机可击碎敌船。它所用的火毯从高处掷下也可焚毁敌船。它是沿海4种船型中，体积最大，最为坚固的船，所以在海战中最具优势，往往被作为旗舰，以壮大船队的气势。

---

① 邹维琏《达观楼集》卷十八《奉剿红夷报捷疏》，转引自朱杰勤《十七世纪中国人民反抗荷兰侵略的斗争》，《历史研究》1962年第1期。生擒夷酋伪王1名，生擒夷众118名，共生擒敌119名。
② 张廷玉等《明史》卷三百二十五《和兰传》，第8 437页。

当然，事物无不具有两面性，体大、坚固、耐久是它的优点，同时也是它的不足。因为体大，在浅水行使不便，所以在近海不能使用。因为它是用铁力木建造的，而铁力木是热带的植物，北方没有，所以在北方该船一旦损坏，就难以找到修理的木料。另外，该船底尖面阔，状若两翼，不适于深海大洋航行，这就不如福船。

广船可作为战船，也是广东沿海私人养护的从事海上经营活动之船。从成书于嘉靖四十年（1561）的《筹海图编》来看，广东沿海共设有战船、乌艚船、新会横江船、哨船等共79只，其中战船32只，乌船33只、新会横江船4只、哨船10只。这79只战船虽然型号齐全，但数量有限，所以每当风汛时期，沿海备倭官员雇用船只和打手、驾船后生，守卫广东三路。各路将三分之一的船出海巡逻，三分之二的船营守。如果海上有敌情，也可随时招募。汛期结束，兵夫遣散，船归原主。这种办法使广东平时只养少量的兵，而不养大量战船，不仅减少了军饷的开支和战船的损耗，而且因雇募的驾船后生，技术熟练，战船的战斗力也很强。这些措施使得广东沿海长期以来比较安定。

但这种状况在嘉靖后期被打破了。嘉靖三十一年（1552）后，浙直沿海倭患严重。为抗击倭寇，从广东调大战船180只（一说200只）。这些战船无疑在抗倭中发挥了重大作用，但也先后损坏而不能返回广东。广东船家不再造船，官府也再无战船可雇。嘉靖四十五年（1566）提督侍郎吴桂芳上疏朝廷，请设沿海水寨，得到朝廷应允，遂在广东设柘林、碣石、南头、乌兔、白鸽门、白沙六水寨。到隆庆初年，为消灭海盗曾一本，官府不得不造船。总兵俞大猷主张造福船，招募福人为兵，认为只有这样才能有效地消灭海盗。他还指出，所造之船在消灭曾一本后，分配给六水寨，作为海防的常备船。他在福建造了80艘战船。但同时广东参将王诏造大乌船70艘，加上一些中小型船，广东共凑170艘战船。隆庆三年（1569）六月，俞大猷率领所造的战船组成约有百艘战船的水军和福建总兵李锡率领的福建水军，进攻海盗曾一本，三战三捷。曾一本残部气息奄奄，后被郭成所率的广东船队歼灭。战后俞大猷的所造的战船和广东郭成的战船共250余艘，很可能被分配给各水寨使用。万历四年（1576）两广总督凌云翼上疏请求罢乌兔寨，设北津寨，该寨用"兵船则大小共六十号，官兵则二千三百零二名"[1]。据《苍梧总督军门志》卷六载，万历初年五水寨的战船和官兵数如下：柘林寨大小战船53只，官兵1 714员名；碣石大小战船38只，官兵1 154员名；白鸽门大小战船51只，官兵1 526员名；白沙大小战船54只，官军兵壮1 524员；北津战船大小74只，官兵2 277员名。该书未列南头的战船和官兵数，但在凌云翼上疏中有这样的话"增设一水寨名曰北津，亦照南头寨参将事例，兵船则大小共六十号，官兵则二千三百零二名"[2]，由是可以认为南头寨的大小战船和官兵不会少于北津寨。这样六水寨当共有大小战船330只，官兵10 497员名。由此可见，万历初年广东六水寨所拥有战船是嘉靖中期的4倍多。成书于万历二十三年（1595）的《虔台倭纂》卷下《倭议》载：白沙寨有兵船57只，兵1 600余；白鸽门寨有兵船28只，官兵800余；北津寨有兵船34只，官兵900余；碣石寨有兵船34只，官兵800余；柘林寨有兵船70只，官兵2 300余；另广海守备有兵船28只，官兵400余。这样广东沿海共有兵船251只，官兵6 800余员名，战船和官兵数量比万历初年要少。但还是嘉靖中期的3倍多，这表明了沿海防卫力量的增强。如将万历中期和初年相比，这数量则又说明了广东沿海的防卫在走下坡路。

[1] 凌云翼《酌时宜定职掌以便责成以重海防疏》，《苍梧总督军门志》卷二十六《奏议四》。
[2] 凌云翼《酌时宜定职掌以便责成以重海防疏》，《苍梧总督军门志》卷二十六《奏议四》。

# 卷三
## 嘉靖后的海船·福船

# [古图说]

## 福船总说

夫船号最忌名色杂踏<sup>①</sup>、不一。不一则号令繁，杂踏则士难辨。混淆无有纲领，何以坐筹制胜？应只一号至六号而止。不呼船名者，直<sup>②</sup>、浙、闽、广等处俱称泽国<sup>③</sup>，皆有海，腹里江河尤多，随处土造船只名色不等。各地方驾使相宜，各执其便。故有以小船而击巨舰者，有以大舰而轻视小船者，有以寡视众者，有以众困寡者。此书欲东南凡有江河湖海之处，通融为用，故不执一处船名。若各处定号之外，加船名一字，更为易辨。

——戚继光《纪效新书》（十四卷本）卷十二《舟师篇》

按：福建船有六号：一号、二号俱名福船，三号哨船，四号冬船，五号鸟船，六号快船。福船势力雄大，便于冲犁<sup>④</sup>，哨船、冬船便于攻战、追击，鸟船、快船能狎风涛<sup>⑤</sup>，便于哨探或捞首级。大小兼用，俱不可废。船制至福建备矣。惟近时过于节省，兵船修造估价太廉，求其不板薄钉稀，不可得也。欲船之坚须加工料可也。

——邓钟《筹海重编》卷十二《经略四》<sup>⑥</sup>

白艚为闽船，有六号。一、二号曰福船，三号曰哨船，四号曰冬

---

① 杂踏：众多混乱的样子。
② 直：指明代的南直隶，相当于今上海市、安徽、江苏两省和江西省的婺源地区。
③ 泽国：多水的地区。
④ 冲犁：冲撞摧毁敌船。
⑤ 狎风涛：习惯于风涛。
⑥ 又载于王鸣鹤《登坛必究》卷二十五、王在晋《皇明海防纂要》卷六、茅元仪《武备志》卷一百十六和周鉴《金汤借箸》卷十二。

船，五号曰鸟船，六号曰快船，俱造以松杉。

——谢杰《虔台倭纂》上卷

沙船颇少（小），苍山船虽不甚小，亦不甚大，乌尾、横江虽大中兼用，其制度不善，以与大势海寇从事，每不能支。唯福建之白艚，上有战楼，艕有遮垛，可战可守。驾船之兵，养成厚粮，人人乐战。故南直隶、浙江昔年多造此船，相兼以灭倭，现今以相兼用之防守。

——俞大猷《正气堂续集》卷一《又与刘凝斋书》

自行倭患以至今日，浙、直所用皆福兵、福船。唯小哨，浙用苍山船，台州兵驾之；直用沙船，崇明兵驾之；若冲锋破阵，必赖福船、福兵。

——俞大猷《洗海近事》卷下《禀总督军门张揭帖》

大端天若风动势顺，则沧①不如福②，苍③不如沧；若风小势逆，则福不如沧，沧不如苍。

——戚继光《纪效新书》（十八卷本）卷十八《治水兵篇》

海门以出，洄沫④粘天⑤，奔涛接汉⑥，无复崖埃⑦可寻、村落可

---

① 沧：指海沧船。
② 福：指福船。
③ 苍：指苍山船。
④ 洄沫：回旋水流荡起的泡沫。
⑤ 粘天：与天相互连接。
⑥ 接汉：与天上的银河相接。汉，银河。
⑦ 崖埃：岸边。

志、驿程可记也。长年三老①鼓枻②扬帆，截流③横波④，独恃指南针⑤为导引。或单用⑥，或指两间⑦，凭其所向，荡舟以行。如欲度道里远近多少，准一昼夜风利所至为十更⑧。约行几更，可到某处。又沈绳水底，打量某处水深浅几托。方言谓长如两手分开者为一托。赖此暗中摸索，可周知某洋岛所在，与某处礁险宜防。或风涛所遭，容多易位；至风净涛落，驾转犹故。循习既久，如走平原，盖目中有成算也。

舟大者广可三丈五六尺，长十余丈。小者广二丈，长约七八丈。弓矢、刀楯⑨、战具都备，猝遇贼至，人自为卫，依然长城，未易卒拔⑩焉。造舶费可千余金，每还往岁一修辑，亦不下五六百金。或谓水军战舰，其坚致不如贾客船⑪。不知贾舶之取数多，若兵舰所需县官⑫金钱，仅当三之一耳。

每舶主为政，诸商人附之，如蚁封⑬卫长，合并徙巢。亚此则财副一人，爰司掌记。又总管一人，统理舟中事，代舶主传呼。其司战

----

① 长年三老：古时川峡一带对舵手、篙师的敬称。长年，篙师。"长"，音zhǎng；三老，舵工。宋陆游《入蜀记》卷五："何何谓长年三老？云：'梢公是也。'长，读如长幼之长。"

② 鼓枻：亦作"鼓栧"。划桨，谓泛舟。枻，船桨。

③ 截流：横渡。

④ 横波：横流的水波。

⑤ 指南针：即航海罗盘，当时为水罗盘，盘上刻有24个方位，即子、癸、丑、艮、寅、甲、卯、乙、辰、巽、巳、丙、午、丁、未、坤、申、庚、酉、辛、戌、乾、亥、壬。子为正北360°，午为正南180°，一个方位与一个方位之间是15°。

⑥ 单用：亦称"单针"或"丹针"，指向24个方位的某一方位航行。如单子针，即指向北360°航行。

⑦ 指两间：亦称"缝针"，指向两个方位之间的方位航行。如乙辰针，即指乙和辰两个方位之间的112.5°。

⑧ 一昼夜为十更：更是古代的计时单位，一昼夜为十更，一更为2.4小时。但在计路航海中"更"又是计程单位，即指在一更的时间内船只在标准航速下航行的里程，一般一更为六十里。

⑨ 楯：同"盾"，盾牌。

⑩ 卒拔：突然攻取。

⑪ 贾客船：商船。贾客，商人；贾，音gǔ。

⑫ 县官：朝廷、官府。

⑬ 蚁封：蚁穴自封。

具者①为直库，上樯桅②者为阿班，司椗③者有头椗、二椗，司缭④者有大缭、二缭，司舵者为舵工，以二人更代。其司针者名火长，波路壮阔，悉听指挥。书云⑤有常，占风⑥有候，此破浪轻万里之势，而问途无七圣⑦之迷者乎！

——张燮《东西洋考》卷九《舟师考》

## 大福船

福船最大，可容百人，上下两层板平铺。自船底至上层为三层，周围铺板或列茅竹御锐⑧。上设木女墙⑨及炮床⑩。前后皆不可入，惟两旁各开一小门以入。桅上网绳为斗⑪，可容二人。此舟最为海贼所畏，每遇海贼，不用战斗，但使船骑贼船⑫而沉之。盖以大胜小、高胜卑也。每船约价银五百两。大船底深而板木坚厚重，故能上有楼而不覆。

——唐顺之《武编前集》卷六《舟》

嘉靖后的海船·福船

① 司战具者：掌管武器的人。
② 樯桅：桅杆。樯，指桅杆，也指帆船或帆。
③ 椗：同"碇"，系船的石墩或铁锚。
④ 缭：缆绳。
⑤ 书云：古代观察天象以占吉凶，并加以记录。
⑥ 占风：预测风势。
⑦ 七圣：谓七位有名望、有影响的人物。对其的解释颇多，道家有道家的七圣，释家有释家的七圣，而一般讲七圣也有多说，这里只列其一，即指尧、舜、禹、汤、文王、武王、周公。
⑧ 御锐：锋利的防御兵器。
⑨ 木女墙：女墙，指城墙上呈凹凸形的小墙。木女墙是指置于两侧船舷护板上的木制的呈凹凸形的小墙。
⑩ 炮床：放置火炮的支架。
⑪ 桅上网绳为斗：置于桅杆上部的斗形瞭望台，称作望斗或坐斗。上面用二人，称斗手，以瞭望敌船，作战时也可掷标枪或放箭击敌。这里的望斗是用网绳做的，有的则在周围围以布，称作斗衣。
⑫ 使船骑贼船：即以我船冲犁敌船。

图3-1　大福船式①
（见郑若曾《筹海图编》卷十三）

福船高大如楼，可容百人。其底尖，其上阔，其首昂而口张，其尾高耸，设柁楼②三重于上，其艕皆护板，杨以茅竹，坚立如垣，其帆桅二道，中为四层。最下一层，不可居，惟实土石，以防轻飘之患；第二层乃兵士寝息之所，地板隐之，需从上蹑梯③而下；第三层左右

---

① 又见于邓钟《筹海重编》卷十三，谢杰《虔台倭纂》上卷，王圻、王思义《三才图会》器用四卷，王鸣鹤《登坛必究》卷二十五和茅元仪《武备志》卷一百一十六。
② 柁楼：指操舵室，也指后舱室。这里为后舱室。
③ 蹑梯：踏梯，踩梯。

各设水①门，中置水柜，乃扬帆炊爨②之处也。其前后各设木椗③，系以棕缆，下椗、起椗皆于此层用力。最上一层如露台，须从第三层穴梯而上，两牓板翼如栏，人倚之以攻敌，矢石火炮皆俯瞰而发。敌舟小者相遇即犁沉之，而敌又难于仰攻，诚海战之利器也。但能行于顺风、顺潮，回翔④不便，亦不能遇岸而泊，须假哨船接渡而后可。

——郑若曾《筹海图编》十三《经略三》⑤

夫福船高大如城，非人力可驱，全仗风势。倭舟自来矮小，如我之小苍船，故福船乘风下压⑥，如车碾螳螂，斗船力而不斗人力，是以每每取胜。设使贼船亦如我福船大，则吾未见其必济⑦之策也。但吃水一丈二尺，惟利大洋，不然多胶于浅⑧，无风不可使。是以贼舟一入里海⑨，沿浅而行，则福舟为无用矣。故又有海沧之设。

——戚继光《纪效新书》（十八卷本）卷十八《治水兵篇》⑩

大福船面阔三丈，共十五只。
本船木料杠棋：
中艩长四丈五尺，头艩长三丈二尺，尾艩⑪长二丈。

① 设水：嘉靖本作"护六"，据《筹海重编》卷十二改。
② 炊爨：烧火煮饭。
③ 木椗：系船用的木制锚。下文下椗即下锚，起椗即起锚。
④ 回翔：本指鸟的盘旋飞翔，这里指船的来回转动。
⑤ 又载于邓钟《筹海重编》卷十三、范涞《两浙海防类考续编》卷十、王圻、王思义《三才图会》器用四卷、王鸣鹤《登坛必究》卷二十五、王在晋《皇明海防纂要》卷六和茅元仪《武备志》卷一百十六。
⑥ 乘风下压：即乘着风势冲撞敌船。
⑦ 必济：肯定成功。
⑧ 胶于浅：搁浅。
⑨ 里海：海的近岸处。
⑩ 又载于郑若曾《筹海图编》卷十三、邓钟《筹海重编》卷十三、范涞《两浙海防类考续编》卷十、王鸣鹤《登坛必究》卷二十五、王在晋《皇明海防纂要》卷六和茅元仪《武备志》卷一百十六。
⑪ 中艩、头艩、尾艩：艩，字典未见此字。该字此处与艅或艌同义。艌，《康熙字典》："音粲，战舰内贯以大木曰底艌。"即今日所说的龙骨。明时船的龙骨由3个部件组成，即中艩、头艩和尾艩。

大抽①四条，用杉木。

含檀②长二丈九尺，阔三尺，厚一尺五寸。

大桅挟③长一丈八尺，阔二尺，厚一尺。

下金④长七尺，阔一尺八寸。

锄头柄六十枝。

桅楮⑤用杉木一条，三丈三尺。

桅座⑥长七尺，阔二尺，厚一尺六寸。

头勘劻⑦，一丈五尺。

头龙梁⑧一片，长一丈四尺，阔二尺，厚八寸。

头含檀⑨长一丈六尺，阔一尺八寸，厚一尺。

头桅挟⑩二片，长一丈五尺，阔一尺五寸，厚五寸。

小头桅⑪长六丈，围四尺。

大桅⑫长九丈，围大七尺。

横梁肚壁⑬四百片，长二丈，厚三寸五分。

船膀⑭三百片，每片长二丈五尺，厚二寸。

褒板战棚⑮，用松板五百五十片不等，每片厚薄一寸五分，长三丈，阔一尺五寸，如原来板短窄，凑其数。

---

① 大抽：甲板下纵向加强构件。
② 含檀：即桅面梁。
③ 大桅挟：大桅两旁帮贴大桅的立木。
④ 下金：舵下面的插座。
⑤ 桅楮：在甲板处斜抵撑桅杆的木杠，也称"桅掌""桅牮"。
⑥ 桅座：桅夹最下的底座，也称"地龙"。左右顶住大桅。
⑦ 头勘劻：船头横梁。
⑧ 头龙梁：在船前舱甲板下固定左右的横梁。
⑨ 头含檀：头桅的桅面梁。
⑩ 头桅挟：头桅两旁帮贴头桅的立木。
⑪ 小头桅：此船为二桅船，在船头的小桅杆称小头桅。
⑫ 大桅：船上最大的桅杆。
⑬ 横梁肚壁：船上的横梁和舱壁板。
⑭ 船膀：船的外膀板。
⑮ 褒板战棚：甲板上另加一层防晒的木板，战棚指船首的平。

褒柱①并尾楼牵抽②，用杉木一百五十枝。

上金③樟木长二丈七尺，大二尺，厚一尺。

双篺④二条，每条长三丈，用杉，围三尺。

尖柜枋⑤三十斤，每片厚二寸，阔一尺，三杉木板。

水柜⑥一口，阔六尺，高五尺，用杉木二条，围三尺。

小水柜⑦一口，阔四尺，高三尺五寸。

头战棚板⑧五十片，每片长三丈。

战棚横梁⑨，用杉木十条，长三丈二尺。

龙须极⑩二片，长九尺，大一尺。

舵二扇⑪，每扇长三丈三尺，用铁力木。

舵头⑫，长一丈四尺，扇一丈八尺。

舵闪⑬，每扇四片，用杉木，厚二寸五分，长一丈八尺，阔一尺二寸。

舵甲枋⑭，用樟木，每扇八片，厚一寸。

太平车⑮一条，二丈五尺，围三尺。

中车心⑯二条，每条长七尺，围三尺。

① 褒柱：竖柱。
② 尾楼牵抽：指尾楼甲板下的纵桁。属加强构件。
③ 上金：尾封板上部舵杆从中间穿过的构件，也作"上舵斤"。
④ 双篺：舵旁两根竖柱（板）。
⑤ 尖柜枋：盖在水柜上部的木板。枋，方言意为木板。
⑥ 水柜：船上用来储存淡水的木柜。
⑦ 小水柜：此船上有两只水柜，此指小者。
⑧ 头战棚板：船部首平台的平台板。
⑨ 战棚横梁：铺战板用的横梁。
⑩ 龙须极：船头贴首封板与船侧板结合处的内加强构件。
⑪ 舵二扇：舵为控制船只航行方向的装置，本船上共造两扇，一扇装在船上，一扇备用。
⑫ 舵头：舵的竖杆。
⑬ 舵闪：也作舵扇，即舵叶。
⑭ 舵甲枋：舵夹板、舵筋。
⑮ 太平车：绞车。
⑯ 中车心：船中部的绞车缠绕缆绳的圆轴木，也称"车关""车圆"。

车圈六十枝。

大橹二枝，长五丈二尺。

头一条，用杉木，长四丈二尺，围二尺五寸。

舵牙艇筯①共三十枝，长一丈。

走马板②二条，厚二寸五分，阔一尺，长三丈。

抱撑③，用樟板三十片，大小八尺，长短一丈，湾曲可用。

椗④六门，长二丈，阔一尺。

综缆⑤二条，每条七十丈。

篾缆繂四条，每条长六十丈。

黄麻什费⑥等繂，一千斤。

大风篷⑦，阔五丈五尺，长六丈。

头篷⑧，阔二丈四尺，长三丈。

桐油，一千二百斤。

灰，八十石。

铁钉，三千斤。

草根，一千五百斤。

脚艇一只，面阔七尺。

橹二枝。

中臕，用杉木一条，长二丈四尺；头臕，五尺五寸；尾臕，六尺，用杉。

---

① 舵牙艇筯：舵牙一般指舵牙关门棒，即操舵柄。舵筯疑指椗上的横杆。
② 走马板：船舷侧外板上部设檝，第二道檝称走马。
③ 抱撑：船舱内的柱，上称撑，下称弓。
④ 椗：一般作椗，固定船的锚。
⑤ 综缆：用综做的缆绳。
⑥ 黄麻什费：黄麻绳等杂物。
⑦ 大风篷：大桅所用的帆。
⑧ 头篷：头桅所用的帆。

下底榜①，用杉木三条，围三尺。

肚梁②十二舱，樟木可用。

小钉，八十斤。

油，五十斤。

草根，一百斤。

竹甲褁③，用茅竹四百枝。

小钩钉，二百五十斤。

海中清二件。

已上每只用银三百九十两。

本船军火器械：

铁佛郎机铳④八架，每架重一百斤，带子铳六件。每架价银四两五钱，共银三十六两。

镖枪⑤一千五百枝，每枝一分五厘，共银二十二两五钱。

透甲枪四十枝，带柄，每柄银七分，共银二两八钱。

斩刀二十柄，每柄银八分，共银一两六钱。

钩镰枪⑥二十枝，带柄，每柄银八分，共银一两六钱。

长竹枪⑦六十枝，每枝银三分五厘，共银二两一钱。

---

① 下底榜：可能指船底部的船壳板。属纵向构件。
② 肚梁：水密舱之间的隔板。
③ 竹甲褁：可能是战船甲板外侧捆绑的竹护甲。
④ 铁佛郎机铳：佛郎机铳，是中国古代一种由葡萄牙传入的后装火炮。它是由一个母铳和若干子铳（这里用六子铳）组成。母铳的后部有"巨腹"，腹上开有长孔，供安放子铳用。子铳可以预先装填弹药，战时轮流发射，减少传统火炮装弹时间，提高了火炮的射速。铳身铸有准星和照门，可以瞄准射击。铳身还铸有炮耳，可以灵活的调整射击角度。铸造佛郎机的材料一般有铜和铁两种。铁佛郎机是用铁铸造的。
⑤ 镖枪：一种用于投掷的矛，也写作标枪。由矛头和长柄构成，但比格斗所用之矛轻和小，枪柄前粗后细，便于飞行。
⑥ 钩镰枪：一种用于钩杀的长柄兵器，刃弯成钩，阔一寸，柄长一丈五尺，主要用来割敌船的帆樯绳索、棚间绳索和搭勾敌船。
⑦ 长竹枪：以竹为柄的长枪。

藤牌①六十面，每面银三钱，共银一十八两。

犁头镖②三十枝，每枝银三分五厘，共银一两五分。

鸟铳③二十门，每门银一两，共银二十两。

大铳硝④六担，银十八两。磺一百二十斤，银三两六钱。

鸟铳药硝⑤一担，银三两。磺三十斤，银九钱。

大铳铅子⑥，照各铳大小不等，共三百五十斤。每斤银四分，共银一十四两。

鼓一面，价银五钱。

铜锣一面，重七斤，价银六钱三分。

神机箭⑦一百枝，每枝银四分，共银四两。

大黄布旗一面，用布四疋，每疋银二钱五分，共银一两。

号带⑧一条，布二丈一尺，银一钱五分。

① 藤牌：以手指粗的老藤为骨，有藤蔑缠联，中心突向外，内空的一种圆形盾牌。

② 犁头镖：镖枪的一种，以矛头为犁铧状而得名。它头重二斤，柄粗，尾细。一般为望斗兵使用。在高大福船的望斗上，接敌时，斗兵从高处投向敌船投去，因重，中人必伤重以致死亡，中船必洞穿船板。

③ 鸟铳：明代后期对火绳枪和燧发枪的统称，又称鸟嘴铳，清代多称鸟枪。嘉靖年间从海外传入。它同中国传统的金属管形火器相比，有许多优点。它采用了机发火，既简化了射击动作，又可用两手稳定持枪瞄准；枪柄采用曲形木柄，也利于握持和瞄准；身管长，口径较小，身管脊部加设准星和照门，采用的铅子与口径吻合。这些使其与传统的手铳比具有射程远、射速快、准确性能好的优点。

④ 大铳硝：大火铳使用的硝。当时火器使用的是黑色火药。黑色火药的组成成分有三：硝、硫、炭。硝，指火硝；硫，指硫黄；炭，指木炭，但也有用草灰入药的。下文的磺，即硫黄。

⑤ 鸟铳药硝：鸟铳火药所用的硝。鸟铳所使用的火药和传统火器的药方不同，如戚继光在《纪效新书》（十八卷本）中讲鸟铳的火药方硝、硫、炭的比是1∶0.14∶0.18；唐顺之《武编》载的一种铳炮药其硝、硫、炭的比是10∶1∶1。正因为如此，这里把大铳和鸟铳所用的硝和磺分别列出。

⑥ 大铳铅子：大铳使用的铅子。铅子为当时的火器使用的弹丸，如今日之子弹，用铅制造。

⑦ 神机箭：即火箭，一种依靠自身向后喷射火药燃气反作用力飞向目标的兵器。它是在普通箭的箭杆上处绑一个火药筒，发射时用药线引燃火药，火药燃气从尾部喷出，产生反作用力推动火箭前进。

⑧ 号带：此为大旗上的号带，其用途可能是标明该船隶属的编制单位。戚继光《纪效新书》（十四卷本）卷十二《舟师篇》载："号带色：前司红带，左司蓝带，右司白带，后司黑带，中司黄带，中中司双黄带。"俞大猷《洗海近事》中所列的船队的编制是分左右两大哨。左大哨下分天、地、风、云四小哨和中军哨。右大哨下分龙、虎、鸟、蛇四小哨和中军哨。另有大中军哨。每个船上都有号带，这个号带很可能是该船是属于哪个哨的标识，是天哨还是地哨等。

绵纱绳重十三斤，每斤银一钱五分，共银一两九钱五分。

喷筒①三十枝，每枝银二钱，共银六两。

大桅斗衣一副，用五色布三疋，每疋银二钱五分，共银七钱五分。

头桅斗衣一副，用五色布三疋，每疋银二钱五分，共银七钱五分。

大桅帐顶布篷②一番，用布六十六丈，共布二十疋，每疋银二钱五分，共银五两。

另黄麻一百斤，共银七钱。

缭钩③十枝，带柄，每柄银七分，共银七钱。

割缭刀④十柄，每柄银五分，共银五钱。

斧头八柄，每柄银八分，共银六钱四分。

锯仔四张，每张银五分，共银二钱。

大鼎⑤五个，每个银一钱五分，共银七钱五分。

大桅号带⑥一条，用布一疋，银二钱五分。

大火筒带铁泊⑦三十枝，每枝银七钱，共银二十一两。

大小锥钻四把，每把银四分，共银一钱六分。

刨刀四把，每把银四分，共银一钱六分。

大小凿八把，每把银三分，共银二钱四分。

又，备用铁钉五十斤，每斤银三分五厘，共银一两七钱五分。

---

① 喷筒：用于喷射火焰与致毒药剂的管形喷射火器。它是用粗二寸，长一尺五寸到二尺的竹管为筒身，筒外用麻绳缠紧，尾部安一根长五尺的竹木制的柄。制作时，先向筒内下一层灰多硝少的慢药一层，再下喷药一层，下药饼一个，适当筑实，而不使药饼破碎。这样反复下药和药饼五六次。接战时，燃放此筒，饼喷至数十丈远的敌船，粘贴在桅帆上，将其焚毁，是水战利器。

② 大桅帐顶布篷：多指主桅上部的小布帆，也称"头巾顶"。

③ 缭钩：一种用于钩搭人物的长柄兵器，刃为一个库分开的三钩，柄长一丈五尺，主要用于捞取首级，钩搭敌船和钩缭索。

④ 割缭刀：专门用来割取敌船缭索的一种长柄冷兵器。

⑤ 大鼎：大锅。福建方言称铁锅为"鼎"。

⑥ 大桅号带：系于大桅上的号带，和大旗上的号带不同。它的用途可能是用来传达某种信号的。《洗海近事》下《总兵俞军令于后》载："若至广各澳泊船，本镇酌量事势少缓，即于大桅尾悬双蓝号带，许各演习。双号带收，即止。"可见号带是用来传达命令的。

⑦ 大火筒带铁泊：不详。

桐油一百斤，价银四两。

灰二百斤，银二钱。

麻一百斤，价银一两五钱。

已上每只用银一百九十八两六钱三分。

大福船面阔二丈八尺，共十五只。

本船木料杠椇：

中舺长四丈二尺，周围大六尺；头舺长三丈，围五尺；尾舺长一丈八。

抽四条，用杉木。

含檀长二丈七尺，大二尺，厚一尺八寸。

锄头柄七十枝。

大桅挟长一丈八尺，大二尺，厚一寸

下金长六尺五寸，大一尺八寸。

桅楮，用杉木，三丈二尺。

桅座，六尺五寸，大二尺，厚一尺五寸。

头勘勐，长一丈五尺五寸。

头龙梁一片，长一丈四尺。

头含檀，长一丈六尺，大一尺六寸，厚八寸。

头桅挟二片，每片长一丈四尺，阔一尺五寸，厚五寸。

小头桅，长五丈八尺，围四尺。

大桅，长八丈五尺，围七尺。

横梁肚壁，三百五十片，长二丈，厚三寸。

船髈，二百八十片，每片长二丈五尺，厚二寸。

褒板战棚，用松木，五百二十片不等，每片厚薄一寸五分，长三丈，阔一尺五寸，如原来板短窄，凑足其数。

褒柱尾楼牵抽，用杉木。一百二十枝。

上金，樟木，长二丈四尺，大二尺，厚一尺。

双筋二条，每条长三丈，用杉木，围三尺。

尖柜板，二十八片，每片厚二寸，阔一尺，长二丈五尺，用杉板。

水柜一口，阔六尺，高五尺，用杉板，厚二寸。

小水柜一口，阔四尺，高三尺五寸。

头战棚板，四十五片，长二丈。

战棚横梁，用杉木十条，每条长三丈。

龙须极，二片，每片长九尺。

舵二扇，每扇长三丈，用铁力木。

舵头，长一丈三尺，扇一丈七尺。

舵闪，每扇用杉板四片，每片长一丈七尺，厚二寸五分，阔一尺。

舵甲樟板，每舵八片，厚一寸。

太平车，一条，长三丈四尺，用松木。

尾舵车，一条，长二丈二尺，围三尺。

中心车，二条，每条长六尺五寸。

车围，五十枝。

大橹，二枝，长五丈。

头稍一条，用杉木，长四丈，围二尺五寸。

舵牙艇筋，二十五枝，长九尺。

走马板二条，每条厚二寸，阔一尺，长三丈。

抱极，用樟板三十片，大小八尺，长短一丈，弯曲可用。

艇，六门，每门长一丈九尺，阔一尺。

综缆，二条，每条长六十五丈。

竹缆繂四条，每条长六十丈。

黄麻什费等繂，一千斤。

大风篷，阔五丈三尺，长六丈。

头篷，阔二丈二尺，长二丈八尺。

桐油，一千一百斤。

灰，七十石。

铁钉，二千七百斤。

草根，一千三百斤。

脚艇一只，面阔六尺五寸。

中舻，用杉木一条，长二丈；头舻，五尺；尾舻，六尺，用杉木。

下底䑽，用杉木三条，围三尺。

肚梁十二舱，樟木可用。

小钉，八十斤。

油，四十斤。

草根，八斤。

脚艇橹，二枝，每枝长三丈二尺

竹甲褒，用茅竹三百三十枝。

小钩钉，二百斤。

海中清，二件。

已上每只用银三百六十两。

本船军火器械：

大铳①八门，每门带子铳六件。每门价银四两五钱，共银三十六两。

硝六担，每担银三两，共银一十八两。

磺一百二十斤，每斤银三分，共银三两六钱。

铅子八百斤。每斤银四分，共银三十二两。

鸟铳二十门，每门银一两，共银二十两。

绵纱索三十斤，每斤银一钱五分，共银四两五钱。

火箭②一百枝，每枝银四分，共银四两。

---

① 大铳：大火炮。从下文有子铳判断，该火炮即指佛郎机而言。

② 火箭：即神机箭。

藤牌五十面，每面银三钱，共银一十五两。

透甲枪四十枝，带柄，每柄银七分，共银二两八钱。

镖枪一千枝，每枝一分五厘，共银一十五两。

斩刀二十柄，每柄银八分，共银一两六钱。

火筒三十枝，每枝银七钱，共银二十一两。

斩斧二十柄，每柄银八分，共银一两六钱。

缭钩十柄，每柄银七分，共银七钱。

割缭铗十柄，每柄银五分，共银五钱。

斧头八柄，每柄银八分，共银六钱四分。

锯仔四张，每张银五分，共银二钱。

竹篙枪①六十枝，每枝银三分五厘，共银二两一钱。

金鼓一副，共银一两一钱。

大旗一面并号带一完，共布五疋，每疋银二钱五分，共银一两二钱五分。

大小望斗衣二副，用五色布六疋，每疋银二钱五分，共银一两五钱。

大桅帐顶布篷一番，用布二十疋，每疋银二钱五分，共银五两。

大桅号带一条，用布一疋，银二钱五分。

大鼎四个，每个银一钱五分，共银六钱。

大小锥钻四把，每把银四分，共银一钱六分。

刨刀四把，每把银四分，共银一钱六分。

大小凿八把，每把银三分，共银二钱四分。

备用铁钉五十斤，每斤银三分五厘，共银一两七钱五分。

桐油一百斤，价银四两。

灰二百斤，银二钱。

麻一百斤，价银一两五钱。

卷二　嘉靖后的海船·福船

---

① 竹篙枪：竹竿的标枪。

已上每只用银一百九十六两九钱五分。

——俞大猷《洗海近事》卷上

面阔三丈船，每只兵一百二十名，舵工①二名，缭手②、艇手③等项，在兵内取用。

面阔二丈八尺船，每只兵一百单五名，舵工二名，缭手、艇手等项，在兵内取用。

——俞大猷《洗海近事》卷上

编兵解　一号，某字船一只，捕盗④一名，家丁⑤一名，舵工二名，斗手⑥二名，缭手二名，椗手⑦二名，守舱门二名，掌号⑧一名，神器⑨四名。此一定不可增减。兵八队⑩，每队，队长⑪一名，兵十名，共八十八名。或七队、六队、五队，相船相地损益之。后各号船皆仿此。

……

二号，某字船一只，捕盗一名，家丁一名，舵工二名，斗手二名，缭手二名，椗手二名，守舱门二名，掌号一名，神器二名。队长

---

① 舵工：即舵手，掌舵的人。
② 缭手：负责管理帆缆绳索的水手。
③ 艇手：负责下锚和起锚的水手。
④ 捕盗：一船之长，即舰长。
⑤ 家丁：保护捕盗并供其差使的仆役，即勤务兵。
⑥ 斗手：在桅杆望斗上负责瞭望值勤的士兵。
⑦ 椗手：即碇手，负责下椗（锚）和起椗（锚）的水手。
⑧ 掌号：负责传达捕盗号令的士兵。
⑨ 神器：神器，一般指火器而言。这里是指负责保管和使用火器的士兵。
⑩ 队：当时水兵编制的最基层单位，一队十人。
⑪ 队长：一队之长，队的头头。

六名，兵夫六十名。旗帜方色，俱随本哨①。

——戚继光《纪效新书》（十四卷本）卷十二《舟师篇》②

授器解一号船应备军火器械，无论闽、广船只名号，但第一大者皆是。浙、直船小，无一二号者，如照闽、广所造，名色同闽、广，即以闽、广船为号；即名色不同，船梁头③同闽、广一二号者，亦同其号，同其器。

一号船应备军火器械：

无敌神飞炮④二位，每位子炮三门，共六门。火药，每子炮一门备药三出⑤，共一十八出；每出六斤⑥，共该一百八斤。火绳六条，每条长三丈，重五两，每斤以一两为耗，共计二斤。合口大石子，每出一丸，共一十八出，计一十八丸。小铁子，每出用二百丸，共三千六百丸，每丸重一两，计二百二十五斤。药线，正副三十六条，每条长一尺。大木榔头一个。合口木送⑦一个。细土每出一升，共用一斗八升。

大狼机⑧八位，每位子铳九门，共七十二门。火药，每子铳一门备十出，每出半斤，共七百二十出，该药三百六十斤。火绳，每狼机一位备三条，共二十四条；每条长三丈，重五两，连耗共八斤。铅子七百二十丸，每丸重五两，共计二百二十五斤。

① 旗帜方色，俱随本哨：戚继光船队的旗帜有大旗和五方旗两种，其中大旗下有号带。每一只船上所用的大旗号带和五方旗的颜色都是按该船所编的司哨来确定的，前司号带为红色，左司为蓝色，右司为白色，后司为黑色，中司为黄色。五方旗边的颜色也如此。

② 又载于茅元仪《武备志》卷七十。

③ 梁头：即隔舱板。

④ 无敌神飞炮：戚继光仿佛郎机形制制造的一种大型火炮。一般用三个子炮，炮身加子炮共重一千五十斤。每一发用一两重的生铁子二百丸，合口大石子一丸。杀伤力相当强。

⑤ 备药三出：准备三次发射的火药。出，即发。

⑥ 斤：重量单位。明时一斤为十六两。

⑦ 合口木送：与火炮内径相同的木质火炮配件，凹心，用以将炮子推入炮膛。

⑧ 大狼机：大佛郎机。

百子铳①六位。火药，每位备二十四出，每出半斤，共计七十二斤。火绳每位备三条，共一十八条，每条长三丈，重五两，连耗共计六斤。大铅子，每位二十四出，每出一丸，每丸重三十两，共一百四十四丸，共计重二百七十斤。小铁子，每位备二十四出，每出五十丸，每丸重五钱，共七千二百丸，共计二百二十五斤。

鸟铳二十门。火药，每门备三百出，每出用三钱，共计一百一十二斤八两。火绳每门备三条，共计六十条，每条长二丈，重五两，连耗共计二十斤。铅子，照火药亦备三百出，每出一丸，重三钱，共六千丸，计一百一十二斤八两。

火桶②，木身竹箍，可盛一斗大者，二十只。火药，每桶五斤，共计一百斤。厚粗碗，每桶一只，共计二十只。木炭，每碗二两，备耗二两，共计五斤。

喷筒三十个。神机箭五百枝。飞刀、飞剑③共一百枝。长竹枪四十枝。过船长枪二十枝。钩镰刀一十把。撩钩一十把。犁头镖三十枝。小铁镖④一千五百枝。藤牌三十面并腰刀三十把。角弓一十张并弦二十条。羽箭三百枝。铁蒺藜⑤二千个。

杠棋什物：

---

① 百子铳：即虎蹲炮，一种轻型前装火炮。用熟铁制造，长二尺，重三十六斤，口径二寸余。炮筒外加五箍，使其不易炸裂。发射时，前身加铁爪钉，后身加铁绊，将其固定在船上，使其不跳动伤人。一般一发百子（这里为五十子），具有较宽杀伤面的特点。

② 火桶：一种燃烧性火器。木桶一只，内装颗粒大燃烧缓慢的火药五斤，上盖一层薄沙土，用一粗瓷碗，内盛灰埋炭火两三块，平地放在桶内沙土上。与敌船相遇时，将火桶平平举起，轻轻落在敌船上。木桶与敌船撞击，炭火溢出，点燃火药，引起大火，将敌船烧毁。

③ 飞刀、飞剑：均为大火箭，长五尺五寸，重二斤，比一般火箭长和重。因其箭头分为刀形和剑形而称飞刀、飞剑。

④ 小铁镖：船上用的一种小镖，长七尺，头粗长五寸，重四两，柄头粗尾细，头径六分，尾径二三分。战时敌舟低小，我舟高大，用此器掷向敌舟，颇为有利。

⑤ 铁蒺藜：一种军用铁质撒布障碍物。它有四根伸出的铁刺，长数寸，凡着地均有一刺朝上，刺尖如草本植物蒺藜，故名。战时，将其撒入敌船，使敌人难以在船上行走。

大小风篷①二扇。船橹六枝。舵二门。椗②二枝。边舵③二门。水柜二个。

大丝④五条，头丝⑤四条。大小缭手⑥二条，大小缭丝二条。大小韠搭⑦二幅。通关前秤扎四条。减棚索⑧二条，大小樯绥⑨二条。顺舵索一条，绞舵索⑩一条，舵牙索⑪二条。缆八条。艇拖索⑫一条，艇橹六枝。水桶二个。车水索一条。大小望斗二个，斗心索二条，斗衣二幅。大桅旗一面，五方旗五面，锣一面，鼓一面，喇叭二枝。铁丝灯笼三十盏。每灯备烛十夜，每夜备十枝，每枝一两，冬夏折算，十夜共一百枝，计重六斤四两。三十盏该三千枝，共重一百八十七斤半。常操及在海无警，只点一枝即止，否则无此许多之费。

官给备用修舱物料：

大小钉五十斤，黄麻一百斤，黄藤一百斤，桐油一百斤。

捕兵自备：

白灰五石，斧四把，锯四把，大小凿十把，钻五把，大小锅三口，碗碟二百个。

二号船应备军火器械以下解说具详在一号内：

无敌神飞炮一位，子炮三门，火药五十四斤，火绳三条，小铁子一千八百丸计重一百一十二斤八两，合口大石子九丸，木榔头一把，木送一件，药线正副一十八条，细土九升。

---

① 大小风篷：大小船帆。
② 椗：同"碇"，系船的石墩或铁锚。
③ 边舵：似即腰舵，又称披水板，安装在船的两舷，用以抗漂。
④ 大丝：绳。
⑤ 头丝：绳。
⑥ 缭手：本指负责管理帆缆绳索的水手。这里是指转动帆的绳索。
⑦ 韠搭：两头有袋，中间可搭在肩上或横木上的工具袋。这里可能指帆收拢后的遮盖布。
⑧ 减篷索：升降帆索。
⑨ 樯绥：风帆索。
⑩ 绞舵索：吊舵索。
⑪ 舵牙索：拴于操舵柄一端的绳索，可增加操舵时舵的稳定性和减少操舵频率。
⑫ 艇拖索：拖带小船的绳索。

大狼机说位，每位子铳九门，共五十四门，火药二百七十斤，火绳一十八条，铅子一百六十八斤十二两。

百子铳六位，火药七十二斤，火绳一十八条，大铅子一百四十四丸计重二百七十斤，小铁子七千二百丸计重二百二十五斤。

鸟铳二十门，火药一百一十二斤八两，火绳六十条，铅子六千丸计重一百一十二斤八两。

火桶一十五个，火药七十五斤，厚粗碗一十五个，木炭三斤一十二两。

喷筒三十个。神机箭四百枝。飞刀、飞剑共三十枝。长竹枪三十枝。过船长枪二十枝。钩镰刀八把。撩钩四把。犁头镖二十枝。小铁镖一千枝。藤牌二十面并腰刀二十把。角弓八张并弦十六条。羽箭二百四十枝。铁蒺藜一千五百个。

杠棋什物：

大小风篷二扇。船橹六枝。舵二门。椗八枝。边舵二门。水柜二个。大丝五条，头丝四条，大小缭手二条，大小缭丝二条。大小惺搭二幅。通关前秤扎尾四条。减棚索二条，大小樯绥二条。顺舵索一条，绞舵索一条，舵牙索二条。缆八条。艇拖索一条，艇橹六枝。水桶二个。车水索一条。大小望斗二个，斗心索二条，斗衣二幅。大桅旗一面，五方旗五面，锣一面，鼓一面，喇叭二枝。铁丝灯笼二十盏。每盏备烛一百枝，计烛二千枝，共重一百二十五斤。艇拖索一条，艇橹四枝。

官给备用修舱物料：

大小钉四十斤，黄麻六十斤，黄藤六十斤，桐油八十斤。

捕兵自备：

白灰三石，斧二把，锯二把，大小凿八把，钻五把，大小锅三口，碗碟一百二十个。

——戚继光《纪效新书》（十四卷本）卷十二《舟师篇》

福船一号吃水大深，起止迟重，惟二号福船，今常用之。

——邓钟《筹海重编》卷十二《经略四》[1]

图3-2 大福船

(见茅元仪《武备志》卷一百十六《军资乘·水一·战船》)

一号福船一只

官尺长九丈，阔三丈，深一丈四尺，计三十舱。

---

[1] 又载于谢杰《虔台倭纂》上卷、王鸣鹤《登坛必究》卷二十五和茅元仪《武备志》卷一百十六。

龙䯒带头尾艎[1]，松木三条，银四两。

艎钉一十二枝，银一钱八分。

双料板[2]，一百三十片，每片一钱八分，共银三十二两四钱。

削板[3]，一百八十片，每片一钱八分，共银三十二两四钱。

单料板[4]，一百五十片，每片一钱三分，共银一十九两五钱。

檬极檬梁板，一百四十片，每片价银一钱二分，共银一十六两八钱。

樟枋[5]，三十六片，每片价银一钱四分，共银五两四分。

龙须极，樟板[6]四片，银三钱二分。

腰抽[7]，杉木四根，银一两二钱。

斗盖[8]，樟木一条，银五钱。

上金，樟木一条，银九钱。

下金，樟木一条，银四钱。

下金拴[9]，二支，银八分。

大含檀，樟木一条，银四两。

小含檀，樟木一片，银四钱。

---

[1] 龙䯒带头尾艎：䯒，字典未见此字。该字与艎或舻同义。艎，《康熙字典》："音参，战舰内贯以大木曰底艎。"即今日所说的龙骨。明时船的龙骨由3个部件组成，龙䯒当指船龙骨的中部，头、尾艎，当指龙骨的前后部。龙䯒带头尾艎，即指主龙骨、首龙骨和尾龙骨。

[2] 双料板：按侯继高《全浙兵制》卷三《造修福船略说·附纂造新修旧大小福乌船工料数式》："双料板，长三丈，厚三寸，阔一尺二寸，每片价银二钱四分。"

[3] 削板：第二种板的计算基准。按侯继高《全浙兵制》卷三《造修福船略说·附纂造新修旧大小福乌船工料数式》："削板，长三丈，厚二寸，阔一尺二寸，每片价银一钱八分。"

[4] 单料板：第三种板的计算基准。按侯继高《全浙兵制》卷三《造修福船略说·附纂造新修旧大小福乌船工料数式》："单料板，长三丈，厚一寸五分，阔一尺二寸，每片价银一钱三分。"此外还有第四种"三开板，长三丈，厚一寸，阔一丈二尺，每片价银八分。"

[5] 樟枋：樟木板。

[6] 龙须极樟板：船首的龙须极（福建方言称弯木为"极"）用樟木。

[7] 腰抽：即肚抽。应是船侧纵向的加强构件。

[8] 斗盖：船首挡浪板上方的一根横木。

[9] 下金拴：有的下舵斤中部圆孔由开孔的板和插栓构成，栓可拆卸，插上时舵杆不至于脱出。也有用各有半圆的板做成舵斤，一块固定于后封板，一块用栓连接于另一块，使舵杆穿过，舵栓可拆卸。

含檀鞋①，樟木二片，银三钱。

龙梁，樟板②一片，银四钱五分。

大桅夹，樟木二片，银四两五钱。

头桅夹，樟木二片，银三钱四分。

桅座，樟木一段，银五钱。

大桅一条，长九丈，围大七尺四寸，价银一十五两。

头桅一条，银一两二钱。

大桅篷，担杉木二条，银五钱。

大桅挲，杉木一条，银四钱。

桅尖，二个、杉木一条，银一钱四分。

桅饼，七个，银七分。

大小风篷，二扇，银六两二钱。

头招③，杉木一条，银二钱四分。

两边舨柱④，杉木五十四条，银三两二钱。

尖柜梁，杉木八条，银一两二钱。

头战棚横梁，杉木五条，银九钱。

头二战棚横梁，杉木四条，银七钱五分。

尖柜板，杉木三条，银一两五钱。

战棚两边，杉木四条，银二两四钱。

抱极⑤，樟板八十八片，银三两八分。

太平车⑥，松木一段，银二钱。

中车袋，二个，银一钱六分。

---

① 含檀鞋：加固桅面梁处的板材。
② 龙梁樟板：多指龙口梁，用樟木板。
③ 头招：设于船首的桨。
④ 两边舨柱：支撑舷墙板的柱子。
⑤ 抱极：多指抱梁肋骨，设于舱壁板的一面或两面，起舱壁板加强、定位作用。
⑥ 太平车：绞车。

车厝，樟木一段，银一钱二分。

太平车耳①，二片，银二钱。车碗二个，银二分。

舵二门，银六两六钱。

舵闪，杉木二条，银六钱。

舵甲②，樟木一十六片，银五钱六分。

舵车③，松木一段，银一钱二分。

舵尾车耳④，二个，银一钱。

舵牙，二枝，银八分。

偏舵朴檬板⑤，二片，银二钱四分。

偏舵，杉木二条，银五钱。

尾楼牵，上下杉木肆条，银八钱。

舵棚梁，杉木二条，银二钱八分。

直箭，杉木二条，银一两四钱。

直箭横牵，杉木十段，银八钱。

尾楼棚，杉木二条，银三钱。

尾帕，樟板二片，银一钱八分。

尾旗柱，杉木一条，银八分。

缭轿，樟板二片，银一钱二分。

重头尾艄，杉木一条，银五钱。

水蛇⑥，杉木二条，银八钱。

椗八门带铁沙齿⑦，银六两四钱。

大橹，六支，银六两。

---

① 太平车耳：构成绞车两边的竖木板，上开车关轴。
② 舵甲：舵叶板。
③ 舵车：用以升降舵的绞车。
④ 舵尾车耳：船尾升降舵的绞车的车耳。
⑤ 偏舵朴檬板：不详。
⑥ 水蛇：船侧外板上数第一道大橧。
⑦ 铁沙齿：指木锚的木锚爪尖部用铁尖齿。

橹床①，六个，银三钱六分。

水柜，二口，杉木四条，银二两。

木棍，七十支，银四钱二分。

猫竹，二百八十枝，银二两八钱。

船钉，一千四百斤，银十九两六钱。

桐油，九百斤，银十八两。

灰，五十五石，银二两二钱。

草根，一千斤，银二两。

水柜钉，六十斤，银八钱四分。

桐油，五十斤，银一两。

舵甲钉，二十四斤，银三钱三分六厘。

舣钉②，一百二十斤，银一两六钱八分。

缭丝索麻，一千斤，银四两。

蓬根索③一百七十斤，银一两二分。

草椗索④三条，每条银六钱，共银一两八钱。

篾椗索⑤三条，每条银一两八钱，共银五两四钱。

篾椗索二条，每条银三两二钱，共银六两四钱。

绞尾篾单，银三钱。

舱舰锯匠工银二十四两。

杉板一只

小艁杉木一条，银二钱。

膀板，杉木二条，银六钱六分。

樟梁，六片，银三钱六分。

卷三 嘉靖后的海船·福船

---

① 橹床：又称橹担，为支承橹伸出船外的短木，上有橹支扭、安全桩。
② 舣钉：即铲钉。
③ 蓬根索：即棕绳。
④ 草椗索：即棕绳。
⑤ 篾椗索：即竹缆。

单料板，四片，银五钱二分。
钉，四十五斤，银六钱四分。
桐油，三十四斤，银六钱八分。
小橹一支，银二钱二分。
灰一石三斗，银五分二厘。
草根，二十二斤，银四分四厘。
重底：
单料板，一百片，银一十三两/。
杉木，八条，银四两。
钉，四百五十斤，银六两三钱。
桐油，四百六十斤，银九两二钱。
灰，三十四石，银一两三钱二分。
草根，四百五十斤，银九钱。
舱舰锯匠工银，五两。
已上共银三百二十四两二钱四分四厘。

二号福船一只
官尺长八丈，阔二丈五尺，深一丈一尺，计二十七舱。
龙臆带头尾艄，用杉木三条，银三两二钱。
艄钉，一十二枝，银一钱二分。
双料板，一百片，每片银二钱四分，共银二十四两。
削板，一百五十片，每片银一钱八分，共银二十七两。
单料板，一百二十片，每片银一钱三分，共银一十五两六钱。
檬极檬梁板，一百一十片，每片银一钱，共银十一两。
樟枋，二十四片，每片银一钱四分，共银三两三钱六分。
龙须极樟板，四片，银二钱四分。

腰抽[1]，杉木三根条，银八钱。

斗盖，樟木一条，银四钱六分。

上金，樟木一条，银七钱。

下金，樟木一条，银三钱。

下金拴，二枝，银六分。

大含檀，樟木一条，银三两。

含檀鞋，樟木二片，银二钱。

小含檀，樟木一片，银三钱。

龙梁，樟板一片，银三钱。

大桅夹，樟木二片，银三两五钱。

头桅夹，樟木二片，银二钱六分。

桅座，樟木一段，银四钱。

大桅，一条，用大松木，长八丈，围七尺八寸，价银一十二两。

头桅，一条，银一两。

大桅篷担，杉木二条，银四钱。

桅尖，二个，杉木一条，银一钱。

大桅牮，杉木一条，银三钱。

桅饼，七个，银七分。

大小风篷，一扇，银五两五钱。

头招，杉木一条，银二钱。

两边舭柱[2]，杉木四十八条，银二两四钱。

尖柜梁，杉木六条，银九钱。

头战棚横梁，杉木五条，银七钱五分。

头二战棚横梁，杉木四条，银六钱。

尖柜板，杉木三条，银一两二钱。

卷三 嘉靖后的海船·福船

---

[1] 腰抽：即肚抽，可能指船底部的纵向加强构件。
[2] 两边舭柱：支撑船两舷舷墙板的支柱。

战棚，两边杉木四条，银二两。

抱极，樟板八十片，银二两四钱。

太平车，松木一段，银一钱五分。

中车衮，二个，银一钱二分。

车厝，樟木四尺，银一钱。

太平车耳，二片，银一钱六分。

车碗，二个，银四分。

舵，二门，共银五两四钱。

舵闪，杉木二条，银五钱。

舵甲，樟木一十六斤（片），银四钱八分。

舵车，松木一段，银八分。

舵尾车耳，二个，银八分。

舵牙，二枝，银六分。

偏舵朴檬板，二片，银二钱。

偏舵，杉二条，银四钱。

尾楼牵，上下杉木四条，银六钱。

舵棚梁，杉木二条，银二钱四分。

直箭横牵，杉木十段，银六钱。

直箭，杉木二条，银一两二钱。

尾楼棚，杉木二条，银二钱四分。

尾帕，樟板二片，银一钱六分。

尾旗柱，杉木一条，银六分。

缭桥，樟板二片，银一钱。

重头尾艄，杉木一条，银三钱五分。

水蛇，杉木二条，银五钱。

椗七门带铁沙齿，银五两四分。

大橹，六枝，银四两八钱。

橹床，六个，银三钱。
水柜，二口，杉木三条，银一两五钱。
木棍，七十根，银三钱五分。
猫竹，二百四十枝，银二两四钱。
船钉，一千斤，每斤银一分四厘，共银一十四两。
桐油，七百斤，每斤银二分，共银一十四两。
灰，四十石，每石银四分，共银一两六钱。
草根，八百斤，每斤银二厘，共银一两六。
水柜钉，五十斤，共银七钱。
桐油，四十五斤，银九钱。
舵甲钉，二十斤，银二钱八分。
舣钉，一百斤，银一两四钱。
缭丝等索麻，八百八十斤，银三两五钱二分。
蓬根舵吊棕，一百五十斤，共银九钱。
草椗索三条，共银一两五钱。
篾椗索二条，共银三两二钱。
麻椗索二条，共银四两。
绞椗篾草，银二钱三分。
舱舰锯匠工银二十两。

杉板一只
小舰杉木一条，银一钱五分。
榜板，杉木二条，银六钱。
樟梁，六片，银三钱。
单料板，三片，银三钱九分。
钉，四十五斤，银五钱六分。
桐油，三十斤，银六钱。

小橹，一支，银二钱。

灰，一石二斗，银四分八厘。

草根，二十斤，银四分。

重底：

单料板，七十五片，银九两七钱五分。

杉木，六条，银三两。

钉，三百五十斤，银四两九钱。

桐油，四百斤，银八两。

灰，三十石，银一两二钱。

草根，四百斤，银八钱。

舱舰锯匠工银，四两。

已上共银二百五十三两一钱八分八厘。

——侯继高《全浙兵制》卷三《造修福船略说》

福船高大如楼，底尖上阔，首昂尾耸，旁皆护板，其坚如城。中分四层，下层实土石，次层居兵士，三层左右各设水门，中置水柜，扬帆，吹㸐，下椗，起椗皆在于此，最上一层如露台，从第三层穴梯而上，两旁板翼如栏，人倚之以攻敌。矢石、火炮皆向下而发，乘风冲犁如车碾螂。斗船力不斗人力。敌舟遇之，随犁随沉，又不能仰攻，真海战之利器也。但吃水丈一二，惟利大洋深处，水浅风微，贼入里海，则此舟为无用矣。是以不可无草撇、海沧以济之。

——谢杰《虔台倭纂》上卷

福船高大如楼，底平身大，旷海深洋，回翔稳便，且斗头高阔，裕于冲犁。两舫巩固如垣，势尤倾敌。吃水一丈一二尺，顺风大洋扬帆长驱。若遇贼于狭港浅涂，必须沙、唬①兼济。

---

① 沙、唬：即沙船、唬船。

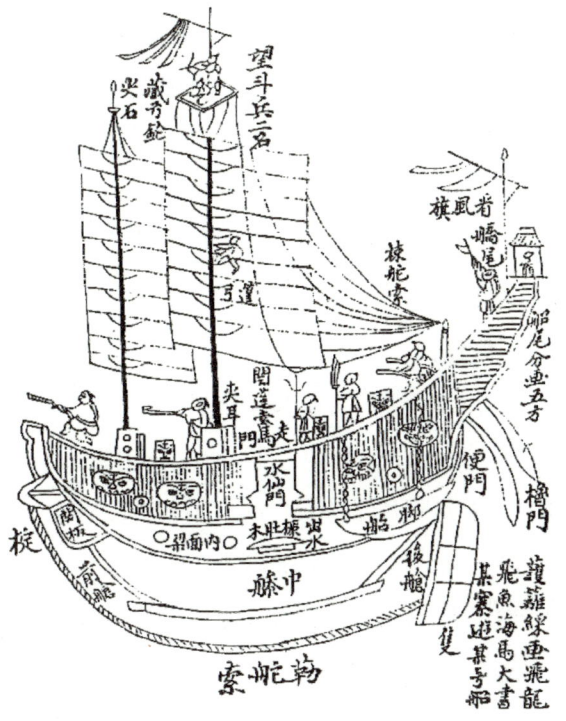

图3-3　福船图

（见何汝滨《兵录》卷十《战船说》）

卷三　嘉靖后的海船·福船

　　船身长九丈，艑稍长一丈三尺，舱深一丈三尺，板厚二寸五分。

　　底艙①：头艙②长二丈六尺，后艙③一丈八尺，中艙④长五丈八尺，前后艙俱顿⑤在中艙三尺之内。用松木斫⑥方二尺，两边凿缝以受板。其底板每一尺用五钉，钉时将盐卤蘸过，钉下即能吃板。大概板阔则

---

① 底艙：船底的龙骨。
② 头艙：船首龙骨。
③ 后艙：船尾龙骨。
④ 中艙：船的中龙骨。
⑤ 顿：放置。
⑥ 斫：砍。

缝少,每边只以十三四块为度,四块之上每尺四钉,板上用成株杉木作榇肚①,两旁各一株,直压到头。如木短,止可接两头,若接当中,船便无力。上用一尺长钉,如笔管大,每二尺一枚,钉在榇肚,庶船旁坚硬,以便架放铳炮,不致震损灰缝。

船头斗盖②用樟木,长一丈三尺,围三尺,遇贼将椗四门绞在船头,以便冲犁。

使风面梁③用樟木,横长二丈四尺,阔二尺,厚一尺八寸,至天棚④收狭七尺,止阔一丈七尺,则下大上小,可以担篷⑤并便风戗戗⑥,又不怕浪,不偏侧。

各舱梁头每三尺一道下半脚梁⑦,用樟木,要成片,不可接。上半用松木,各厚三寸,用千觔树二株,大三寸围,钉于梁头两边,至大桅之膀,添用四株方坚固,梁至平人用杉木二株,作龙骨⑧,上圆下平,嵌在梁头。自后襟门⑨至前艄脚止,木短则接,庶把持通身牢固,梁满转舷,必须梁头与舷板⑩,上下合缝,斯船如铁桶。

天棚柱⑪高九尺,上余二尺,下七尺。每三尺一柱,上用杉木为槛栅⑫,亦三尺一株,栅上铺板,板厚二寸,其两边用松木板为走

① 榇肚:多指船外板的最大的板。
② 斗盖:船首挡浪板上的横木(板)。
③ 使风面梁:使风梁。
④ 天棚:船甲板室的顶棚。
⑤ 担棚:橹棚。
⑥ 斗风戗戗:依风向调整船帆、航行角度的操作技术。
⑦ 下半脚梁:船的舱壁板中最下面的壁板。
⑧ 龙骨:尖底船底部中间的纵向大木。
⑨ 后襟门:去舵舱的小门。
⑩ 舷板:船的"外板"叫法的地方方言。
⑪ 天棚柱:支撑顶棚的立柱。
⑫ 槛栅:支承天棚板的木框架。

马①，牵网②阔一尺，厚二寸，上凿方孔，遇贼以装躲（垛）牌③。

此船官舱④系将官坐驾，比各官舱量加高大，高七尺五寸，深二尺。其余总哨⑤等官，俱不照此高深。

舵盘⑥用樟木板，横长一丈六尺，直阔一丈八尺，厚五寸。

大桅长九丈，围六尺五寸，上用谎桅⑦八尺。大概照南船桅杆向前尺余，更能走风。桅顶用望斗，以布作围，藏兵在上，以瞭贼舟；带弓箭及犁头镖、灰石，以攻贼。桅脚须用樟木为柏⑧，长九尺，大二尺，方坚固。桅夹⑨一副，阔二尺，厚八寸，长一丈六尺，用篾箍一道，以稠木⑩为闩。桅上用麻索一条，上系于饼子⑪之上，下系于后襟门，使桅身劲而有力。

舵二门，用稠木为杆，围二尺八寸，长二丈八尺。舵叶板⑫长一丈八尺，开杨五尺五寸，厚二寸，用勒舵索⑬一条，自舵系起，从底而至船头，以牵舵，使不拽出。

椗四门，用青梂树⑭长一丈八尺，齿长八尺，每椗一门，用稠木一株作椗柴⑮。

① 走马：船侧外板上方第二道槛。
② 牵网：挂盾牌的木板。
③ 躲（垛）牌：垛牌本指装在城墙垛口间，可以转动的挡箭牌。这里是指装在两侧船舷女墙垛口间的木牌。
④ 官舱：船上官员居住的舱室。
⑤ 总哨：把总、哨官的简称。把总是低于参将的一级军队长官。
⑥ 舵盘：安装于甲板处舵杆穿过的加强构件。
⑦ 谎桅：小桅。
⑧ 桅脚须用樟木为柏：桅脚要插入樟木制的桅座。
⑨ 桅夹：也称"鹿耳"。
⑩ 稠木：木材的一种。山毛榉科，柯属和栎属的多种树的木材都为稠木，其性能是弹力强，不易开裂。
⑪ 饼子：一种指桅杆顶部用于防朽的圆，另一种指桅顶风门内的滑轮。
⑫ 舵叶板：舵由舵杆、舵叶板、舵框、舵夹板构成，有的还包有铁箍。
⑬ 勒舵索：由船尾舵的勒舵孔兜至船头的绳索，以免舵被拽出丢失，称之为勒舵索。
⑭ 青梂树：树木名。
⑮ 椗柴：有杆木锚的杆，与锚爪呈90度。

大风篷长五丈五尺，头篷长二丈五尺。其大篷用硬游索①一条，系于篷稍②，以关篷摺③，庶使风安稳，而篷亦不坏。其每摺原用竹片为篷弓④，风猛易折，须以椶麻索为篷弓，刚柔相济，不但坚久，且便上斗兵，步踏稳捷。

船斗头用板闸⑤，使贼不能乘隙而上。其板定用钉，钉出头，使贼不得近板。至于舵襟⑥、橹门⑦及便门⑧至夜俱用钉板闸盖⑨，使贼不得窃入。

水仙门⑩太阔，便不关固，二扇只可阔二尺六寸上下。二闩仍用𢪇⑪二株，使贼不能撞入。

舵头只可阔九尺，方能听舵使风，不得阔大，以碍行使。

脚船⑫系于船旁，若浮水每遇风飔，每每抛毁。凡行船将脚船吊起大船艄边，不致贼众砌脚，而脚船又不遗失，且母船更易行使。

大橹二株，用椆木，长四丈。

——何汝宾《兵录》卷十《水攻》

## 草撇船（哨船）

草撇船，今名哨船。草撇船即福船之小者。

——邓钟《筹海重编》卷十二《经略四》

---

① 硬游索：也属帆索。
② 篷稍：船尾的小篷子。
③ 以关篷摺：方便帆的折放。
④ 篷弓：每根帆横行与桅杆之间用竹片、毛筋竹或棕麻绳套住，其竹片、毛筋竹或棕麻绳称篷弓。
⑤ 板闸：木制闸门。
⑥ 舵襟：即舵襟门，通往操舵房的小门。
⑦ 橹门：通往橹房的门。
⑧ 便门：非主通道上的小门。
⑨ 钉板闸盖：露出许多钉尖的闸板及盖板，相当于带刺的板，起防护作用。
⑩ 水仙门：舷墙板上开的小门。
⑪ 𢪇：顶杠。
⑫ 脚船：小船，用以救生或大船不能靠岸时用来与岸上联系的交通工具。

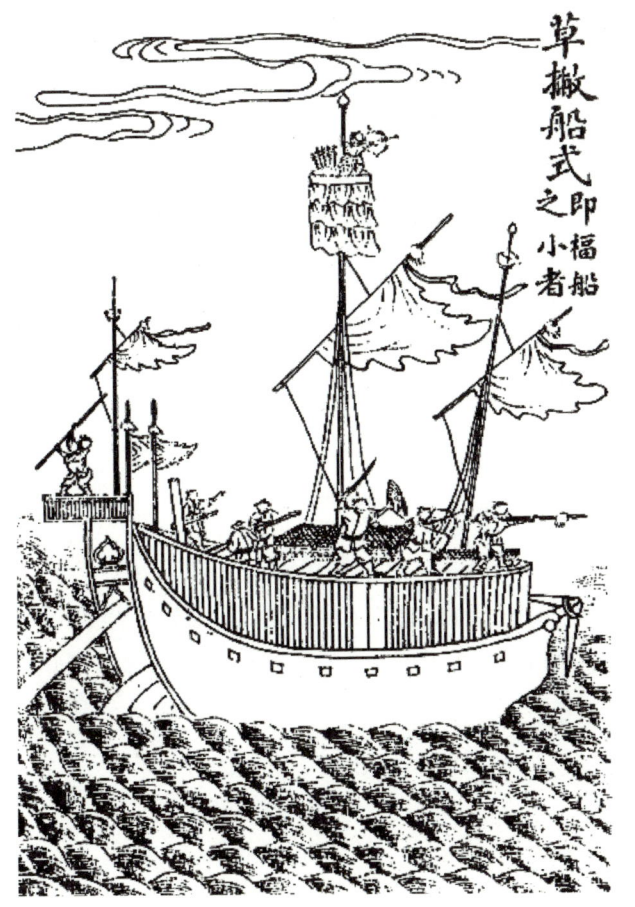

图3-4 草撇船式①
（见郑若曾《筹海图编》卷十三）

编兵解……三号，某字船一只，捕盗一名，家丁一名，舵工二名，斗手二名，繚手二名，椗手二名，守舱门二名，掌号一名，神器二名。队长五名，兵夫五十名。旗帜方色，俱随本哨。

——戚继光《纪效新书》（十四卷本）卷十二《舟师篇》②

---

① 又见于邓钟《筹海重编》卷十三，谢杰《虔台倭纂》上卷，王圻、王思义《三才图会》器用四卷，王鸣鹤《登坛必究》卷二十五和茅元仪《武备志》卷一百十六。
② 又载于茅元仪《武备志》卷七十。

三号船应备军火器械：

无敌神飞炮一位，子炮三门，火药五十四斤，火绳三条，小铁子一千八百丸计重一百一十二斤八两，合口大石子九丸，木榔头一把，木送一件，药线正副一十八条，细土九升。

大狼机五位，每位子铳九门，共四十五门，火药二百二十五斤，火绳一十五条，铅子，四百五十丸计重一百四十斤十两。

百子铳四位，火药四十八斤，火绳一十二条，大铅子九十六丸计重一百八十斤，小铁子四千八百丸计重一百五十斤。

鸟铳十二门，火药六十七斤八两，火绳三十六条，铅子三千六百丸计重六十七斤八两。

喷筒二十个。神机箭三百枝并筒。长枪二十枝。过船长枪一十枝。钩镰刀六把。撩钩四把。小铁镖六百枝。藤牌一十二面并腰刀十二把。角弓六张并弦一十二条。羽箭一百八十枝。铁蒺藜八百个。

杠桪什物：

大小风篷二扇。

船橹六枝。

舵二门。

椗六枝。

边舵二门。

水柜二个。

大丝五条，头丝四条。

大小缭手二条，大小缭丝二条。

大小㭿搭二幅。

通关前秤扎尾四条。

减棚索二条，大小樯绥二条。

顺舵索一条，绞舵索一条，舵牙索二条。

缆七条。

水桶二个。

车水索一条。

大小望斗二个，斗心索二条，斗衣二幅。

大桅旗一面，五方旗五面，锣一面，鼓一面，喇叭一枝。

铁丝灯笼一十二盏。每盏备烛一百枝，共烛一千二百枝，计重七十五斤。

艇拖索一条，艇橹六枝。

官给备用修舱物料：

大小钉四十斤，黄麻六十斤，黄藤六十斤，桐油八十斤。

捕兵自备什物：

白灰三石，斧二把，锯二把，大小凿六把，钻三把，大小锅二口，碗碟一百二十个。

——戚继光《纪效新书》（十四卷本）卷十二《舟师篇》

三号福船一只

官尺长六丈四尺，阔一丈八尺，深八尺。

龙騳带头尾艄，用杉木三条，银二两四。

艄钉，一十支，银一钱。

双料板，六十八片，共银十五两八钱四分。

削板，六十四片，共银十三两五钱二分。

单料板，六十二片，共银八两六分。

三开板[①]，四十五片，共银三两六钱

檬梁板，八十片，共银三两六钱。

斗盖，樟木一段，银二钱六分。

上金，樟木一段，银六钱。

下金，樟木一段，银二钱五分。

---

① 三开板：明代有的地区将长三丈、阔一尺二寸、厚一寸的板称一片。"三开板"，即一块三片板。

下金拴并虎耳拴，用梗木四枝，银一钱。

大含檀，樟木一段，银二两。

大桅夹，樟木二片，银一两六钱。

桅座，樟木一段，银三钱。

大桅，一条，用杉木，长六丈四尺，围五尺二寸，银九两。

头桅，一条，银八钱。

桅饼，五个，银五分。

尖柜板，杉木三条，银一两二钱。

大小风蓬，二扇，银四两四钱。

战棚横梁、水柜尖柜、舣柱、头招杉木、水蛇、重头艍蓬担，共用杉木一百段，银一十五两。

樟极，三十五个，银七钱。

樟梁，十八片，银一两八钱。

太平车，松木一段，银一钱。

中车衮，松木二个，银二钱。

车厝，樟木一段，银八分。

太平车耳、舵车耳，共樟木四片，银一钱六分。

车碗，樟木二片，银四分。

舵车，松木一段，银八分。

八字极①，二片，银一钱四分。

杉板樟梁，银二钱五分。

舵，二门，银四两二钱。

舵甲，樟木一十六片，银四钱六分。

舵牙，二枝，银六分。

椗六门带铁沙齿，共银三两六钱。

大橹，四支，银二两八钱。

---

① 八字极：也称"尾八字"，在船尾外板端部贴的板材，与草鞋底类同。

小橹，一枝，银一钱八分。

木棍，五十枝，银二钱五分。

猫竹，二百枝，银二两。

船钉，六百二十斤，银八两六钱八分。

桐油，三百六十斤，银七两二钱。

灰，二十五石，银一两。

草根，四百斤，银八钱。

杉板水柜钉，四十斤，银五钱六分。

桐油，二十五斤，银五钱。

舵甲钉，十二斤，银一钱六分八厘。

缭丝等索麻，六百斤，银二两四钱。

蓬根棕，一百二十斤，银七钱二分。

草椗索，二条，共银一两。

篾椗索，二条，共银三两二钱。

麻椗索，二条，共银三两二钱。

绞尾篾草，银一钱。

舱舰锯匠工银，一十五两。

重底：

单料板，四十片，银五二钱两。

杉木，六条，银一两八钱。

钉，一百五十斤，银二两一钱。

桐油，二百四十斤，银四两八钱。

灰，二十五石，银一两。

草根，一百五十斤，银三钱。

舱舰锯匠工银，二两五钱。

已上共银一百六十四两七钱八厘。

卷二 嘉靖后的海船·福船

图3-5 草撇船图

（见茅元仪《武备志》卷一百十六）

次三号福船一只

官尺长五丈八尺，阔一丈六尺，深五尺五寸。

龙龈带头尾艍，用松木三条，银一两八钱。

艍钉八个，银八分。

双料板，四十四片，共银十两五钱六分。

削板，五十八片，共银十两四钱四分。

单料板，五十四片，共银七两二分。

三开板，三十五片，共银二两八钱。

檼梁板，七十八片，共银六两二钱四分。

下金，樟木一段，银二钱。

下金拴并鹿耳拴，梗木四枝，银八分。

大含檀，樟木一段，银一两八钱。

大桅夹，樟木二片，银一两四钱。

桅座，樟木一段，银三钱。

大桅，一条，用杉木，长五丈六尺，围四尺八寸，银七两五钱。

头桅，一条，银六钱。

斗盖，樟木一片，银二钱。

桅饼四个，银四分。

大小风蓬，二扇，银三两六钱。

战棚横梁、两边舣柱、水蛇、桅牚①、桅尖②、蓬担③，共用杉木八十五段，共银八两五钱。

樟极，三十五片，银七钱。

樟梁，十八片，银一两八钱。

太平车，松木一段，银一钱。

中车衮，松木二段，银八分。

车厝，樟木一段，银六分。

舵车，松木一段，银六分。

太平车耳、舵车耳，共樟木四片，银一钱四分。

车碗，樟木二片，银二分。

八字极，樟木二片，银一钱四分。

艝艗，樟木二片，银一钱二分。

杉板樟梁，银二分。

尖柜板，杉木二条，银八分。

---

① 桅牚：支撑桅杆的斜木杠。
② 桅尖：主桅上部的小桅上的踏步台。
③ 蓬担：帆的最上和最下的横桁称"上蓬担""下蓬担"

交拴，硬木二十枝，银一钱。

舵，二门，银三两。

舵甲，樟木十六片，银四钱四分。

舵牙，二枝，银六分。

椗五门带铁沙齿，共银二两七钱五分。

大橹，四枝，银二两四钱。

小橹，一支，银一钱六分。

木棍，五十支，银二钱。

猫竹，一百八十枝，银一两八钱。

船钉，五百八十斤，银八两一钱二分。

桐油，三百八十斤，银六两六钱。

灰，二十二石，银八钱八分。

草根①，三百六十斤，银七钱二分。

杉板水柜钉，四十斤，银五钱六分。

桐油，二十五斤，银五钱。

舵甲钉，十斤，银一钱四分。

缭丝等索麻，五百斤，银二两。

蓬根索棕，一百斤，银六钱。

草椗索，一条，银四钱五分。

篾椗索，二条，银二两四钱。

麻椗索，二条，银三两二钱。

绞椗篾草，银一六分钱。

舱舰锯匠工银，一十二两。

重底：

单料板，三十四片，共银四两。

杉木，四条，银一两二钱。

---

① 草根：此指用于制舱料的麻。

钉，一百斤，银一两四钱。

桐油，二百斤，银四两。

灰，二十石，银八钱。

草根，八十斤，银一钱六。

舱舰锯匠工银，二两。

已上共银一百三十两六钱二分。

——侯继高《全浙兵制》卷三《造修福船略说》

图3-6 草撇船图

（见何汝宾《兵录》卷十）

草撇船之制因先年倭奴多乘此船入犯，故我地亦以草撇藏兵出洋迎贼，用奇取胜。迩来倭乘乌尾船①居多，近日草撇之名虽存，规制即三号福船也。

船身长七丈五尺，艕稍长一丈，舱深八尺，板厚二寸五分。

底艙：中艙长五丈，头艙长一丈四尺，后艙长一丈一尺。前后二艙俱顿在中艙三尺内。用松木砟方一尺五寸，两边凿缝以受板，板阔缝少，每边止可十三四块为度。近艙板每尺五钉，至三块之上，每尺四钉。用成株杉木为榢肚，用笔管大长钉二尺一枚榢上，架铳乃不震动灰缝。

使风面梁用樟木，长二丈，阔一尺七寸，厚一尺五寸，至天棚收狭六尺，实阔一丈四尺，下大上小，使敲戗不致偏侧，更不吃风。

各舱梁头每三尺一道，下半樟木，上半松木，俱要成片，不可接，各厚二寸五分。梁头两边用千觔树二株，至大桅四株。平梁②用龙骨二株，以杉木为之。自前艙脚起至后襟门，上圆下平，嵌在梁头，使通身牵住坚劲。

天棚柱高七尺余，二尺在上，只高五尺。每三尺一柱，二栅栅板厚一寸五分。两边走马板阔九寸，上面凿方孔，遇贼便装垛牌。

官舱高五尺，深一丈，使舱前宽长，各兵通身碾桩。

大桅用杉木，围五尺三寸，高七丈五尺，谎桅高七尺。每桅略种向前，更能走风。如南船样，用桅笮一道，长七尺。桅柏用樟木，长七尺，围一尺四寸，以稠木为闩。桅夹一副，用樟木，长一丈四尺，阔一尺六寸。

舵二门，以稠木为杆，围二尺四寸，长二丈四尺。舵叶长一丈三尺，开扬三尺，勒舵索一条。

桩四门，以青桮木为之，长一丈四尺，齿长六尺。每门用桩狼柴

---

① 乌尾船：船名。具体形制不详。
② 平梁：纵梁。

一株。

船头斗盖用樟木，长九尺五寸，围三尺。遇贼将桩绞在船头，冲犁。

水仙门二扇，阔二尺六寸，闩二道，牮二株。

脚船，出洋吊起船边，以免遗失。

风篷：头篷长一丈八尺，大篷长四丈七尺。其关索、篷弓二项，俱照冬仔规式。

舵盘用樟木板，横阔一丈四尺，直阔一尺六寸，厚五寸。

——何汝宾《兵录》卷十《水攻》

## 海沧船（冬船）

将戚继光云："海沧稍小福船耳。吃水七八尺，风小亦可动，但其功力皆非福船比。设贼舟大而相并，我舟非人力十分胆勇死斗，不可胜之。然二项船皆只可犁沉贼舟，而不能捞取首级，故又有苍船之设。"

——戚继光《纪效新书》（十八卷本）卷十八《治水兵篇》①

海沧船，今名冬船。冬船与哨船同，特两膀不钉竹舭耳。

——邓钟《筹海重编》卷十二《经略四》②

---

① 又载于郑若曾《筹海图编》卷十三，邓钟《筹海重编》卷十三，范涞《两浙海防类考续编》卷十、谢杰《虔台倭纂》上卷，王圻、王思义《三才图会》器用四卷，王鸣鹤《登坛必究》卷二十五和茅元仪《武备志》卷一百十六。

② 又载于邓钟《筹海重编》卷十三，谢杰《虔台倭纂》上卷、王鸣鹤《登坛必究》卷二十五和茅元仪《武备志》卷一百十六。

图3-7　海沧船式①

（见郑若曾《筹海图编》卷十三）

① 又见于邓钟《筹海重编》卷十三，王圻、王思义《三才图会》器用四卷，王鸣鹤《登坛必究》卷二十五和茅元仪《武备志》卷一百十六。

冬仔船面阔二丈二尺，共十五只。

本船木料杠榀：

中䑳长三丈六尺，用松木，围五尺；头䑳长二丈五尺，围四尺；尾䑳长一丈六尺。

含檀，长二丈一尺，阔一尺八寸，厚一尺四寸。

下底艕，共一百九十片，每片长三丈，厚一寸五分。

肚壁横梁，共一百七十片，厚三寸，长二丈，长短可用。

下金，长六尺五寸，大一尺八寸，厚一尺六寸。

桅座，长六尺五寸，大一尺七寸，厚一尺七寸。

大桅挟，长一丈五尺，大一尺六寸，厚九寸。

小桅挟，长九尺，大一尺五寸，厚五寸五分。

双筋，二条，每条长一丈六尺。

头勘舳，长一丈一尺，大一尺。

头龙梁，长一丈二尺，大一尺六寸，厚六寸。

头照水枋，樟板，大一尺五寸，长一丈二尺，厚一寸五分。

上金枹枋，长一丈五尺，大一尺七寸，厚七寸。

龙须极，二条，每条长一丈一尺，大一尺二寸，厚六寸。

照水襄枋，大一尺四寸，厚一寸。

尖柜枋，长二丈，大一尺五寸，厚一寸八分，用杉木。

襄柱并尖柜横梁，① 用杉三十五条，围三尺。

水柜，一口，用杉二条，围三尺，锯枋厚二寸。

铁钉，一千五百斤。

油，五百斤。

草根，七百斤。

灰，三十三石。

大桅，长六丈五尺，围五尺。

---

① 襄柱并尖柜横梁：襄柱，承柱；尖柜，船首的水柜；横梁即甲板下的梁。

头桅，长四丈九尺，围三尺。
舵，二门，每门长二丈五尺。
舵闪杉枋，长一丈六尺，厚二寸。
碇，四门，用硬柴，每门长一丈七尺，大八寸。
碇齿，八个，每个长七尺五寸。
尾橹，二枝，每枝长四丈。
头梢，一条，长四丈，用杉木。
大风篷，阔四丈二尺，长五丈五尺。
头风篷，阔二丈二尺，长三丈二尺。
黄麻，九百斤。
舵牙并车圈碇箭，共八十枝。
综缆索，二条，每条长六十丈。
篾缆索，二条，每条长六十丈。
小艇，一只，面阔六尺，用杉木二条，围三尺。
小钉，六十斤。
油，三十斤。
草根，六十斤。
灰，二石。
竹甲裒，用茅竹二百二十枝。
小钩钉，二百斤。
小艇橹，二枝，每枝长三丈三尺。
海中清，二件。
已上每只用银一百八十两。

本船军火器械：
大铳，六门，每门带子铳六件。每门价银四两五钱，共银二十七两。
硝，四担，每担银三两，共银一十二两。

磺，一百一十斤，每斤银三分，共银三两三钱。

铅子，六百斤，每斤银四分，共银二十四两。

鸟铳，十六门，每门银一两，共银一十六两。

绵纱索，二十五斤，每斤银一钱五分，共银三两七钱五分。

火箭，八十枝，每枝银四分，共银三两二钱。

藤牌，三十面，每面银三钱，共银九两。

透甲枪，三十枝，每枝带柄银七分，共银二两一钱。

镖枪，八百枝，每枝一分五厘，共银一十二两。

斩刀，十二柄，每柄银八分，共银九钱六分。

火筒，二十枝，每枝银七钱，共银一十四两。

斩斧，十二柄，每柄银八分，共银九钱六分。

缭钩，十柄，每柄银七分，共银七钱。

割缭铗，十柄，每柄银五分，共银五钱。

斧头，四柄，每柄银八分，共银三钱二分。

竹篙枪，四十枝，每枝银三分五厘，共银一两四钱。

锯仔，三张，每张银五分，共银一钱五分。

金鼓，一副，共银一两。

大旗一面并号带一完，用布五疋，每疋银二钱五分，共银一两二钱五分。

大小桅望斗衣，二副，用布十疋，每疋银二钱五分，共银二两五钱。

大桅号带，一条，用布一疋，银二钱五分。

鼎，四个，每个银一钱五分，共银六钱。

大小锥钻，四把，每把银四分，共银一钱六分。

刨刀，四把，每把银四分，共银一钱六分。

大小凿，八把，每把银三分，共银二钱四分。

备用铁钉，五十斤，每斤银三分五厘，共银一两七钱五分。

桐油，一百斤，价银四两。

灰，二百斤，银二钱。

麻，一百斤，价银一两。

已上每只用银一百四十四两九钱五分。

冬仔船面阔二丈，共十五只。

本船木料杠桭：

中䑠长三丈三尺，用松木，围四尺；头䑠长二丈三尺；尾䑠长一丈四尺。

含檀，长一丈九尺，阔一尺八寸，厚一尺二寸。

下底，松板共一百五十片，每片长三丈，厚一寸五分。

肚壁横梁，共一百二十片，厚二寸，每片长二丈，长短亦可用。

下金，长六尺，大一尺六寸，厚一尺六寸。

桅座，长六尺，阔一尺六寸，厚一尺五寸。

大桅挟，长一丈四尺，大一尺六寸，厚八寸。

双篰，二条，每条长一丈四尺。

小桅挟，二片，每片长八尺，大一尺三寸，厚四寸。

头勘舠，长一丈，阔八寸。

头龙梁，长一丈，阔一尺五寸，厚五寸。

头照水板，樟板，阔一尺五寸，厚一寸四分。

上金枹枋，长一丈二尺，大一尺五寸，厚七寸。

龙须极，长一丈，阔一尺，厚五寸。

照水褒枋，大一尺四寸，厚一寸。

尖柜板，长一丈八尺，大一尺五寸，厚一寸五分，用杉木。

褒柱并尖柜横梁，用杉木三十条，围二尺五寸。

水柜，一口，用杉木二条，围三尺，厚二寸。

铁钉，一千二百斤。

油，四百斤。

草根，六百斤。

灰，三十石。

大桅，长六丈，围五尺。

头桅，长四丈八尺，围三尺。

舵，二门，每门长二丈二尺。

舵闪杉枋，长一丈四尺，厚二寸。

艎，四门，用硬柴，每门长一丈五尺。

艎齿，长七尺。

橹，二枝，每枝长三丈六尺。

头稍，长三丈八尺，用杉木。

大风篷，阔三丈八尺，长五丈。

小风篷，阔一丈八尺，长二丈五尺。

舵牙并车圈艎篊，共六十枝。

黄麻，八百斤。

综缆索二条，每条长五十丈。

篾缆，二条，每条长五十丈。

小脚艇，一只，面阔六尺，用杉木二条，围二尺五寸。

橹，二枝。

小钉，五十斤。

油，二十五斤。

草根，五十斤。

灰，一石八斗。

竹甲褁，用茅竹一百八十枝。

小钩钉，一百二十斤。

海中清，二件。

已上每只用银一百六十两。

卷二 嘉靖后的海船·福船

本船军火器械：

大铳，四门，每门带子铳六件。每门价银四两五钱，共银一十八两。

硝，四担，每担银三两，共银一十二两。

磺，八十斤，每斤银三分，共银二两四钱。

铅子，五百斤。每斤银四分，共银二十两。

鸟铳，十六门，每门银一两，共银一十六两。

火箭，四十枝，每枝银四分，共银一两六钱。

绵纱索，二十斤，每斤银一钱五分，共银三两。

藤牌，二十六面，每面银三钱，共银七两八钱。

透甲枪，三十枝，每枝带柄银七分，共银二两一钱。

镖枪，六百枝，每枝银一分五厘，共银九两。

火筒，十五枝，每枝银七钱，共银十两五钱。

斩刀，十柄，每柄银八分，共银八钱。

斩斧，十柄，每柄银八分，共银八钱。

缭钩，十柄，每柄银七分，共银七钱。

割缭铗，八柄，每柄银五分，共银四钱。

斧头，四柄，每柄银八分，共银三钱二分。

竹篙枪，三十枝，每枝银三分五厘，共银一两五分。

锯仔，二张，每张银五分，共银一钱。

金鼓，一副，共银一两。

大旗一面并号带一完，用布四疋，每疋银二钱五分，共银一两。

大小桅望斗衣，二副，用布九疋，每疋银二钱五分，共银二两二钱五分。

大桅号带，一条，用布一疋，银二钱。

鼎，三个，每个银一钱五分，共银四钱五分。

大小锥钻，四把，每把银四分，共银一钱六分。

刨刀，四把，每把银四分，共银一钱六分。

大小凿，八把，每把银三分，共银二钱四分。

备用铁钉，五十斤，每斤银三分五厘，共银一两七钱五分。

桐油，一百斤，价银四两。

灰，二百斤，银二钱。

麻，一百斤，价银一两五钱。

已上每只用银一百一十九两四钱八分。

冬仔船面阔一丈八尺，共二十只。

本船木料杠棋：

中䑺长三丈，头䑺长一丈九尺，尾䑺长一丈三尺。

含檀，长一丈六尺五寸，厚一尺，阔一尺八寸。

下底膀板，厚一寸四分，长三丈，阔一尺五寸，共一百二十片，如原来板长短不等，凑足其数。

樟下金，长五尺，大一尺五寸。

舱横梁，厚三寸，长一丈八尺，长短俱可用，共一百片。

桅座，长五尺，大一尺六寸。

大桅挟，长一丈一尺，大一尺五寸，厚七寸。

双抽筋，二条，每条长一丈二尺。

头勘劤，长一丈。

头梁，长一丈。

头照水板樟枋①，厚二寸。

上金板，长一丈，大一尺，厚五寸。

龙须极，长八尺。

照水褒枋锯，厚一寸。

尖柜枋，长一丈四尺，厚一寸五分，用杉木。

褒柱并尖柜横梁，用杉木。

---

① 头照水板樟枋：船的首封板为樟木板。

水柜，一口，用杉木。

铁钉，七百斤。

桐油，三百斤。

草根，六百斤。

灰，二十石。

大中桅，长六丈二尺。

小头桅，长三丈五尺。

舵，二扇，每扇长一丈八尺。

舵闪杉枋，长一丈二尺，厚二寸。

椗，四门，用硬柴，身长一丈四尺，齿长六尺。

橹，二枝。

头招，一枝，长三丈五尺，用杉。

大风篷，一扇，阔三丈二尺，长四丈五尺。

黄麻，六百斤。

小风篷，阔一丈五尺，长二丈二尺。

舵牙四枝并硬柴五十枝，用小木，长六尺。

脚艇，一只。

橹，二枝。

椗索，四条。

竹甲褭，用茅竹一百五十枝。

小钩钉，八十斤。

海中清，二件。

已上每只用银一百四十两。

【明代海船图说】

本船军火器械：

生铁发贡，一门，重四百五十斤，价银二十两，只用大石子。

硝，四担，每担银三两，共银一十二两。

磺，七十斤，每斤银三分，共银二两一钱。

大铳，四门，每门带子铳六件。每门价银四两五钱，共银一十八两。

硝，四担，每担银三两，共银一十二两。

磺，八十斤，每斤银三分，共银二两四钱。

铅子，五百斤，每斤银四分，共银二十两。

鸟铳，十四门，每门银一两，共银一十四两。

绵纱索，二十斤，每斤银一钱五分，共银三两。

火箭，四十枝，每枝银四分，共银一两六钱。

藤牌，二十二面，每面银三钱，共银六两六钱。

透甲枪，二十五枝，每枝带柄银七分，共银一两七钱五分。

镖枪，四百枝，每枝银一分五厘，共银六两。

斩刀，八柄，每柄银八分，共银六钱四分。

斩斧，八柄，每柄银八分，共银六钱四分。

火筒，十枝，每枝银七钱，共银七两。

缭钩，十柄，每柄银七分，共银七钱。

割缭铗，八柄，每柄银五分，共银四钱。

竹篙枪，二十五枝，每枝银三分五厘，共银八钱七分五厘。

斧头，三柄，每柄银八分，共银二钱四分。

锯仔，二张，每张银五分，共银一钱。

金鼓，一副，共银一两。

大旗一面并号带一完，用布三疋，每疋银二钱五分，共银八（七）钱五分。

大小桅望斗衣，二副，用布八疋，每疋银二钱五分，共银二两。

大桅号带，一条，用布一疋，银二钱。

鼎，三个，每个银一钱五分，共银四钱五分。

大小锥钻，四把，每把银四分，共银一钱六分。

卷二 嘉靖后的海船·福船

刨刀，四把，每把银四分，共银一钱六分。

大小凿，八把，每把银三分，共银二钱四分。

备用铁钉，五十斤，每斤银三分五厘，共银一两七钱五分。

桐油，一百斤，价银四两。

灰，二百斤，价银二钱。

麻，一百斤，价银一两五钱。

已上每只用银一百四十二两五钱五分五厘。

——俞大猷《洗海近事》卷上

面阔二丈二尺船，每只兵五十五名，舵工二名，缭手、艇手等项，在兵内取用。

面阔二丈船，每只兵五十名，舵工二名，缭手、艇手等项，在兵内取用。

面阔一丈八尺船，每只兵四十五名，舵工二名，缭手、艇手等项，在兵内取用。

——俞大猷《洗海近事》卷上

编兵解……四号，某字船一只，捕盗一名，家丁一名，舵工二名，缭手二名，斗手二名，椗手二名，神器二名，掌号一名。队长四名，兵夫四十名。旗帜方色，俱随本哨。

——戚继光《纪效新书》（十四卷本）卷十二《舟师篇》[1]

---

[1] 又载于茅元仪《武备志》卷七十。

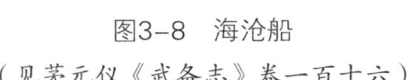

图3-8 海沧船

(见茅元仪《武备志》卷一百十六)

四号船应备军火器械：

无敌神飞炮一位，子炮三门，火药五十四斤，火绳三条，小铁子一千八百丸计重一百一十二斤八两，合口大石子九丸，木榔头一把，木送一件，药线正副一十八条，细土九升。

大狼机四位，每位子铳九门，共三十六门，火药一百八十斤，火绳一十二条，铅子三百六十丸计重一百一十二斤八两。

百子铳四位,火药四十八斤,火绳一十二条,大铅子九十六丸计重一百八十斤,小铁子四千八百丸计重一百五十斤。

鸟铳十门,火药五十六斤四两,火绳三十条,铅子三千丸计重五十六斤四两。

喷筒一十个。神机箭二百枝。长竹枪一十枝。过船长枪一十枝。钩镰刀二把。撩钩二把。小铁镖五百枝。藤牌一十面并腰刀一十把。角弓六张并弦一十二条。羽箭一百八十枝。铁蒺藜五百个。

杠椇什物:

大小风篷二扇。

船橹六枝。

舵二门。

椗五枝。

边舵二门。

水柜二个。

大丝四条,头丝三条。

大小缭手二条,大小缭丝二条。

大小悝搭二幅。

通关前秤扎尾四条。

减棚索二条,大小樯绥二条。

顺舵索一条,绞舵索一条。

缆七条。

水桶二个。

车水索一条。

大小望斗二个,斗心索二条,斗衣二幅。

大桅旗一面,五方旗五面,锣一面,鼓一面,喇叭一枝。

铁丝灯笼一十盏。每盏备烛一百枝,共烛一千枝,计重六十二斤八两。

艇拖索一条，艇橹六枝。

官给备用修舱物料：

大小钉三十斤，黄麻五十斤，黄藤五十斤，桐油五十斤。

捕兵自备：

白灰三石，斧二把，锯二把，大小凿四把，钻二把，大小锅二口，碗碟八十个。

——戚继光《纪效新书》（十四卷本）卷十二《舟师篇》

图3-9　冬船图

（见何汝宾《兵录》卷十）

海沧第四号福船,即冬船,吃水七八尺,风小亦可动,其功力非福船比。外洋遇贼舟,若相敌,未必胜。故水深处利用福船,水浅处利用草撇,即哨船也,再浅处利用海沧。然皆能犁沉贼舟,不能捞取首级,故又有苍船之设。

——谢杰《虔台倭纂》卷上

冬船体膀高大,形势巍峨,且通身长妥,足以破浪冲风。若遇高大贼船,可以当先折敌。若遇贼舟低小,彼更难以仰攻。但首尾高蹻,吃水仅一丈余,风顺易行,风逆不便转动。制法尤须坚固,若造作脆薄,反是大者易坏。定须验料于兴工之初,毋令板薄钉稀。样式大略与福船相同并用。

福冬船每船应用器械:

大发熕①一座　大佛狼机六座　百子铳三十门　喷筒六十个　鸟嘴铳二十门　烟罐②一百个　弩箭五百枝　药弩一十张　粗火药四百觔　鸟铳火药一百觔　弩药一瓶　大小铅弹三百觔　火箭三百　火砖一百块　火炮二十个　钩镰一百把　砍刀二十把　过船钉枪二十根　镖枪一百枝　藤牌四十面　弓五张　铁箭三百枝　灰罐一百个　大旗一面并号带　大篷一扇　小篷一扇　大橹二枝　舵二门　椗四门　大索六根　小索四根　扳船索一条　缭后手索二根　椗繳四根　缭椗索四根　铁锅四口并灶盖　花碗八十个　铁锹四把　铁锯四把　铁钻四把　铁凿四把　铁斧四把　簿刀二把　大铜锣一面　大更鼓一面　小鼓四面　大桅旗一顶　方正旗五顶　水桶五担并擽索　灯笼十盏　木梆铁铃一副　备用大小松杉木十株　穴绳六十根　绳十根　铁蒺藜一千个

捕盗自备:

钉四十觔　油五十觔　麻六十觔　灰三担

① 大发熕:一种大型火炮。重五百斤,用铅子一百个,威力大,可透墙摧屋。
② 烟罐:施放烟雾的一种装置,似今日之烟幕弹。

各兵自备：

篾盔一顶　腰刀一把　随身钉枪一根　蓑衣箬笠一副

右福冬船器械等件俱如前式，其余各船随船大小以为增减。

——何汝宾《兵录》卷十《水攻》

## 开浪船（鸟船）

图3-10　开浪船式①

（见郑若曾《筹海图编》卷十三）

---

① 又见于邓钟《筹海重编》卷十三，谢杰《虔台倭纂》上卷，王圻、王思义《三才图会》器用四卷，王鸣鹤《登坛必究》卷二十五和茅元仪《武备志》卷一百十六。

参将戚继光云:"开浪以其头尖故名,吃水三四尺,四桨一橹,其形如飞。内可容三五十人,不拘风潮顺逆者也。"

——戚继光《纪效新书》(十八卷本)卷十八《治水兵篇》①

参将戚继光云:"其开浪、网梭之类,皆可备哨探而不可战者。开浪以其头尖故名,吃三四尺,四桨一橹,其形如飞,内可容三五十人,不拘风潮顺逆者也。"

——戚继光《纪效新书》(十八卷本)卷十八《治水兵篇》

(开浪船),即鸟船,特今不用桨。快船与鸟船亦同而差小耳。

——邓钟《筹海重编》卷十二《经略四》②

编兵解……五号,某字船一只,捕盗一名,家丁一名,舵工二名,招手一名,缭手一名,椗手一名,掌号一名,队长三名,兵夫三十名。

六号,某字船一只,捕盗一名,家丁一名,舵工一名,招手一名,缭手一名,椗手一名,掌号一名,队长二名,兵夫二十名。

——戚继光《纪效新书》(十四卷本)卷十二《舟师篇》③

五号船应备军火器械:

狼机三位,每位子铳九门,共二十七门,火药一百三十五斤,火绳九条,铅子二百七十丸计重八十四斤六两。

百子铳二位,火药二十四斤,火绳六条,大铅子四十八丸计重

---

① 又载于郑若曾《筹海图编》卷十三、邓钟《筹海重编》卷十三,王圻、王思义《三才图会》器用四卷,王鸣鹤《登坛必究》卷二十五和茅元仪《武备志》卷一百十六。
② 又载于谢杰《虔台倭纂》上卷、王鸣鹤《登坛必究》卷二十五和茅元仪《武备志》卷一百十六。
③ 又载于茅元仪《武备志》卷七十。

九十斤，小铁子二千四百丸计重七十五斤。

鸟铳八门，火药四十五斤，火绳二十四条，铅子二千四百丸计重四十五斤。

喷筒十个。神机箭一百枝。长竹枪一十枝。过船长枪一十枝。钩镰刀二把。撩钩二把。小铁镖四百枝。藤牌一十面并腰刀一十把。铁蒺藜三百个。罟网一百二十手。

杠椇什物：大小风篷二扇。船橹六枝。舵二门。椗五枝。边舵二门。水柜一个。大丝四条，头丝三条。大小缭手二条，大小缭丝二条。大小桾搭二幅。通关前秤扎尾四条。减棚索二条，大小樯绥二条。顺舵索一条，绞舵索一条。缆五条。水桶二个。车水索一条。大桅望斗一个，斗心索一条，斗衣一幅。大桅旗一面，本司方旗一面，锣一面，鼓一面，喇叭一枝。铁丝灯笼八盏。每盏备烛一百枝，共烛八百枝，计重五十斤。艇拖索一条。艇橹六枝。

官给备用：

大小钉三十斤，黄麻三十斤，黄藤三十斤，桐油三十斤。

捕兵自备：

白灰二石，斧二把，锯二把，大小凿四把，钻二把，大小锅二口，碗碟六十个。

六号船应备军火器械：

狼机三位，每位子铳九门，共二十七门，火药一百三十五斤，火绳九条，铅子二百七十丸计重八十四斤六两。

百子铳一位，火药一十二斤，火绳三条，大铅子二十四丸计重四十五斤，小铁子一千二百丸计重三十七斤八两。

鸟铳六门，火药三十三斤一十二两，火绳十八条，铅子一千八百丸计重三十三斤一十二两。

喷筒八个。神机箭一百枝。长竹枪一十枝。过船长枪一十枝。小铁镖二百枝。藤牌一十面并腰刀一十把。钩镰刀二把。撩钩二把。绑

被二十手。罟网五十手。

杠棋什物：

大小风篷二扇。

船橹四枝。

舵二门。

催稍橹二枝

椗四枝。

水柜一个。

大丝三条，头丝三条。

大小缭手二条，大小缭丝二条。

大小鲤搭二幅。

通关前秤扎尾三条。

减棚索二条，大小樯绥二条。

顺舵索一条，绞舵索一条，舵稜索一条。

缆四条。

水桶二个。

望斗一个，斗心索一条，斗衣一幅。

大桅旗一面，照方色旗一面，锣一面，鼓一面。

铁丝灯笼六盏。每盏备烛百枝，共烛六百枝，计重三十七斤八两。

艇拖索一条，艇橹六枝。

官给备用修舱物料：

大小钉二十斤，黄麻二十斤，黄藤二十斤，桐油二十斤。

捕兵自备：

白灰一石，斧二把，锯二把，钻二把，凿四把，大小锅二口，碗碟五十个

——戚继光《纪效新书》（十四卷本）卷十二《舟师篇》

图3-11 开浪船(鸟船)

(见茅元仪《武备志》卷一百十六)

一号鸟船一只

官尺长四丈八尺,阔一丈二尺五寸。

龙舺并带头尾艄,松木三条,银一两五钱。

艄钉,八枝,银七分。

单料板,七十片,共银九两一钱。

三开板,二十四片,共银一两九钱二分。

檬板,三十六片,银二两八钱八分。

梁头,樟木十八片,银一两八钱。

樟极,十七片,银三钱四分。

含檀,樟木一段,银一两五钱。

下金，樟木一段，银一钱。

大桅，一条，银五两。

斗盖，樟木一段，银二钱。

头桅并桅牚，杉木一条，银二钱四分。

大小风蓬，二扇，银三两二钱。

大篷担，杉木二枝，银二钱四分。

小篷担，猫竹二枝，银二分。

大桅夹，樟木二片，银一两。

大桅座，樟木一片，银二钱五分。

桅饼，二个，银二分。

丝并樟板，一片，银三分。

舭柱尾楼，用丈八硬木十七枝，银四钱。

木棍，二十枝，银六分。

杉板樟梁，四片，银一钱四分。

马面，樟木二片，银五分。

太平车耳，樟木四片，银一钱。

尖柜、水柜、杉板、舵闪，共杉木十六条，银二两六钱。

头招，一枝，银一钱。

凒抽筋，檬木二片，银一钱八分。

舵，二门，银二两四钱。

舵甲，檬板十片，银二钱。

舵牙，二枝，银二分。

大橹，二枝，银一两二钱。

小橹，一枝，银一钱六分。

太平车，松木段，银一钱二分。

轧桨，八枝，银八钱。

桨柱，八枝，银五分。

椗三门带铁沙齿，共银一两五分五厘。
发烦铳架，檬木一块，银一钱。
安发烦铳铺板并车路削板，二片，银三钱六分。
船钉，三百六十斤，银七两二钱。
桐油，二百四十斤，银三两三钱六分。
灰，一十二石，银四钱八分。
草根，二百四十觔，银四钱八分。
舵甲钉，十斤，银一钱四分。
缭丝等索麻，四百八十斤，银一两九钱二分。
草椗索，一条，银三钱五分。
篾椗索，一条，银一两。
麻椗索，二条，银一两。
舱舰锯匠工银，八两五钱。
已上共银六十三两五钱九分五厘。

二号鸟船一只
官尺长四丈五尺，阔一丈二尺。
龙䑠带头尾艄，松木二枝，银一两二钱。
艄钉八枝，银六分。
单料板，六十片，银七两八钱。
三开板，二十片，银一两六钱。
檬板，三十片，银二两四钱。
樟梁头，十五块，银一两五钱。
樟极，十四块，银二钱八分。
含檀，樟木一段，银一两三钱。
下金，樟木一段，银一钱八分。
舭柱尾楼杠，用丈六硬木十七株，银三钱二分。

尖柜、水柜、杉板、舵闪，杉木十六枝，银二两二钱。

杉板樟梁，四片，银一钱。

头招，一枝，银一钱。

大桅，一条，银四两。

斗盖，樟木一段，银一钱六分。

头桅一条桅桁一段，银二钱二分。

桅饼，二个，银二分。

大桅座，樟木一块，银二钱。

马面，樟木二片，银四分。

大桅夹，樟木二片，银八钱。

大小风蓬，二扇，银二两六钱。

大篷担，杉木二条，银二钱。

头篷担，猫竹二枝，银二分。

丝并樟板，一片，银三分。

舵，二门，银二两。

舵甲，樟板八片，银一六分钱。

舵牙，二枝，银一分五厘。

双抽筋，樟木二块，银一钱六分。

大橹，二枝，银一两。

小橹，一枝，银一钱四分。

太平车耳，樟木四片，银八分。

轧桨，八枝，银八钱。

桨柱，八枝，银四分。

太平车，松木二段，银一钱。

木棍，二十枝，银五分。

船钉，三百斤，银四两二钱。

桐油，二百斤，银四两。

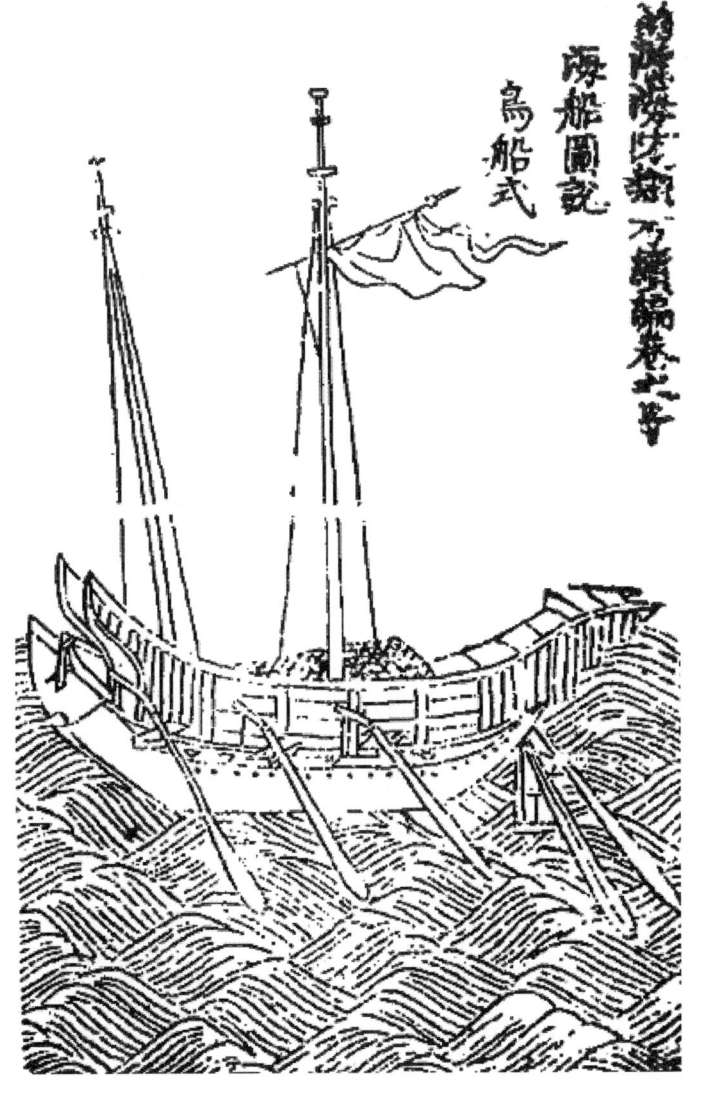

图3-12　鸟船式

（见范涞《两浙海防类考续编》卷十《海船图说》）

舵甲钉，八斤，银一钱一分二厘。

灰，十石，银四钱。

草根，一百斤，银四钱。

缭丝等索麻，四百斤，银一两六钱。

椗三门带铁沙齿，银九钱。

发烦铳架。檬木一片，银八分。

安发烦铳铺板并车路削板，二片，银三钱六分。

草椗索，一条，银三钱五分。

篾椗索，一条，银一两。

麻椗索，一条，银一两。

舱舰锯匠工银，七两。

已上共银五十三两二钱七分七厘。

三号鸟船一只

官尺长四丈二尺，阔一丈一尺五寸。

龙鼌并带头尾艄，用松木三条，银九钱。

艄钉，八枝，银五分。

单料板，四十六片，银五两七钱八分。

三开板，一十六片，银一两二钱八分。

檬板，二十四片，银一两九钱二分。

樟梁头，十二片，银一两二钱。

樟极，十一片，银二钱二分。

大含檀，樟木一段，银一两。

下金，樟木一段，银一钱六分。

舭柱尾楼杠，用丈六硬木十七株，银二钱八。

尖柜、水柜、杉板、舵闪，共杉木十六条，银一两八钱。

大桅，一条，银三两。

斗盖，樟木一段，银一钱二分。

头桅并桅牮，杉木一条，银一钱八分。

大桅座，樟木一块，银一钱六分。

桅饼，二个，银二分。

大桅夹，樟木二片，银七钱。
大小风蓬，二扇，银二两二钱。
大篷担，杉木二枝，银一钱六分。
头篷担，猫竹二枝，银二分。
丝并樟板，一片，银二分。
舵，二门，银一两六钱。
舵甲，樟板六片，银一钱二分。
舵牙，二枝，银一分。
小橹，一枝，银一钱二分。
大橹，二枝，银八钱。
轧桨，八枝，银六钱。
桨柱，八枝，银四分。
船钉，二百四十斤，银三两三钱六分。
舵甲钉，六斤，银八分四厘。
桐油，一百六十斤，银三两二钱。
灰，八石，银三钱二分。
草根，一百六十斤，银三钱二分。
木棍，二十根，银五分。
杉板樟板，四片，银八分。
头招，杉木一枝，银八分。
太平车，松木二段，银一钱
太平车耳，樟木四片，银七分。
双抽筋，檬木二块，银一钱四分。
发贡架，檬木一块，银七分。
安发贡铳铺板并车路削板，二片，银三钱六分。
缭丝等索，用麻三百二十斤，银一两二钱八分。
椗三门带铁沙齿，银七钱二分。

草椗索,一条,银三钱五分。

篾椗索,一条,银一两。

麻椗索,一条,银一两。

舱舰锯匠工银,五两八钱。

已上共银四十三两四分四厘。

——侯继高《全浙兵制》卷三《造修福船略说》

开浪,即鸟船,第五号福船也。其头尖故名开浪。吃水三四尺,四桨一橹,其行如飞,不拘风潮顺逆。上可容三五十人。

——谢杰《虔台倭纂》卷上

图3-13 鸟船图

(见何汝宾《兵录》卷十《水攻·战船说》)

鸟船之制稽自福建，沿海民人造装客货。浙中初无此船，式与草撇船仿佛。通商已来，每载糖、铁、板木到关，目击其便。但船身长妥，两艕有橹六枝，尾后催稍橹二枝，不畏风涛，行使便捷。近将应拆草撇、苍船，改造补额，谓其额兵船税相须，且往来南北海洋搜哨，较之福、草、苍、艚等船无出其右，可与沙、唬齐驱也。

——范涞《两浙海防类考续编》卷十《海船图说》

鸟船其制头小肚澎，身长体直，尾有两边催橹①二枝，有风扬帆，无风摇橹，转折轻便。篷长橹捷，如鸟之飞也。船身虽大，足与沙、唬②并驱。

船身长七丈五尺，艞稍长一丈，舱深九尺，板厚二寸五分。

底艎：正艎五丈，头艎长一丈四尺，后艎一丈一尺。前后二艎俱在正艎内沓进三尺，用松木砟方一尺六寸围，两边凿缝，以受板。每板十一二块为一边方，不细碎。每尺五钉，四板以上，每尺四钉。上用成株杉木为楝肚，直压到头。用笔管大一尺长钉以钉之，二尺一枚，庶船艕坚硬，以便放铳不致震损灰缝。

使风面梁用樟木，长二丈，阔一尺八寸，厚一尺六寸，至天棚收狭六尺，实阔一丈四尺，庶下大上小，可以担篷敲戗。

各舱梁头每二尺一道，下半樟木，木片不可接，上半松木，各厚二寸五分。梁头两边用千觔树二根，至大桅四株，梁至平人用龙骨杉木二株，自后襟门至前艎脚止，上圆下平，俱嵌在梁头，庶使船身牢固。

天棚柱高七尺，余二尺在上，实高五尺，每三尺一柱一栅，板厚一寸五分。两边走马板阔九寸，上面凿方孔，遇贼装垜牌。

官舱高五尺，深一丈二尺，以便舱前宽阔，各兵碾桩利便。

大桅用杉木，围五尺五寸，高七丈五尺，谎桅七尺。如无大木，

---

① 两边催橹：指船配的边橹。
② 沙、唬：沙船和叭喇唬船的省称。

以二株用铁箍为一株。每桅必须向前五六寸，更能走风。下用桅牮一道，长七尺。其桅柏用樟木，围一尺五寸，长七尺，以稠木为闩。桅夹一副，用樟木，长一丈四尺，阔一尺六寸，厚六寸。

舵二门，以稠木为杆，围二尺四寸，长二丈四尺。舵叶板长一丈四尺，开扬五尺二寸，勒舵索一条，使舵不致拽出。

椗四门，用青桫树为之，身长一丈四尺，齿长六尺，每门用椗狼柴一株。

船头斗盖用樟木，围三尺，长九尺五寸，遇贼以椗绞于船头，以便冲犁。斗头用钉板闸住，使贼不得入。其橹门、使门亦用钉板遇贼闸住。

水仙门止许阔二尺六寸，门闩二道，门牮二株。

脚船，遇贼出洋，收吊后稍笆边之上，庶免遗失。

风篷，头篷长一丈八尺，大篷四丈七尺。其大篷关索并篷弓亦以棕麻索为之，如冬仔船制法。

舵盘梁用樟木，长一丈一尺，阔一尺五寸。舵䑽用樟木，长四丈，阔一尺二寸，厚八分。

——何汝宾《兵录》卷十《水攻·战船说》

## 封　舟

侃[①]至三山，澄[②]亦以六月[③]至。闽之三司[④]诸君，承礼部[⑤]咨文，

---

[①] 侃：陈侃的自称。陈侃，字应和，号思斋，鄞（今浙江宁波）人。嘉靖五年（1526）进士，授行人，进刑科给事中，出使琉球，历尽艰险。嘉靖十七年（1538）迁南京太仆少卿，入贺还，卒于途。

[②] 澄：高澄，行人司行人。嘉靖十一年（1532）五月，朝廷以吏科左给事中陈侃为正使、行人司行人高澄为副使往使琉球，封已故的中山王尚真之子尚清为中山王。

[③] 六月：指嘉靖十二年（1533）六月。

[④] 三司：指管行政的布政司，管监察的按察司和管军事的都指挥使司。三司是一省最高的三个领导机构。

[⑤] 礼部：明代六部之一，洪武元年（1368）置。掌全国礼仪、祭祀、宴享、贡举、封建、朝贡、艺术、僧道等各项政令，并拟给皇室宗藩称号及官员谥号等。

已将过海事宜会裁已定。造船之制，访于耆民①得之，大小、广狭惟其制；价计一千五百两有奇。予等初欲各具一艘，见其费之广也，而遂不敢无益于国，而侈其费财之蠹也。惟旧制以铁犁木为舵杆，取其坚固厚重；今以轻价索之而艰于得，易以他木。予等必欲倍价以购，后果得之；财固当惜，舵乃一船司命，其轻重有不难辨者。七月二日，定艎——艎即船之底木。福州府备祭豕二，羊二，予等主祭，三司诸君率府、县官亦与陪焉；重王事也。定艎之后，方鸠舟人偆功②矣。侃等与众官时巡督之。

图3-14 封舟图

（见周煌《琉球国志略》）

............

嘉靖十三年甲午三月，"舟始毕工。其舟之形制，与江河间坐船不同。座船上下适均，出入甚便；坐其中者，八窗玲珑、开爽明

---

① 耆民：年高有德之民。
② 鸠舟人偆功：聚集船员完成造船工程。

霁，真若浮屋然，不觉其为舟也。此则舱口与船面平，官舱亦止高二尺；深入其中，上下以梯，艰于出入。面虽启牖，亦若穴之隙；所以然者，海中风涛甚巨，高则冲，低则避也。故前后舱外，犹护以遮波板，高四尺许；虽不雅于观美，而实可以济险。因地异制，造作之巧也。长一十五丈，阔二丈六尺、深一丈三尺，分为二十三舱；前后竖以五桅，大桅长七丈二尺，围六尺五寸，余者以次而短。舟后作黄屋二层，上安诏敕，尊君命也；中供天妃，顺民心也。舟之器具，舵用四副，用其一，置其三，防不虞也。橹用三十六枝，风微逆，或求以人力胜，备急用也。大铁锚四，约重五千斤。大棕索八，每条围尺许，长百丈；惟舟大，故而运舟者不可得而小也。小划船二，不用则载以行，用则藉以登岸也。水十四柜，海中惟甘泉为难得，勺水不以惠人，多备以防久泊也。通船以红布为围幔，五色旗大小三十余面。刀枪、弓箭之数，多多益办，佛郎机亦设二架。凡可以资戎事者，靡不周具，所以壮国威而寒外丑之胆也。

二十五日出坞——坞即造船之所，亦设祭如定舣之时。其间若竖桅，若浮水，若治索，皆有祭，行祭礼皆如初。靡神不举，靡爱斯牲者，王事孔艰，利涉大川祈也。

四月十八日，舟先发于南台①。南台距海百余里，大舟畏浅，必潮平而后行；日行数里，故先之。驾舟民梢用一百四十人有奇，护送军用一百人，通事、引礼②、医生、识字、各色匠役亦一百余人。官三员（千户一员、百户二员），官员给色银十二两，为衣装之费，余各给工食银五两三钱五分。旧时用四百余人，今革其十分之一，从约也。

——陈侃《使琉球录》

---

① 南台：在今福建闽侯县南九里。
② 引礼：礼仪官。

甲午岁①四月朔②，海舟造完，戒行有日③。乡宦谢活水、黄青崖、高文溪、李百竹、林溶江、龚云岗诸公饯余乌石山④，询及从行人凡何？余曰："闻前使人各一舟，舟各三百人，计料三千两有奇，募值亦三千两有奇。兹行欲共一舟，不唯有贵，抑以可以共济也。何如？"诸公以为善，但曰："二公以千金之躯，奉九重之命，百凡慎重，庶可无虞。盍审诸役，孰至琉球、备知海道？立之以司一舟之命，可也。"余曰："诺。"次日，至舟遍询，无有应之者。初意此辈必通番，恐律有禁，故讳之不言也，孰知皆河口无赖，徒取募值而不知操舟之法者乎！复问诸公，诸公咸笑曰："知之久矣，第未为二公告。宜速差人至漳州，访知海道者二三人，乃可。"遂持檄至府，时南风已便，通番者俱开洋矣，唯一舟姑待明日。乃获其持舵者三人，咸惊惶无措。持檄者曰："适天使琉球封王，募汝辈驾舟，至则有赏无罚，不必惧也。"遂来见余。问其姓名，曰谢敦齐，曰张保，曰李全。"至琉球否？"曰："未。"余曰："亦不济事。"敦齐对曰："仆虽未至其地，然海外之国所到者不下数十，操舟之法亦颇谙之。海舶在我掌中，针路在我目中，较之河口全不知者，径庭矣。但不知所造之舟善否？盍往观之？"至则见舟，且哂且戚曰："几败乃公事！"求其所以，曰："此舟不善者有三：盖海船之底板不贵厚，而层必用双，每层计木板三寸五分，各固以铁钉，捻以麻灰。不幸而遇礁石，庶乎一层敝而一层存也。今板虽七寸而止尺余，恐不能钩连，而巨涛复冲撼之，则钉豁板裂，虽班师⑤弗能救矣。此一不善也。闻前使二舟，则舱阔人稀，可免疫痫之患。今共一舟，则舱止二十四，除官府饮食、器用所占，计三十人共处一舱，恐炎蒸抑郁，

① 甲午岁：指嘉靖甲午年，即嘉靖十三年，公元1534年。
② 四月朔：农历四月初一。
③ 戒行有日：出发登程日期已定。
④ 乌石山：即闽山，亦称道山，在福建闽侯县城内西南隅。
⑤ 班师：指鲁班，春秋时鲁国著名建筑工匠公输般。

则疫痢者多，虽卢医①弗能疗矣。此二不善也。海涛巨而有力，舵杆虽劲木为之，然未免不坏，亦不免不换也。今舵孔狭隘，移易必难，仓猝之际，谁能下海开凿以易之？舵不得易，则舟不得行，虽神人亦弗能支矣。此三不善也。三者未善，何以利涉大川乎？"闻者悚之。于是思斋②忿詈③不已，若曰："是孰阿谀权奸，残我辈性命也？"一时藩臬④、府县⑤、董舟⑥诸君，心咸弗安。先是，巡抚方公以封王重事也，正月岁首即以"五月舟完，使臣过海行礼"之事题知。至此，虽欲别造一舟，恐逾时违制，亦弗敢也。思斋怒甚，诸公相顾，无可奈何。孰齐乃跪而曰："仆，愚民也。今即来此，敢不尽心。愿公息怒，待仆处之。"众人忧少释。乃取藤、竹各五千斤，制成巨箍，舟首至尾凡七处，束之。舰之缝隙，复钉以铁鋦。开其舵孔，旁各寸许。又于船面搭矮凉棚，使舵居者更番上座以乘风。与夫应用器物，治之靡不精好。五月八日，遂开洋。十三日，至古米山⑦。夜半，飓风作，遮波板架及箍所不到处，尽飘荡无遗。唯船身及舰底，屹然不动。使非谢谋，则此舶瓦解久矣。逾旬不至，天气颇炎，船面虽可乘风，舱口亦多受湿；染疫痢者十之三四，竟不起者七人。使非谢谋，则此辈物故必多矣。海水、飓风劲不可敌。铁犁木之舵叶，果荡而不存矣，遂以榛木者易之，亦幸其孔之有容也。使非谢谋，则旧者不能出，新者不能入，未免覆厥载矣。谢非天授而何哉！然其功不可取者，不特此耳；如观海物而知风暴之来，辨波纹而知岛屿之近，按罗经而定趋向之方，持舵而无逊避之意，处同役而存爱敬之心，其所可取者亦多矣。及舟回桅折之夕，众方惊仆，彼独餐饭自如。问之，

---

① 卢医：春秋时名医扁鹊的别称。
② 思斋：陈侃的号。
③ 忿詈：怒骂。
④ 藩臬：藩司和臬司。一省布政使和按察使的并称。
⑤ 府县：指知府和知县。
⑥ 董舟：监督造船的人。
⑦ 古米山：今地址不详。福建往琉球的针路有枯美山，即今冲绳群岛之久米岛。古米山抑或即枯美山。

曰："无恙也。"余等惧甚，慰之曰："无恙也。"呜呼！微斯人，则微四五百人矣。谢非天授而何哉！至闽泊岸日，反痛哭流涕向余等曰："公之不死者，天幸也！仆之慰公者，勉强也。讵知琉球之行，若是其险哉！盖西南诸国行不二三日，即有小港以避风，若琉球去闽万里，殊无止宿之地，岂能保其行不遇风，风不为害也哉！一舟之人不死者，真天幸也，真公庇也！"言讫，若有苦楚状。询之，乃持舵时身为咸水所拍，北风裂之，故痛不可忍也。遂命医人吴念三疗之，用蜜半斤、淡酒三十斤防风、当归等药末半斤，煎汤浴之，一夕而愈矣。察院三司诸公以渠有劳，厚赏之，得金十余两；语人曰："我每岁为人募而通番，可获千金；今所得几何？缘诸国皆富，而琉球独贫故也。"尽出所有，与同役者饮酒；唯求一冠带①，倩②闽人以鼓乐送之，自誓再不通番以延残喘也。敦齐约年三十有余，膂力骁勇，识见超绝；彼二人则庸琐无足疲乏也。呜呼！天下之事，唯在得人而已。苟得其人，则危可使安，险可使平；苟非其人，则安亦危也，平亦险也。余于操舟之术而悟任贤之理，故借为之记。"

——高澄《操舟记》

……船身自头尾虚梢③凡一十四丈五尺，除虚梢一十二丈二尺。船面除两舫橹部阔二丈五尺，内舱内带两舫橹部阔二丈九尺七寸。船舱深一丈四尺，除井眉④实一丈二尺七寸。官舱比旧高二尺，阔一丈六尺。大桅高七丈八尺，自桅夹以上量之，围七尺。舵长三丈二尺，比旧多五尺，围三尺五寸。船之艕用松木，取其重且能久浸也。横梁用樟木，取其能翕钉⑤也。板用杉木，取其能浮水也。架龙棚之外，有

---

① 冠带：比喻官职。
② 倩：请求。
③ 虚梢：船首尾伸出的部分称"稍"或"梢"。船尾部伸出的部分只有铺板及船体围板，不构成舱室，称虚梢，即常说的假尾。
④ 井眉：原指井口的边沿，这里似指船舱的边沿。
⑤ 翕钉：翕，敛缩，翕钉即能吃紧钉。

兜艣鞠①，河口匠欲以铁，漳、泉者欲以木，余以两用之。盖用铁者取其坚韧，用木者取其敷太，皆协于用也。船之中作为龙骨，以牵縶前后。船之舷悬挂渔网，以预防矢口。惟梁之合板处虽有米鎚鞠②等，余尚疑其联合未壮也，令马魁道等思之，乃创为巾染势如犁□□□两旁夹之，则浑厚坚重，内无复分崩之患。船用藤箍事或未有，而意实可师。余乃制为大铁条二十座，自艣底搭之两舷，则船之外势束缚益严，视藤箍胜矣……是年，船之造可谓善矣。然归帆之时，犹折舵者，以其制尚有一二分非，余意也。余初忆，海风冲高，官舱战棚俱宜低矮，低矮则舵不必高，短小尤易得力。今船舱高，则舵不得不长而深，长而深则其力不牢壮矣。

是役用人者有二：一则在于造船，一则在于行船……匠人亦有二：其在于河口者，经造封船颇存尺寸，出坞浮水，俱有成规。然于守旧，而不能斟酌时宜。又苟且用料而不必求其当，此其矢也。漳、泉之匠，善择木料，虽舵牙橹棍之类，必求强壮坚厚。然粗枝大叶，自信必胜而不能委曲细腻。此其矢也。用者去其二短，而取其二长，船其全矣。至于主张行船之人，断非漳人不可，盖其浮历已多，风涛见惯，其主事者能严能慎，其趋事者能劳能苦。予是岁所采用者马魁道等凡八九人，余令各举其所知者凡五十余人，议者颇疑之，余于其主事者每厚之以恩，后在舟，目其早晚用力实有不同。万安③、梅花④、镇东⑤、定海⑥军士及长乐水梢近处海滨俱有可取用，从余行者近八十人，但不能如漳州长年有主张耳。

——郭汝霖《重刻使琉球录》

明代海船图说

---

① 兜艣鞠：鞠即"锔"，有木制勾栓和铁锔，此处讲与龙骨连接的锔。
② 米鎚鞠：锔钉的一种，其形不详。
③ 万安：指万安守御千户所，驻今福建福清东南。
④ 梅花：指梅花守御千户所，驻今福建长乐东北梅花镇。
⑤ 镇东：指镇东卫，驻今福建福清东。
⑥ 定海：指定海守御千户所，驻今福建连江东北筱埕镇之定海。

嘉靖三十八年制造封船，照依旧式。长带虚梢一十五丈，阔带橹部二丈九尺七寸，深一丈四尺，分为二十四舱。自官厅至二桅两旁，并无遮浪舣板①。工成，遇倭乱沮行，港内延住至三十九年，蝤虫蛀坏。方议改造，陈孔成、马魁道思见船长、舱阔、梁稀，不免软弱，乃请益为二十八舱，以应二十八宿。各舱通用樟木贴梁，大抵舱狭梁多，尤见硬固。时福匠不知琉球水路多横风浪，外设老鼠桥为美观。及返棹遇风，浪涌入船，艖倾②折舵，几至误事。

今造封船，计长带虚梢十四丈五尺，阔二丈九尺，深一丈四尺，舱数、贴梁、龙骨照旧。仍鉴谢敦齐之说，制大铁条二十座，自舻底搭之两舷，则外势束缚益严，用藤箍矣。福匠何细二执老鼠桥式，该孔成等亲历艰险，惩戒往辙，执造漳人过洋船式，两旁加以舣柱③、钉板等料，绸密牢壮，小艖④于船外，朴素浑坚，及增重𦪈⑤、头极⑥、交拴等十二件，以帮船得风，浪不侵，往来无虞。

——萧崇业《使琉球录》

封舟　使夷航海，必资于舟。以余所忆，舟带虚梢长十七丈，阔三丈有奇，舱分二十八，与"录"所载异。造时宜酌之。询之，每舱多用龙骨，欲实而密，令坚致可久。底必须厚，分为二层；钉必须坚，务择精铁。其铁须买之尤溪⑦，价必多给，方得上好，慎勿轻买、轻收……船之材，取诸近山处所，而建宁⑧为多。船之役，招诸近海处

---

① 遮浪舣板：舷墙板。
② 艖倾：船倾。
③ 舣柱：支撑舷墙板的柱子。
④ 小艖：小船。
⑤ 增重𦪈：在船壳板上再加一层板。
⑥ 头极：船首局部加强的弯曲木构件。
⑦ 尤溪：今属福建。
⑧ 建宁：指明建宁府，治今福建建瓯市。

所，而清漳①为多。艎木必用松，桅木必用杉，舵木必用铁力。余若樟木、杂木，亦皆随宜而用。

图3-15　封舟

（见徐葆光《中山传信录》）

用人，航海以船为命，故舟人急焉。造船所急在船匠，行船所急在船梢。船匠有二：漳匠善制造，凡船之坚致赖之；福匠善守成，凡船之格式赖之。船梢有三：伙长司针②者，舵工司舵者，阿班司篷缭鏊橹③及执诸事者。司针密室在舵前，其室穴一孔，与舵相对；针左则舵左，针右则舵右，舵工听命于伙长焉。去时向东北，针用单卯④、

---

① 清漳：清指何地，不清，疑有误。漳，指漳州。

② 伙长司针者：掌管航海罗盘的人。伙长，掌管航海罗盘的人。针，指指南针，即航海罗盘，当时为水罗盘。

③ 阿班司篷缭鏊橹：阿班是掌管帆篷、缭索、炊器、船橹的。鏊，炊器，即锅。

④ 针用单卯：航海使用的水罗盘有24个方位。航行时可按一个方位航行，也可按两个方位之间航行，这样实际航海使用48个方位。方位以天干、地支和卦名为名。单卯就是单独一个方位"卯"，航向为正东，90°。

甲卯①、乙卯②；回时向西南，针用单酉③、庚酉④、辛酉⑤。吾辈急在择人。伙长得人，针随所用可也。舵工用舵亦然。舵工名数倍于伙长者，以把舵劳而主针逸也。人必足数，乃可行。己卯⑥军门⑦欲裁其半，余恳请得免。及后台洋失舵时，舵工八人俱蹶不起，向非次班者代之，几危矣。密室看针，即白昼亦燃灯。总名之"十更船"，昼五更，夜五更也。然福、漳二匠虽兼用，而漳匠可量多数名。伙长诸役虽多用漳人，而福人也不可尽弃，以其各有所用也。如万安、梅花、定海各所军，当事者初欲盖革，余争之力，乃得存梅花、定海，而独革万安。后归至台洋，阿班等禀曰："过洋事毕矣，此后礁之有无，水之深浅，某皆不知。"吾辈愕然。忽梅花、定海诸军跃出曰："某等幼随父兄钓鱼于此，其夷险备知之。从此抵家，万万可保无虞。"余叹曰："误矣，误矣！设使当时不挟二军以行，今年内安归呼！"此南行不数程，余忽心悟，因诏梅花军一人诘之曰："假使我舟飘入南，由闽入广之海路，汝知之乎？"曰："不知。此万安军知之。"余又怃然叹曰："误矣，误矣！万安军可尽革乎？我舟之不飘而南，天幸也！"大都海为危道，响导各有其人。看针、把舵过洋须用漳人。由闽以北熟其道者，梅花、定海人；由闽以南熟其道者，镇东、万安人。至夷熟其道者，又须用夷人。夷王遣夷捎三十人来接，正为此也。南路虽非正途，天风不测，似不可不预防者。初使夷时，曾因南风劲而飘入北，则又安知归时不因北风劲而飘入南乎？彼万安军之熟于南路者，安可去也！虽然，兵不贵多，贵精。船中择漳人，须试

卷二 嘉靖后的海船·福船

---

① 甲卯：甲针和卯针之间。甲针为75°，卯针为90°，甲卯之间即为82.5°，即航向东稍偏北。
② 乙卯：乙针和卯针之间。乙针为105°，卯针为90°，乙卯针即乙卯之间，102.5°。
③ 单酉：航向正西，270°。
④ 庚酉：正西稍偏南，航向为262.5°。
⑤ 辛酉：正西偏北，即航向277.5°。
⑥ 己卯：己卯年，即万历七年（1579）。明廷曾于万历四年（1576）以户科给事中萧崇业为册封使，行人谢杰为副使出使琉球，封琉球国世子尚永为中山王。看来这次出使万历七年成行。
⑦ 军门：当时称总督或巡抚为军门。这里是指福建巡抚。万历七年福建巡抚为耿定向。

其谙于过洋者；择梅花、定海人，须试其谙于闽、浙海道者；择万安人，须试其谙于闽、广海道者；又不可徒徇其名而浪收也。

——谢杰《使琉球录撮要补遗》

造舟，水行资舟，古志之矣。第中国之水，即险犹可依山泊岸；不则易而陆焉，舟犹长物①也。浩浩沧溟，万里一碧，舍舟奚从焉？夫奉天子之明命，以抚柔远人，将国之威德，于是乎布脱有不戒，而委君贶于草莽，毋亦惟是综理之疏略以自贻伊戚，其何以称任使德意！故材有宜，制有式，工有所，费有经，凡举必书，非琐也，是有最重者也。

按海船形制，与江湖座船不同。座船前后调停出入甚便，中间窗户玲珑，开明爽朗，不异安宅也。此则舱口低凹，上覆平板为战棚，下为官舱，仅高五六尺。俯偻②深入，下上以梯；而虽启牖门，然篷桅当前，外无所见；盖恐太高则冲风，故稍卑之耳。桅有三：大者居中，余以次而胪列③于前。舵在船后之枢，䑕居其底，为船之主。凡两艗交榛、龙𦩘④、龙骨、通梁参错钤束，皆附䑕以起。架龙棚之外，有兜䑕鞠，锁梁钉之外，有米鎚鞠，或铁，或木，参用之。官舱之后，为司针密室，伙长居之，又后为梢，舵工在焉。梢尾最高处，为黄屋两层，中安诏敕，上设香火，奉命海神也。两边设舣，自头至尾如墙壁然，所以障波涛也。登舟之门，左右各一，高可容人。舵备三：用其一，副其二；甲午以四⑤，尤为有备焉。橹置三十六枝。大铁锚四，约重五千斤。大棕索八，每条围尺许，长百丈。小艞二，以藉往来登岸，或输行李。水具，大柜二，载五六百石，如大瓮者十数。以海

| 明代海船图说 |

---

① 长物：多余的东西。
② 俯偻：低头弯腰。
③ 胪列：罗列。
④ 龙𦩘：福州地区有的将龙骨两侧的底板称龙𦩘。
⑤ 甲午以四：甲午年准备了四只。甲午，嘉靖十三年（1534），是时陈侃、高澄出使琉球。

水咸，不可食。故舟中仅二使盥漱，余止限给与饮食，惧水尽也。凡造船，必先定艚。旧例：定艚日，三司诸君率府、县官，俱往南台陪祭，外若竖桅，治缆，浮水出坞，亦皆有祭。凡以王事所在，诚重之也。

先是，甲午陈、高二公船制不得式，赖舵工谢敦齐临时区处，始幸免患。辛酉、乙（己）卯二使①鉴于前事，造船皆亲躬督之，其制益周。旧制一层板，厚七寸，故钉不入；后易作二层，每层厚为三寸五分，钉捻为密。意下层或致损漏，犹可恃内一层也。原为二十四舱，后改为二十八舱。各舱通用樟木贴梁②，舱狭梁多，尤为硬固。原以藤箍船，盖亦一时权宜之计，后易以铁条二十座，自艚底搭之两舷，则外势束缚益严，而又加以舣柱、钉板等料及增重艛头极、交拴等十二件，以故涉险无虞。大抵海船则软而不就舵，头太大则尾偏而损舵，尾太大则坠尾③而不前，故今次船式多依漳匠斟酌损益而尽制曲防，颇极周密。艚身长六丈一尺，头䑦长二丈七尺八寸，尾䑦长二丈，连头尾虚梢，共计十五丈。船阔三丈一尺六寸，深一丈三尺三寸。舱数仍用二十八，而附艚加增勾拴④，每层倍用龙骨及极木⑤、串板、转艛、正艚之类皆多为之具而详为之制。至于曲舣⑥之内，尽为眠篙⑦，以栖执事，各官舱为三层，以安顿众小。艞安顿安棚上，不舷舣外，以免涛浪撼击。上下金及桅座不用钉，以防引水渗入，更为得法。以故归舟舵数折，风涛颠顿五六昼夜而船不致决裂，则勾连坚固之力也。此者出于把总苏道亨云。

---

① 辛酉、乙卯二使：指嘉靖四十年和三十四年出使琉球的使节。嘉靖四十年（辛酉，1561）使节是给事中郭汝霖、行人李际春。乙卯，当为己卯之误。己卯即明万历七年，正臣萧崇业、副使谢杰出使琉球。

② 贴梁：指用樟木的抱梁肋骨加固舱壁的周边。

③ 坠尾：其原意指过分的尾倾。

④ 勾拴：指木勾榫。

⑤ 极板：弯木。

⑥ 曲舣：指舷墙。

⑦ 眠篙：意为起居活动的范围。

封舟所用木。桅以杉，取其理直而轻也。舵用铁力，取其坚劲也。舷以松，取其沉实能久浸也。其它头尾艎、桅座、鹿耳①、马口②、能梁③之类，皆须樟木为之，取其翕钉而坚实也。诸木皆取之闽，惟铁力森取之广东……造船厂坞地在南台江边，中有天妃舍人庙在焉。旧为林尚书业，额十亩；官府以雪峰寺田十亩五分易之为造舟之所，其来已阅数封矣。中深而下，为坞以顿舟④。庙之左爽垲⑤，为厂以为科司院道⑥驻临地；而坞之两旁，则以堆置木料诸物与工匠人等居之。左有小沟为界，旧时铁锚尚设其处；右则抵路为界。前则临江，而后有墙脚，界限甚明；居民故老皆能言之……

按《旧录》载船之尺寸，以官尺为定。盖民尺一尺，仅为官尺八寸故也。今次仍依辛酉、己卯议，俱用官尺为准。舷身长六丈一尺，舵长三丈一尺，大桅长七丈二尺、围七尺五寸，二桅长六丈五尺、围六尺二寸。然大桅旧式须足官尺八尺，乃为中程；今次如式者既屡为凿毁，而长不及数与尾围尖小不满四尺者又不堪用，故临期仓皇，不得已取两木帮为合桅，外以铁箍束之。然回日遭飓风摇拽，竟不免损裂之患；乃知前人必用全桅者，良有以也。

——夏子阳《使琉球录》

明代海船图说

---

① 鹿耳：桅夹。
② 马口：马口梁。
③ 能梁：樑名，具体位置不详。
④ 顿舟：停放船舶。
⑤ 爽垲：高爽干燥。
⑥ 科司院道：均为官名。科，指吏、户、礼、兵、刑、工六科的官员，即都给事中和给事中。司，指按察司的官员，包括按察使、按察司副使、佥事。院，指都察院的官员，包括都御史、御史。道，指兵备道，一般以按察司副使充任。

## [今说]

### 几组福船的数据和长宽比

福船有大有小,从现在的材料看,最大的要算封舟,俞大猷和何汝宾所记的福船大小相差不大,列表3-1。

表3-1　　俞大猷隆庆二年所造的福船、冬船的形制　　（单位:丈）

| 船型 | 面宽 | 身长 | 头䑴 | 中䑴 | 尾䑴 |
|---|---|---|---|---|---|
| 福船 | 3 | 9.7 | 3.2 | 4.5 | 2 |
| 福船 | 2.8 | 9 | 3 | 4.2 | 1.8 |
| 冬仔船 | 2.2 | 7.7 | 2.5 | 3.6 | 1.6 |
| 冬仔船 | 2 | 7 | 2.3 | 3.3 | 1.4 |
| 冬仔船 | 1.8 | 6.2 | 1.9 | 3 | 1.3 |

表3-1是据俞大猷《洗海近事》卷上《呈总督军门张》编制的,该文写于隆庆二年（1568）。其中船身长是头䑴、中䑴、和尾䑴相加所得。之所以这样处理是根据何汝宾《兵录》载船的身长等于头舱、中舱、后舱相加。我们认为䑴和舱是同一个概念。

表3-2　　　　出使琉球封舟的形制　　　　（单位:丈）

| 年代 | 船长 | 船宽 | 船深或入水深 |
|---|---|---|---|
| 嘉靖十三年 | 15 | 2.6 | 1.3 |
| 嘉靖四十年 | 15 | 2.97 | 1.4 |
| 万历七年 | 14.5 | 2.9 | 1.4 |
| 万历三十四年 | 15 | 3.16 | 1.33 |
| 崇祯六年 | 20 | 6 | 5（入水深） |

表3-2封舟数据,嘉靖十三年据陈侃《使琉球录》和高澄《操舟记》编制;嘉靖四十年是据郭汝霖《使琉球录》编制;万历七年据萧崇业《使琉球录》和谢杰《琉球录撮要补遗》编制;万历三十四年据夏子阳

《使琉球录》编制；崇祯六年据胡靖《琉球记》编制。

表3-3　　　　侯继高《全浙兵制》所列福船、鸟船的形制　　　　（单位：丈）

| 船型 | 船长 | 船宽 | 船深 |
|---|---|---|---|
| 一号福船 | 9 | 3 | 1.4 |
| 二号福船 | 8 | 2.5 | 1.1 |
| 三号福船 | 6.4 | 1.8 | 0.8 |
| 次三号福船 | 5.8 | 1.6 | 0.55 |
| 一号鸟船 | 4.8 | 1.25 | |
| 二号鸟船 | 4.5 | 1.2 | |
| 三号鸟船 | 4.2 | 1.15 | |

表3-3据侯继高《全浙兵制》编制，该书成书于万历二十年（1592）。

表3-4　　　何汝宾《兵录》中的福船、草撇船及鸟船的形制　　　（单位：丈）

| 船型 | 船长 | 稍长 | 舱深 | 头舱 | 中舱 | 后舱 |
|---|---|---|---|---|---|---|
| 福船 | 10.2 | 1.3 | 1.3 | 2.6 | 5.8 | 1.8 |
| 草撇船 | 7.5 | 1 | 0.8 | 1.4 | 5 | 1.1 |
| 鸟船 | 7.5 | 1 | 0.9 | 1.4 | 5 | 1.1 |

表3-4据何汝宾《兵录》卷十《战船说》编制。

　　从表3-1～3中，我们可以计算出福船、冬仔船、鸟船和封舟的长宽比，列表3-5。

表3-5　　　　福船、冬仔船、鸟船、封舟长宽对比表　　　　（单位：丈）

| 来源 | 船型 | 船长 | 船宽 | 长宽比（以宽为1） |
|---|---|---|---|---|
| 《洗海近事》 | 福船 | 9.7 | 3 | 3.23 |
| | 福船 | 9 | 2.8 | 3.21 |
| | 冬仔船 | 7.7 | 2.2 | 3.5 |
| | 冬仔船 | 7 | 2 | 3.5 |
| | 冬仔船 | 6.2 | 1.8 | 3.44 |

（续表）

| 来源 | 船型 | 船长 | 船宽 | 长宽比（以宽为1） |
|---|---|---|---|---|
| 《全浙兵制》 | 一号福船 | 9 | 3 | 3 |
| | 二号福船 | 8 | 2.5 | 3.2 |
| | 三号福船 | 6.4 | 1.8 | 3.6 |
| | 次三号福船 | 5.8 | 1.6 | 3.6 |
| | 一号鸟船 | 4.8 | 1.25 | 3.8 |
| | 二号鸟船 | 4.5 | 1.2 | 3.8 |
| | 三号鸟船 | 4.2 | 1.15 | 3.7 |
| 封舟 | 嘉靖十三年封舟 | 15 | 2.6 | 5.77 |
| | 嘉靖四十年封舟 | 15 | 2.97 | 5.05 |
| | 万历七年封舟 | 14.5 | 2.9 | 5 |
| | 万历三十四年封舟 | 15 | 3.16 | 4.75 |
| | 崇祯六年封舟 | 20 | 6 | 3.33 |

从表3-5中明显看出：①就总体来说，船越大长宽比越小，福船小于冬船，冬船小于鸟船；②就封舟长宽比总体而言，其大于福船，甚至比福船中最小的鸟船的长宽比大得多，这又与福船一般的船越大长宽比越小相反；③就封舟来讲，崇祯六年的封舟的长宽比小于前四次，似乎又符合船越大长宽比越小的规则；④崇祯六年的封舟和福船的长宽比相近，都比较小，而和冬船及其他封舟不同，所有这些是偶然还是带有规律性呢？⑤福船和封舟的长宽对比幅度在3.21~5.77之间。而郑和下西洋的宝船其长宽比为2.47比福船最小的长宽比还小得多，这又说明了什么呢？是不是说明郑和下西洋的大宝船不属于福船形？这些恐怕有待进一步研究。一般认为长宽比越小其航速越快，究竟是不是这样呢？

## 福船的应用

福船应用广泛，既可以作为军用战船，也可以作为民用商船；

福船适用地区也较为广泛，既可用于福建，也可以用于浙江、广东。明初卫所的战船中没有称作福船这种名称的战船，"国朝漳州沿边水寨各置战船，有八百料，有四百料，有三百料，有五十料者。大者谓之快船，小者谓之哨船。原额铜山西门澳战船二十只，玄钟澳船二十只，共四十只"①。这里只有快船、哨船的称谓，而这种称谓直到嘉靖二十三年（1544）还在沿用，但不知其具体形制如何。嘉靖三十一年（1552）俞大猷则不用快船的称谓，他说："大船出于福建之福清县，中小哨船出于福建之龙溪等县、玄钟等所。"②嘉靖四十年（1561）戚继光则用福船一词，他说："每福船一只，捕盗一名，舵工一名……"③隆庆年间俞大猷说："在福建则有白艚船。驾船之兵则福清县之盐民、漳泉之商民也。"④由此可见，快船、哨船、福清船、白艚船应该都是福建船；福建船便是军用船，更是盐民、商民所用的民船。

福建，至少在嘉靖年间是造船业最为发达的省份，因为这里民间进行海外贸易的人最多。商人为进行海外贸易，一定要造出适于大洋航行的船舶。另外盐民和在沿海进行谷物贸易的商人也要用船。所以福船民用是相当广泛的。这从朱纨任浙江巡抚兼管福建时采取革渡船政策的过程中可见一斑。当时朱纨为杜绝奸民与倭寇、西番等的勾结，采取革渡船的政策。当时查得"玄钟等澳一百余船也，然各澳之船岂止一百余船而已乎？"⑤玄钟一个港口就有违禁的民船一百余只，那么在整个福建这种违禁的民船有多少是可想而知的了。这些违禁船是指面宽裁缝尺在一丈二尺以上的双桅大船。当时的福建这种民用的

---

① 万历《漳州府志》卷七《兵防志·战船》。
② 俞大猷《正气堂集》卷五《议以福建楼船击倭》，俞大猷著、范中义点校《正气堂全集》，上海辞书出版社2011年版（下同，不注），第130页。
③ 戚继光《纪效新书》（十八卷本）卷十八《治水兵篇·兵船束伍法》，中华书局2001年版（下同，不注），第314页。
④ 俞大猷《正气堂续集》卷一《又与刘凝斋书》，《正气堂全集》第716页。
⑤ 朱纨《阅视海防事》，《明经世文编》卷二百六。

大船是相当多的。

虽然"战船利于冲突，民船利于行驶"①，但民船也可用作战船。朱纨在革渡船时，就估价买下那些违禁的民船作为战船用。玄钟澳就买下违禁船23只。而且他认为，"寨澳之船亦不可用，而必募民船者，以其多有损也……虽有官船，不若民船之完也；虽造船买船，不若民船之可久也"②。在朱纨看来，民船不但可用作战船，而且胜于军队所造之战船。

在浙江，嘉靖四十年（1561）戚继光于台州，造船44艘，其中分配到松门和海门的福船各有8艘，海沧船（冬船）各4艘，另中军有船4艘，至少有2艘是福船和海沧船。这样，福船船型在戚继光的水军中占到作战舰船的60%。隆庆四年（1570），浙江有战船723只（包括哨探等用的船只），其中福船有83只，草撇船有29只，二者合计为112只，占全浙战船的15.5%，比重是不小的。这之后浙江沿海的舰船有逐渐小型化和本地化的趋势，但福船仍是不可或缺的舰只。万历三十年（1602），全浙有战船1 252只，其中福船49只、草撇船16只，二者合计65只，还占所有船的5%。

广东也用福船。隆庆二年（1568），总兵俞大猷在广东。为剿海盗曾一本，广东总督张瀚问计俞大猷，俞大猷说："贼所忌者，福兵、福船也。"③要求到福建造福船和冬仔船80只。起初张瀚认为到福建造船太慢，决定在广东造，结果造的过程中被敌人焚毁。张瀚又问计俞大猷，俞大猷仍坚持到福建造船之计。这次张瀚按俞大猷的办法行事了。隆庆三年（1569），俞大猷率领造好战船，同福建总兵李锡一起与海盗曾一本大战于铜山、柘林、莲澳，三战三捷，基本消灭了曾一本的水军。后曾一本水军被总兵郭成和王诏率领的广东水军彻底歼灭。

① 朱纨《阅视海防事》，《明经世文编》卷二百六。
② 朱纨《阅视海防事》，《明经世文编》卷二百六。
③ 俞大猷《洗海近事》卷上《呈总督军门张条议三事》，《正气堂全集》第538页。

不仅浙、闽、广用福船，出使海外的封舟也用的是福船的形制。万历年间邓钟说："欲攻大敌于外洋，非福船不可。盖福船之制其蜂房垣墙，即古之楼船巨舰，其重底坚牢，即今之过洋与使琉球船式也。"①

福船之所以被广泛应用，成为明代后期的主要船型，主要是因为它的航海性能和防护性能好。福船最适于远洋航行。其形制是底尖上阔，首张尾耸，能耐风涛，能破巨浪，故最适于远洋。而广船下窄上宽，不耐风涛，"在里海则稳，在外洋则动摇"②，其远洋航行性能比福船差。沙船能破滚涂浪，但不能破巨浪，不利于涉深水大洋。福船的防卫性能好。福船两舷皆装有用茅竹钉的护板，坚立如垣，可御敌之矢石。广船"其上编竹为盖，遇火器则易燃，不如福船上有战棚御敌尤便也"③。

福船是击敌利器。它高大如楼，敌船小，两者相遇，它顺风下压如车碾螳螂，将敌船撞碎；它矢石火炮皆俯瞰而发，利于击敌，而敌船只能仰攻，处于不利地位。

当然福船高大如楼也带来了不便：全靠风力，无风难以行使；吃水深，不能在近海作战。正因如此，到万历年间，邓钟说："福建船有六号，一号、二号俱名福船，三号哨船，四号冬船，五号鸟船，六号快船。福船势力雄大，便于冲犁，哨船、冬船便于攻战、追击，鸟船、快船能狎风涛，便于哨探或捞首级。大小兼用，俱不可废。船制至福建备矣。"④福建的船不仅有6种船型，每种船型又有几种型号，如隆庆年间，俞大猷在福建所造的船有面阔三丈的大福船和面阔二丈八尺的大福船2种，而冬仔船则有面阔二丈二尺、二丈和一丈八尺3种。到万历年间，侯继高的《全浙兵制》福船就有4种型号：一号福

---

① 邓钟《筹海重编》卷十二《经略四·兵船总论·钟按》。
② 邓钟《筹海重编》卷十二《经略四·广东船图说》。
③ 邓钟《筹海重编》卷十二《经略四·开浪船图说》"守备庄渭扬曰"条。
④ 邓钟《筹海重编》卷十二《经略四·大福船图说·按》。

船面阔三丈，二号福船面阔二丈五尺，三号福船面阔一丈八尺，次三号福船面阔一丈六尺。而鸟船也有3种型号：一号鸟船面阔一丈二尺五寸，二号面阔一丈二尺，三号面阔一丈一尺。总之，在福建既有多种型号的大福船，又有海沧船（冬船）、开浪船（鸟船）和快船之设。这几种船型相互配合，无论远洋还是近海，是水深还是水浅，是风大还是风小，都可以同敌人作战，并能战而胜之。所以人们说，"诸省船制惟福建为工"，"船制至福建备矣"①。

## 福建的海防船

福建的海防船指的是五水寨船。五水寨是从洪武年间开始建置的。洪武年间周德兴建立了烽火门、南日和浯屿三水寨，正统初年焦宏又设小埕、铜山二水寨。景泰年间，尚书薛希琏又以铜山水寨南哨改为玄钟澳，仍属铜山寨管辖，所以统称五水寨。五水寨各有战船，如铜山和南澳原各有战船20只，共40只，其他四寨每寨不少于40只②。五水寨原有战船当在200艘以上，这是根据各水寨原额的军队数量推测的。据《备倭图记》载：铜山寨原拨军1 812人，玄钟原拨军1 133，二寨共拨军2 945人，而烽火门原拨军4 068人，小埕4 402人，南日4 700人，浯屿3 429人。每个水寨的军卒数都多于铜山二寨之和，其所拥有的战船数，当然也应多于二寨所拥有的船数。但到了嘉靖年间，海防废弛，战船数量锐减。嘉靖二十七年（1548），五水寨堪驾的战船只有50只。铜山和玄钟两水寨保留了较多的战船，也只有15只，是原额的37.5%。嘉靖三十一年（1552）海盗头目王直等勾结倭寇疯狂地入侵东南沿海地区，抗倭战争爆发。

嘉靖四十一年（1562）冬，倭寇占领了兴化府城（今福建莆

---

① 邓钟《筹海重编》卷十二《经略四》。
② 万历《漳州府志》卷七《兵防志·战船》。

田），烧杀劫掠一空后，于嘉靖四十二年（1563）正月，退保平海卫（今莆田东南平海），准备夺船出海。明廷急调俞大猷、戚继光援闽。俞大猷到后，因兵力不足，采取"列营以困之"[①]的方略，建排栅，挖沟筑垒，防敌从陆路逃跑，同时以许朝光、刘文敬各率水军巡逻平海卫外海，防敌从海上逃窜。这两支水军到底有多少战船，未见记载，但当倭寇以大小船32只护送劫掠的财物逃走，受到许朝光水军的打击后，不得不返回原地。戚继光率军到后，巡抚谭纶主持，召开了俞大猷、刘显（早援兴化）和戚继光参加的会议，决定以戚继光军为中哨，刘显军为左哨，俞大猷军为右哨，三路进攻，彻底消灭倭寇。嘉靖四十二年（1563）四月二十一日，明三路大军发起进攻。只用了四五个小时就结束了战斗，"在阵敌杀生擒真倭首功二千二百余名颗"[②]，解救被掳男女3 000余人。此战史称平海卫大捷。在这次大捷中水军是起了重要作用的。战后，谭纶向朝廷提出了加强海防的建议，其中决定恢复烽火门、小埕、南日、浯屿、铜山五水寨，以烽火门、南日、浯屿为正兵，铜山、小埕为游兵，每寨设兵船40只，但当时只有修好的战船92只，分配给烽火门和小埕两水寨各40只，另12只分配给了南日水寨。

嘉靖四十二年（1563）秋汛后不久，倭寇又开始以更大的规模入侵福建。谭纶、戚继光展开了一系列抗击倭寇的战斗。真倭万人围攻仙游。谭纶、戚继光粉碎了倭寇对仙游的围攻，又经过嘉靖四十三年（1564）二月的王仓坪、蔡丕岭之战，平息了福建多年的倭患。这之后，戚继光对福建的防卫进行了新的部署，其中五水寨的战船已增至171艘，分配到烽火门40艘，小埕36艘，南日32艘，浯屿32艘，铜山31艘。这171艘战船在海上构筑了一道防线，明廷时刻准备歼灭入侵之敌。

---

① 俞大猷《正气堂集》卷十五《兴化灭倭议》，《正气堂全集》第300页。
② 谭纶《谭襄敏公奏议》卷一《飞报异常捷音疏》。

隆庆初年，在福建设立了海坛、浯铜二游总，万历三年（1575）又设玄钟游兵把总。这样到万历三年，在福建就形成了五寨三游的海上防御体制。五寨三游的兵力和拥有的战船如下：烽火门寨把总统兵船50只，民兵1 600余；小埕寨把总统兵船40只，兵千余名；南日把总统兵船40只，兵千余名；浯屿把总统兵船40只，兵千余名；铜山把总统兵船约40只，军民兵1 600余名；海坛游名色把总统兵船24只，兵900余名；浯铜游把总统兵船22只，兵536名、贴驾军300名；玄钟游把总统兵船40只，民兵1 600余。此时福建共计有战船296只，超过以往时期，表明御敌于海力量的增强。万历二十年（1593），日本丰臣秀吉发动了侵朝战争并欲侵略中国。这之前明廷为加强防务，又添设了崳山、湄洲二游，战船当又有增加。

援朝抗倭战争刚一结束，明廷裁减沿海军备就开始了。在福建，万历二十五年（1597）设澎湖游击，船20只，兵800余人。二十六年，考虑到澎湖孤岛无援，遂增加一游总哨，汛期还有海坛、南日、浯屿、铜山、南澳各派哨官一员，率坚船3只，远哨该岛，进行支援。但这之后，由于粮饷不济，裁去一游击，海坛、南日、南澳三处的哨船也停止巡哨。澎湖又只剩一总二哨，船20只，官兵800余人，造成孤立无援的局面。

在这种情况下，万历三十二年（1604）和天启二年（1622），荷兰殖民者两次侵占澎湖，但也两次被明军逐出（详见卷二《今说》）。为了巩固胜利成果，天启五年（1625）四月，福建巡抚南居益向朝廷提出完善澎湖防守的多项措施："一议澎湖添设参将，一议戍守中左，一议增兵，一议增饷，一议建城池营舍，一议屯田，一议墩台，一议用人，一议内地防御。"①

朝廷批准了南居益的建议②，六月初八日，朝廷"命铸协守副总

---

① 《明熹宗实录》卷五十八，天启五年四月己丑，第2 690页。
② 《明清史料》乙编，第七本《兵部题行条陈澎湖善后事宜残稿》。

兵辖管泉南、澎湖二游击及澎湖新设游击关防"①。因此《明史》说："天启中，筑城于澎湖，设游击一，把总二，统兵三千，筑炮台以守。"②自此之后，明廷开始在澎湖有了常驻军。这是前所未有的事，有其重要意义，不仅有效地保卫了澎湖，开发了澎湖，也有效地在澎湖行使了自己的主权。

荷兰殖民者两次侵占澎湖，两次被明军逐出澎湖。之所以能如此，是因为明廷有比荷兰人更强的水军。沈有容以50艘战船迫使敌人乖乖离去，南居益动用200艘战船，对付荷兰的13艘军舰，迫使侵略者不得不拆炮台，毁门楼，竖白旗，灰溜溜地滚开。这表明到明朝末年，明代的海防军仍能有效地防御敌人的海上入侵，保卫国家的领土主权和人民的生命财产安全。

## 福船的武器配备

福船上的武器既有冷兵器，也有火器。而随着时间的推移，火器有了较大的发展，数量和质量都有很大的提高，精锐部队已从冷兵器为主的时代过渡到以火器为主的时代，从而改变了海上的作战样式。

之所以如此，则是人们对火器这种威力强大的武器越来越重视的结果。当时名将俞大猷就说："盖海上之战无他术，大船胜小船，大铳胜小铳，多船胜寡船，多铳胜寡铳而已。"③而另一名将戚继光说："五兵之中，惟火最烈。古今水陆之战，以火成功者最多。"④又说："水战，火为第一。"⑤正是在这样的思想指导下，明廷战船上的火

---

① 《明熹宗实录》卷六十，天启五年六月甲申，第2 808页。
② 张廷玉等《明史》卷九十一《兵三》，第2 246页。
③ 俞大猷《正气堂集》卷五《议以福建楼船击倭》，《正气堂全集》第130页。
④ 戚继光《纪效新书》（十四卷本）卷三《手足篇·神器解》，中华书局2001年版（下同，不注）第48页。
⑤ 戚继光《纪效新书》（十四卷本）卷十二《舟师扁·火器总解》，第270页。

器的种类和数量在增加，火器配备也比陆兵要多，而且随着时间的推移，作战士兵使用火器的比例越来越高。

福船上火器配备的数量、种类增加，质量提高。嘉靖三十九年（1560）前后成书的十八卷本《纪效新书》载：福船上配备的火器有大发贡一门、大佛朗机六座、碗口铳三个、喷筒六十个、鸟嘴铳十门、烟罐一百个、火箭三百支、火砖一百块、火炮二十个等。而成书于万历十二年（1584）的十四卷本《纪效新书》载：一号船上配备的火器有无敌神飞炮二位（每位子炮三门）、大佛朗机八位（每位子铳九门）、百子铳六位、鸟铳二十门、火桶二十只、喷筒三十个、神机箭五百支、飞刀、飞箭共一百支，还有六合铳等。这里出现了前所未有的无敌神飞炮、百子铳、六合铳、飞刀和飞箭等，而这些火器的威力比以前火器的威力要大得多。如无敌神飞炮和六合炮可击毁、击沉敌船。百子铳"比佛朗机而轻，比鸟铳一可当百"①。飞刀、飞箭是大火箭，"燃火发之，可去三百步，中者人马皆倒。但命中不能，惟击聚队拥众之势，击大舟、烧棚，效"②。在数量上，大佛朗机、鸟铳和神机箭都比过去多。

战船上的火器配备比陆兵多。十八卷本《纪效新书》卷十八《治水兵篇》载，福船作战士兵有5甲（每甲，甲长1名，士兵10名），其中第一甲用佛狼机，第二甲用鸟铳，第三、四甲用标枪杂艺，第五甲用火弩，甲长以一半打弩，一半放火箭。由此可见，船上50%的作战士兵使用火器。相比之下，陆兵则没有这么多火器。在陆兵中一队11人，其中两短兵手带有火箭。"四队为一哨，虚其中，哨长居之。四哨为一官，虚其中，鸟铳、火器、哨官居之。"③由此观之，鸟铳、火器只有官这一级才配备，哨这一级是没有的。但该书又载："每哨大

① 戚继光《纪效新书》（十四卷本）卷三《手足篇·虎蹲炮解》，第61页。
② 戚继光《纪效新书》（十四卷本）卷十二《舟师篇·飞枪飞刀飞剑制》，第279页。
③ 戚继光《纪效新书》（十八卷本）卷一《束伍篇·原束伍》，第51页。

铳三门……中军九门。中哨内火箭一百匣。"①该书在谈到作战时讲：凡鸟铳，每一哨前摆一队。一哨是四队，作战时，四队前有一队鸟铳，那么总体来看，五队就有一队是火器队，即使用火器的士兵占一哨士兵总数的20%。如果再加上使用大铳和火箭的士兵，陆兵中使用火器的士兵在30%左右。这远不如福船上使用火器的士兵占比高。也就是说此时陆兵仍是冷兵器为主，而水兵已是火器和冷兵器平分秋色了。

明代海船图说

随着时间的推移，战船上使用火器越来越多。十四卷本《纪效新书》卷十二《舟师篇》载，一号船"兵八队，每队队长一名、兵十名，共八十八名"。可见这时的一号船已经比戚继光在浙江所造的福船大多了，作战士兵是福船的1.6倍。戚继光认为，战船应只分一号至六号。邓钟把福建战船分为六号，一号、二号均称福船。所以戚继光所说的一号船在福建就是大福船。一号船上的士兵一队、二队全部使用火器，三至八队队长和4名士兵全用火器，4人用冷兵器，一人一半用火器，一半用冷兵器。也就是说88名作战士兵中有55人使用火器，使用火器的士兵占作战士兵的62.5%。这时的陆兵在北方可分步兵、骑兵和车兵。就步兵和骑兵来讲，使用火器的作战士兵约占50%，仍没有水兵占比高，而车兵，实为炮兵，其使用火器的士兵约占70%以上，比水兵还高。这水兵、陆兵都是戚继光的部队，也就是当时最精锐的部队。水兵使用火器的士兵占62.5%，陆兵中的车兵占到70%以上，这说明明军精锐部队所用的武器已从以冷兵器为主进入到以火器为主的时代。这是具有划时代意义的。

随着火器的大量使用，水战的战法也发生了变化。中国古代的水战在长期的实战过程中形成了接舷战、撞击战、拍竿战和火攻等战法。接舷战就是己方之船靠近敌船舷后，士兵跳上敌船进行白刃格斗，杀伤对方或俘获敌船的一种战法。撞击战是用战船的船首撞击敌

---

① 戚继光《纪效新书》（十八卷本）卷一《束伍篇·原束伍》，第54页。

船舷，将其撞沉的一种战法。拍竿战是两晋后出现的利用桔槔原理制成的拍竿所携带的石块等以"拍击"敌船的一种战法。火攻则是以火箭、火船等焚烧敌船的一种战法。到了明代拍竿已经不用，接舷战用得也很少，战法主要是撞击战和火攻，但这时的火攻也不是传统意义上的火攻，而是以火器击敌。朱元璋在建国以前和建国初期已将火器用于水战，但当时火器数量较少，并没有引起战法的重大变化。嘉靖以后火器的大量使用，特别是万历年间开始进入以火器为主的时代，虽然没有完全排除撞击（即犁沉敌船）和接舷战两种制敌手段，但更重要的是用管形火器和燃烧、爆炸性火器制胜敌人，这就使战法发生了重大的转变。

较远距离接战，以火器为主，火器和冷兵器相结合，多层次地杀伤敌人，是这一时期水战战法的特点之一。嘉靖年间，同倭寇作战的战船上已有一半的战斗人员使用火器，到万历年间则增加到60%以上。至少敌在百步之内开始用佛郎机，80步之内用鸟铳，60步之内用火箭，40步之内用飞天喷筒，20步之内开始用冷兵器标枪等，靠近则用火药桶、火砖以及其他冷兵器。这样就形成了一个百步之内以火器为主、多层次杀伤敌人的武器配备系统。这种战法使敌船甲板上站不了人，帆篷被烧，完全失去战斗力，只得束手就擒。

这时水战的另一特点是使用火器直接将敌船击毁、击沉。到万历年间，戚继光在一号船上配备有无敌神飞炮和六合铳。无敌神飞炮是仿佛朗机形制的一种大型火炮，每位子炮三门，共重1 050斤，"每铳一发一二百子，击宽二十余丈，大子可以洞堵，艨艟巨舰，一击而粉"①。六合铳是用六条坚木合成的一个炮筒，上空下实，用铁箍箍紧，用子铳装药和石子，燃放时"一击，贼舟为粉"②。这两种威力强大的火器可直接将敌船击毁、击沉。当时这是前所未有的战法。

---

① 戚继光《纪效新书》（十四卷本）卷十二《舟师篇·神飞炮解》，第273页。
② 戚继光《纪效新书》（十四卷本）卷十二《舟师篇·（六合铳）习法》，第276页。

为了在较远的距离打击敌人，更远的距离发现敌人就显得比过去更为重要了。加强哨探、瞭望，就是为了满足这种需求。哨探用的渔船、网梭船、叭喇唬船所起的作用就更大了。广船、福船、海沧船、苍山船等船的桅杆上都装置了坐斗，增加舰船本身的瞭望距离。

为了使燃烧性火器充分发挥作用，舰船抢占有利的战位更加重要。只有使自己的战船抢占上风，才便于利用飞天喷筒、火药桶、火砖等攻击敌船，而使敌人不能利用这些火器攻击己方战船。如果敌人利用这些火器，因风势所限，也将自焚。要抢占上风，关键在于舵手。要选好舵手，使其奋力操舵，常居上风，才能立于不败之地。

这里顺便讲一个问题，似乎与本文主题无关，实则也不是完全无关。近年来有人说："戚继光打过99次胜仗，杀过成千上万的人，但我查遍了史书，却没有找到戚继光杀过一个日本人的记录。他杀的都是中国人，但他却成了民族英雄，甚至有人说他比岳飞和文天祥还伟大。"史书上真的没有"戚继光杀过一个日本人的记录"吗？我们前面谈过平海卫大捷戚继光、俞大猷、刘显"在阵敌杀生擒真倭首功二千二百余名颗"①。不止如此，在一些作战中，戚继光的部下斩获的或完全是真倭，或真倭多"从贼"少。平海卫之战后，四月二十六日夜，明水军"冲沉倭船四只，生擒真倭二十七名，斩获首级二十颗"；镇东卫指挥赵国柱率兵船出海，"冲沉倭船四只……赵国柱捕兵生擒真倭一十五名，斩获倭首一十二颗；千户夏儁兵生擒真倭五名，斩获首级二颗"②。嘉靖四十三年（1564），戚继光指挥蔡陂岭之战，"当时纪验得生擒真倭四名，从贼一名，斩获真倭二百五十二级，从贼二级"③。明人把入侵中国的日本人称作"真倭"，而把追

---

① 谭纶《谭襄敏公奏议》卷一《飞报异常捷音疏》。
② 谭纶《谭襄敏公奏议》卷一《飞报捷音疏》。
③ 谭纶《谭襄敏公奏议》卷二《官兵追剿大势倭贼三战三捷地方底宁疏》。

随倭寇的中国人称作"从贼""从倭"或"贼",决不称其为"真倭",这是很清楚的。我们从下面的一则叙述中就可以看出这点:

> 萧显者,广东人,书生也。多谋善战,为王直所惮。江南之事,显实首之。获华亭泾人杨元祥,问以城中金帛数。元祥言:"府库之藏已迁入苏州,不若南翔之富也。"遂导之以南……至南翔,市人乘屋而以瓦石击贼,贼颇有伤者。显命真倭数人,登屋斩众,遂溃去。时商贾辏于南翔,金宝山积,贼取之不能尽,大快意而去。元祥因乞归,显必欲携之见船主。船主,日本人,不知何名也。显见叩头,陈元祥之功,杀牛羊以祭海,因厚遗之,将遣三十倭人,送至其家,元祥辞,乃给以令箭而归。①

"市人乘屋而以瓦石击贼,贼颇有伤者。显命真倭数人,登屋斩众,遂溃去。"这里讲南翔的老百姓,自发组织起来用瓦石打击敌人,这些"贼"有的受了伤,萧显一看不行,就令"真倭"上,结果老百姓败溃。

下面这两则资料也说明真倭是指日本人:

> 新倭将近揭阳者,哨探人报,有云一万二三千,有云七八千,要皆大约言之,大抵盈万也。审之被获真倭说,是日本荫子马人,此地方人比别岛者为强。②

> 猷行汤克宽、王诏,即催兵追逐,至九龙山一带,共擒斩一千二百余功……又殿后拒兵者,皆真倭。今所得功真倭甚多,与往常不同。所余真倭或有二三百人,从倭四五百人,奔入山中,向潮州路行。③

真倭是指日本人,这是确定无疑的。嘉靖四十二年(1563)四月,戚

---

① 张萱《西园闻见录》卷五十六《兵部五·防倭·往行》。
② 俞大猷《正气堂集》卷十五《条议潮州用兵便宜数事》,《正气堂全集》第309页。
③ 俞大猷《正气堂集》卷十五《九龙山之捷》,《正气堂全集》第313页。

继光等指挥的平海卫大捷斩获真倭二千二百余,第二年(1564)二月他指挥的蔡陂岭之战"斩获真倭二百五十二级",怎能说史书上没有"戚继光杀过一个日本人的记录"?怎能说"他杀的都是中国人"?

不仅平海卫大捷、蔡陂岭之战戚继光杀的是日本人,台州大捷戚继光也斩获了日本人。他所缴获的倭刀习法(图3-16)就证明了这点。

图3-16 戚继光缴获的倭刀习法图

[见戚继光《纪效新书》(十四卷本)]

"此倭夷原本,辛酉年阵上得之"[1]。辛酉年即嘉靖四十年(1561)。此年戚继光粉碎了倭寇对台州的入侵,歼倭千余人。如果戚继光在台州大捷"杀的都是中国人",怎么能缴获了倭刀及其习法呢?

言"我查遍了史书,却没有找到戚继光杀过一个日本人的记录。他杀的都是中国人"者,能否列出具体证据,证明明人所说的"真倭"不是日本人,而是中国人;能否找出具体证据说明戚继光在抗倭的台州大捷中所获得的倭刀习法不是日本刀的习法?如果不能,那么言"我查遍了史书,却没有找到戚继光杀过一个日本人的记录。他杀的都是中国人"的根据又何在呢?没有根据,岂不成了信口胡说或有意地撒谎!

---

[1] 戚继光《纪效新书》(十四卷本)卷四《手足篇·(长刀)习法》,第83页。

# 卷四

## 嘉靖后的海船·浙船与沙船

# [古图说]

## 浙船、沙船总说

福船之小者为草撇船，今名哨船，又为海沧船，今名冬船。其再小者为苍山船，卑隘于广、福船，而阔于沙船，用之冲敌颇便，温人呼为苍山铁。贼船入里海，我大福、海沧不能入，必用苍船追之，又可捞取首级。近又改苍山船制为艟䲢船，比苍船稍大，比海沧较小，而无立壁，得其中制。艟䲢之稍次者为铁头船，首尾皆阔，帆橹并用，深浅俱便。人呼为铁头，以其坚而有用也。闽人将草撇、苍船改造鸟船，式如草撇，两艕有橹六支，尾后催稍橹二枝，不畏风涛，行使便捷，往来南北海洋，福、草、苍、艚等船无出其右。温州有艚艚船，亦不如鸟船之疾速，可与沙、唬船并驾焉。唬船头尖艄锐，舱阔桨多，风顺扬帆，风息荡桨，吃水惟止三尺，而惯走远洋。体式低小，虽无冲犁之势，进退殊捷，可备追逐之需。闽、浙有叭喇唬船。兵夫坐向后而棹桨，其疾如飞。有风竖桅，用布帆，桨斜向后，准作偏柁，亦能破浪，甚便追逐、哨探。倭号曰"挽帆"，盖惧之也。轮船式如唬船，而与唬船并速。开浪船式如鸟船，而比鸟船差小。沙船造于崇明，可以接战，但上无壅蔽①，火器矢石何以御之？不如鹰船，艕皆猫竹板密钉，竹间设窗，可出铳箭。窗之内，船之外，隐人以荡桨。先用此冲敌，入贼队中，贼技不能却，沙船随后而进，短兵相接，战无不胜矣。鹰船、沙船乃相须为用者也。

壳哨船为温州捕鱼船，网梭船乃渔船之最小者。渔船于诸船中，制至木（小），材至简，公（工）至约，而其用为至重。以之出海，每载三人，一人执布帆，一人执桨，一人执鸟嘴铳。布帆轻捷，无垫

---

① 壅蔽：遮蔽。

没①之虞，易进易退，随波上下，敌船瞭望所不及，是以近年赖之取胜、擒贼者，多其力焉。

——王在晋《皇明海防纂要》卷六《战船说》

## 叭喇唬船

叭喇唬船，浙中多用之，福建之烽火门亦有其制。底尖面阔，首尾一样，底用龙骨，直透前后，阔约一丈，长约四丈，末有小官舱。舰面②两傍各用长板一条，其兵夫坐向后而棹桨。每边用桨十枝或八枝，其疾如飞，有风竖桅，用布帆。桨斜向后，准作偏柁，亦能破浪，甚便追逐、哨探。倭奴号曰："软帆。"贼亦畏惮。

——邓钟《筹海重编》卷十二《经略四》

编兵解……七、八号船，如叭喇唬、八桨船、渔船、哨马之类，或为飞哨，或用铳、箭，贼舟大而无风，便于围绕困攻，随地方所有，挨次编定。每船舵工一名，即兼捕盗之政；家丁一名，缭手一名，守船一名，兵一队，大约不出二十名之外。陆操即以舵工充队长，照执把军器，不必用火器。如叭喇唬用人多，听临时于大船拨发。

——戚继光《纪效新书》（十四卷本）卷十二《舟师篇》

七、八号船应备军火器械：

如系叭喇唬，平时随驾照此数。临时必用大船，摘兵四十名，每人一桨，每人一鸟铳，帮驾对敌用。

狼机一位，子铳九门，火药四十五斤，火绳三条，铅子九十丸计重二十八斤二两。

---

① 垫没：沉没。
② 舰面：船甲板。

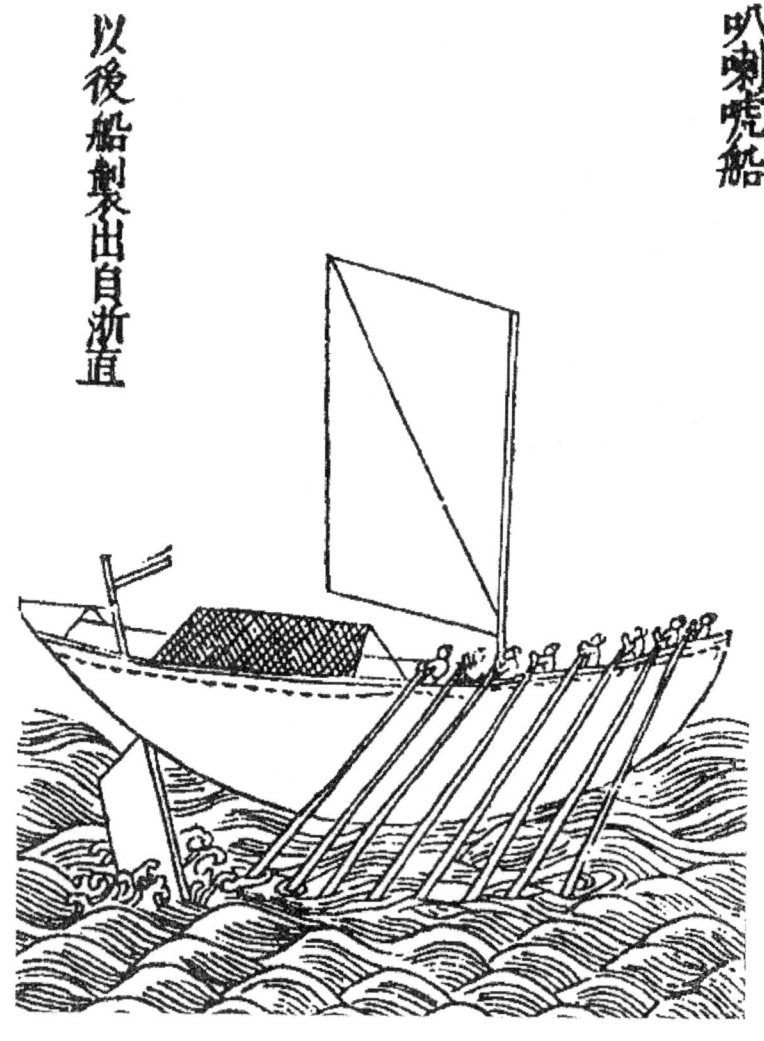

图4-1 叭喇唬船

(见邓钟《筹海重编》卷十三《经略三》)

鸟铳六门,火药三十三斤一十二两,火绳十八条,铅子一千八百丸计重三十三斤一十二两。

火箭一百枝。喷筒四个。长竹枪四枝。过船长枪一十枝。藤牌八面并腰刀八把。大小石子五百个。

图4-2 叭喇唬船

（见茅元仪《武备志》卷一百十七《战船二》）

杠棋什物：

大小风蓬二扇。船橹四枝。稍桨一枝。舵一门。椗一枝。铁猫一枝。小桨一十枝。大绊[1]一条，头绊一条。大小缭手二条。带头绳二条。大小缭丝二条。䋺搭[2]二幅。扎尾一条。樯绥[3]一条。缆二条。

---

[1] 绊：缆绳。
[2] 䋺搭：两头有袋，中间可搭在肩上或横木上的工具袋。这里可能指帆收拢后的遮盖布。
[3] 樯绥：风帆索。

小旗一面，锣一面，鼓一面。铁丝灯笼五盏。每盏备烛一百枝，共烛五百枝，计重三十一斤四两。

官给备用修舱物料：

大小钉一十斤，黄麻一十斤，黄藤五斤，桐油五斤。

舵兵自备：

白灰五斗，斧一把，锯一把，凿二把，钻一把，锅一口，碗碟三十个。

一、各船官、捕、兵役各备蓑衣、箬笠一幅，以便遇雨应用。

——戚继光《纪效新书》（十四卷本）卷十二《舟师篇》

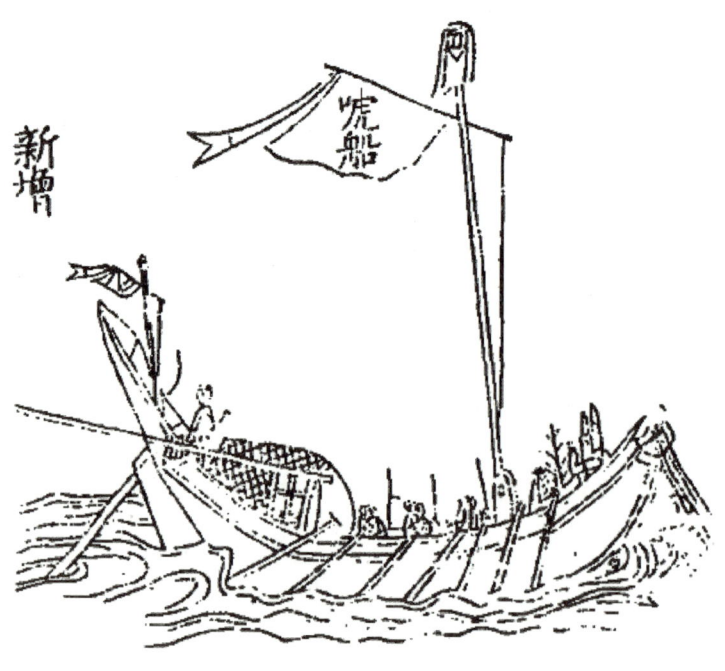

图4-3　唬船式

（见范涞《两浙海防类考续编》卷十《海船图说》）

唬船，头尖，艄锐，沧阔，桨多。风顺扬帆，风息荡桨。吃水惟止三尺，尤惯走于远洋。体势低小，虽无冲犁之势，进退殊捷，可备追逐之需。

——范涞《两浙海防类考续编》卷十《海船图说》

唬船，其制底尖面阔，首尾一样。底用龙骨，直透前后。舰面两旁各用长板一条，其兵夫坐向后而棹桨。每边用桨十枝或八枝。其疾如飞，有风竖桅，用布帆，桨斜向后，准作偏柁，亦能破浪。甚便追逐、哨探。倭奴号曰"软帆"。贼亦畏惮。

船身长六丈二尺，深五尺二寸，楝木板为两艕厚二寸三分。

底艍通身用杉木，每尺四钉，艕板每尺三钉，至板完用长杉木钉压坚劲，以便安桨。

使风面梁用樟木，横阔一丈，直阔一尺五寸，厚五寸。

官舱只许高四尺，方不吃风①，易于行使。

大桅用杉木，二尺围，高五丈，布帆须阔大，乃能关艄②受风。

夹耳③一副，横阔一尺。前桅以大猫竹一株为之。

前猫梁④用樟木，长一丈，后猫梁用樟木一丈一尺。

桨，各兵自办，一正一副，以防损折。

舵盘⑤用樟木，长五尺，厚四寸。

舵二门，俱用槐木，长一丈一尺。

椗二门，用青樟树，长一丈，齿长四尺。椗柴一株。

铁猫一门。

——何汝宾《兵录》卷十《水攻·战船说》

① 吃风：着风，受风。
② 关艄：船尾的关艄板。
③ 夹耳：桅夹。
④ 猫梁：船首端的加强横梁。
⑤ 舵盘：装于船甲板处舵杆穿出的构件，上开舵杆可通过的孔。

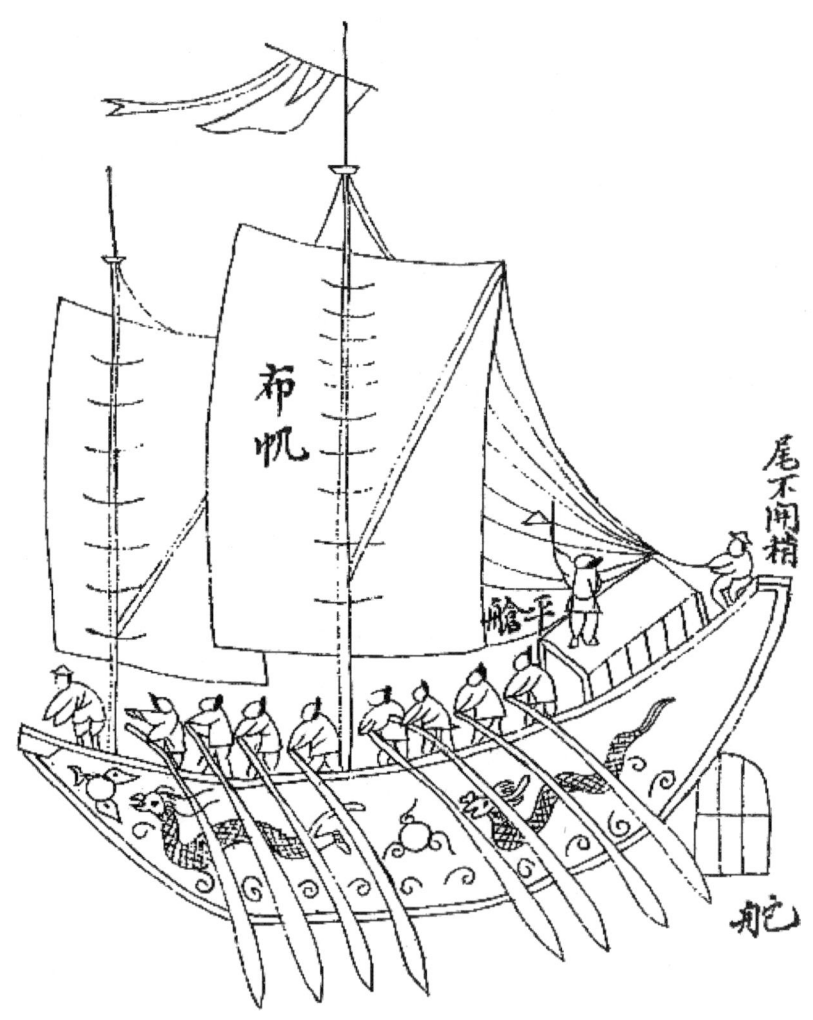

图4-4 唬船图

(见何汝宾《兵录》卷十《水攻·战船说》)

## 艟䑸船

图4-5　艟䑸船式

（见邓钟《筹海重编》卷十二《经略四》）

参将戚继光云："近者改苍山船制为艟䑸，比苍船稍大，比海沧更小而无立壁，最为得其中制。遇倭舟，或小或少，皆可施功。但水兵人技皆次于陆兵，设使将水兵教练遴选亦如陆兵，而后登之舟中，则比陆战加一舟险，其功倍于陆兵必矣。司寄者何惮而不为哉！"

——郑若曾《筹海图编》卷十三《经略三》、戚继光《纪效新书》
（十八卷本）卷十八《治水兵篇》

图4-6 艟艞船式
(见郑若曾《筹海图编》卷十三《经略三》)

## 苍山船

苍山船,一名铁船,小于福船,今宁波、苍山人用之。福人尚可使,苍山人旷野难使。

——唐顺之《武编》前集卷六《舟》

图4-7 苍山船

（见茅元仪《武备志》卷一百十七）

苍山船首尾皆阔，帆橹兼用，顺风扬帆，风息则荡橹。其橹设于船之两艕腰半以后，每艕五枝，每枝二跳①，每跳二人。方橹之未用也，以板闸②于跳上，常露跳头于外。其制以板隔为二层，下层镇之以石，上一层为战场，中一层穴梯而下，卧榻在焉。其张帆下椗皆在战场之处。船之两艕俱饰以粉盖③，卑隘于广、福船，而阔于沙船者也，

① 跳：跳板。
② 板闸：固定于跳板上的铺板。
③ 粉盖：装饰。

用之冲敌颇便而捷。温州人呼为"苍山铁"。

——郑若曾《筹海图编》卷十三《经略三》

图4-8 苍山船式

（见郑若曾《筹海图编》卷十三）

参将戚继光云："苍船最小，旧时太平县地方捕鱼者多用之，海洋中遇贼战胜，遂以著名。殊不知，彼时各渔人为命，负极之势①，亦由贼之入我地是也。今应官役，便知爱命。然此船水面上高不过五尺，就加以木打棚架，亦不过五尺。贼舟与之相等，既势均，不能冲犁。若使径逼贼舟，两艘相联，以短兵斗力，我兵决非长策，多见惧事。但若贼舟甚小，一入里海，我大福、海沧不能入，必用苍船以追

---

① 负极之势：指生死攸关。

之。此船吃水六七尺，与贼舟等耳。其捞取首级，水潮中可以摇驰而快便，三色①之中又此为利。"

——郑若曾《筹海图编》卷十三《经略三》、戚继光《纪效新书》（十八卷本）卷十八《治水兵篇》

苍船名苍山，首尾皆阔，帆橹兼用，温州及太平县捕鱼者，尝以取胜，号苍山铁。然身分与贼舟等，未必能冲犁。但吃水六七尺，浅处可用以追贼与捞首级之用。

——谢杰《虔台倭纂》上卷

苍船首尾皆阔，帆橹相兼为用，风顺开帆，风逆摇橹。吃水五六尺，狭于福船而阔于沙船，俗呼为苍山铁，言其冲贼便而坚也。其后改苍船为艟𦪇，视苍稍增。总之，皆苍山船之遗式，略与渔船相似。

船身长七尺（丈），稍长八尺五寸，舱深七尺五寸，底板厚二寸五分。

底䑨：正䑨长四丈五尺，头䑨长一丈四尺，后䑨长一丈一尺。前后二䑨沓进正䑨三尺。每板一尺五钉，三块之上一尺四钉，用通身杉木为梀肚。

使风面梁②用樟木，长一丈九尺，阔一尺八寸，厚一尺。

各船梁头③每三尺一道，下半樟木，上半松木，两边用千觔树二株钉住，在大桅下用四株。

船头斗盖④用樟木，长九尺，围二尺。

舵盘用樟木，长一丈四尺七寸，阔一尺五寸，厚八寸。

大桅用杉木，长七丈，围五尺五寸，谎桅⑤六尺，桅夹一副，用

---

① 三色：三种。
② 使风面梁：船梁名，即桅面梁，也称"含檀"。
③ 梁头：舱壁、隔舱板。
④ 斗盖：船首挡浪板上方的一块板。
⑤ 谎桅：小一些的桅。

樟木，长一丈二尺，阔一尺四寸。

舵二门，以稠木为杆，长一丈八尺，围二尺，舵叶八尺，开扬[①]四尺。

椗四门，用青梓木为之，长一丈三尺，齿长六尺。每门用椗狼柴[②]一株。

——何汝宾《兵录》卷十《水攻·战船说》

图4-9 苍船图

（见何汝宾《兵录》卷十《水攻·战船说》）

① 开扬：舵的一部分，具体指何处不详。
② 椗狼柴：有杆木锚的杆。

## 八桨船

八桨船但可供哨探之用,不能击贼,今闽、广、浙直皆有之。

——邓钟《筹海重编》卷十二《经略四》

卷四 嘉靖后的海船·浙船与沙船

图4-10 八桨船式

(见郑若曾《筹海图编》卷十三)

图4-11　八桨船

（见茅元仪《武备志》卷一百十七）

## 渔　船

　　渔船于诸船中制至小，材至简，工至约，而其用为至重。何也？以之出海，每载三人，一人执布帆，一人执桨，一人执鸟嘴铳。布帆轻捷，无垫没①之虞。易进易退，随波上下，敌舟瞭望所不及。是以近年赖之取胜擒贼者，多其力焉。

　　　　　　——郑若曾《筹海图编》卷十三《经略三·兵船》

---

①　垫没：沉没。垫，底本作"堑"，据《武备志》卷一百十七《军资乘·水二·战船二》改。

漁船式

图4-12　渔船式

（见郑若曾《筹海图编》卷十三《经略三》）

卷四　嘉靖后的海船·浙船与沙船

　　渔船原系沿海民人捕鱼之船，先年藏兵于内，使贼不疑，因而取胜。

　　船身长七丈，艡稍长七尺，舱深七尺，板厚二寸五分。

　　底艡用松木，围二尺。每板一尺五钉，至三块之上，每尺四钉。

　　船头斗盖围二尺，长一丈一尺。

使风面梁用樟木，横阔一丈七尺，直阔一尺八寸。

各梁头上半用樟木，下半用松木，各厚三寸，每三尺为一道。

舵盘用樟木，横阔一丈四尺，直阔一尺五寸，厚八寸。

大桅用杉木，围三尺八寸，高七丈，谎桅高六尺。桅夹一副，用樟木，长一丈二尺，阔一尺四寸。

舵二门，用稠木，围二尺四寸，长二丈。

椗四门，用青杉木，每门长一丈三尺，齿长六尺。椗柴一株，用稠木。

脚船遇贼走风扯起船背，以免浮水毁失。

——何汝宾《兵录》卷十《水攻·战船说》

明代海船图说

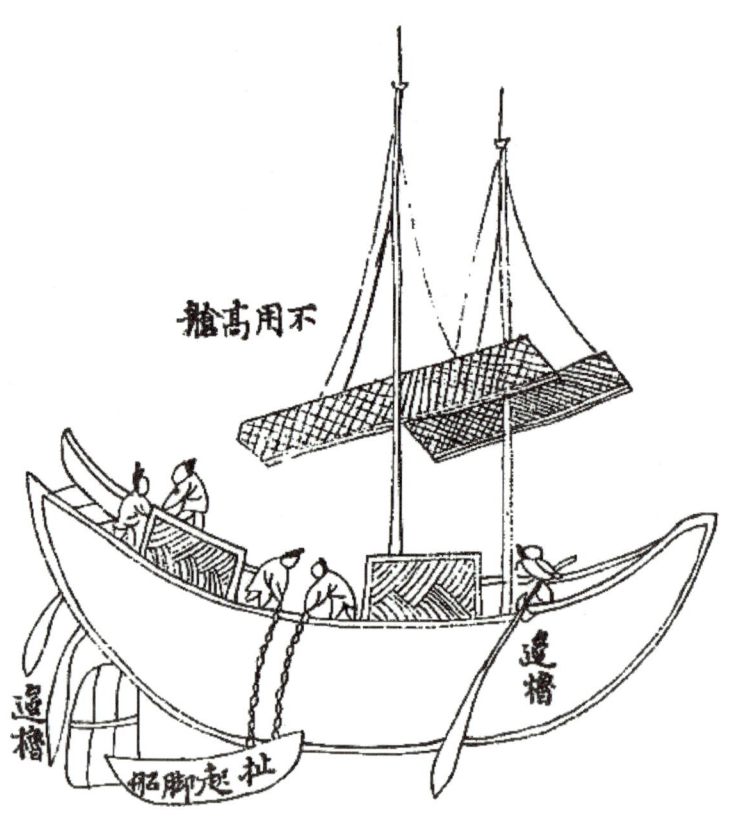

图4-13　渔船图

（见何汝宾《兵录》卷十《水攻·战船说》）

## 艍船

艍艚船第沿海渔人取蛼①之船，底尖稍广，身长船直。向因官兵藏入此船诱贼，使认为渔人，因而取胜。凡用此船，须令兵士扮作渔人，当先引诱，兵船随后夹攻，庶不失艍船遗意。

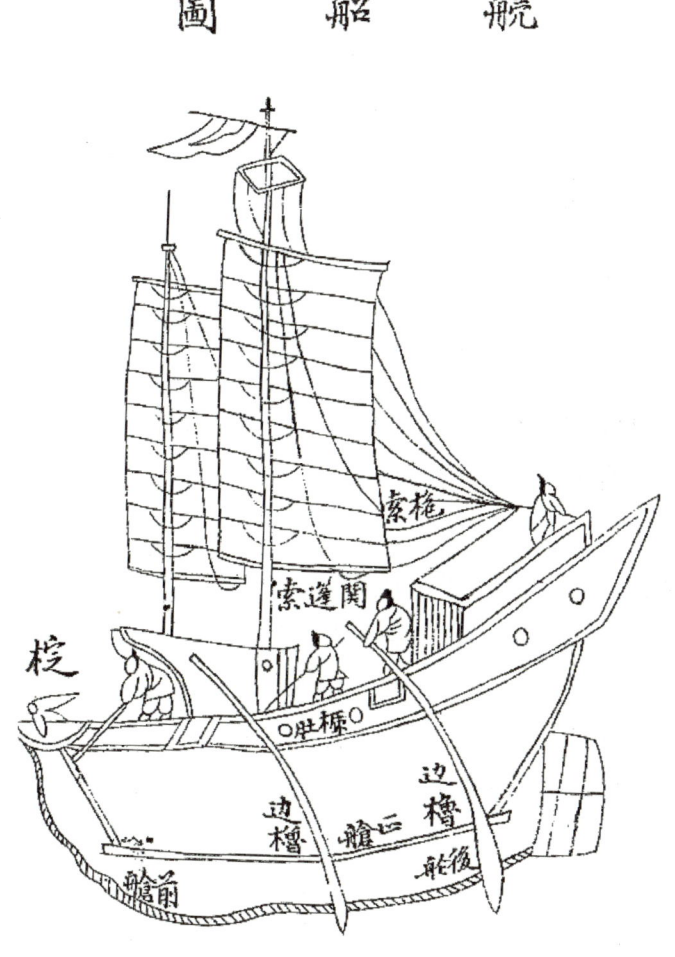

图4-14　艍船图
（见何汝宾《兵录》卷十《水攻·战船说》）

① 蛼：字典未见此字，当指贝壳类海产品。

船身长六丈五尺,稍长六尺八寸,舱深六尺五寸,板厚二寸五分。

底艌用松木为之,近艌板每尺五钉,三块之上每尺四钉。

使风面梁用樟木,长一丈七尺,阔一尺八寸,厚一尺。

各舱梁头,下半用樟木,上半用松木,各厚三寸,每三尺一道。

船头斗盖用樟木,长九尺,围二尺。

舵盘用樟木,长一丈二尺,阔一尺八寸,厚一尺。

大桅用杉木,高六丈五尺,围三尺三寸。

椗四门,用青梓木,每门长一丈一尺,齿长五尺。椗柴各一株。

——何汝宾《兵录》卷十《水攻·战船说》

## 网梭船

此船定海①、临观②、象山一带沿海地方俱有之。其形如梭,用竹桅、布帆,仅可容二人。冲风冒浪,专入大洋,抵下八山③,取殻菜④、紫菜,打渔之利。舟至山麓,二三人以舟舁⑤置滩涂,避风潮。若欲西归,仍舁舟下水。不能御敌,但可为哨探之用。渔船之至小者也。

参将戚继光云:"网船形似织梭,内容二人。前后用二人以罩罩之,风浪大可拖之涂上,且不能覆,吃水七八寸耳。此可走报,或用之里港、窄河,动以百数,每只内鸟铳二三人,蜂集蚁附,沿海、沿途而打之,甚妙。如贼追逼,就可弃走,一舟不过一金之费耳。"

——郑若曾《筹海图编》卷十三《经略三》、戚继光《纪效新书》
（十八卷本）卷十八《治水兵篇》

---

① 定海:今浙江镇海区。
② 临观:临山卫和观海卫的简称。临山卫,在今浙江余姚市西北;观海卫,在今浙江慈溪市北。
③ 下八山:在今浙江嵊泗县境内。
④ 殻菜:用以称有壳的海贝。
⑤ 舁(yú):共同抬东西。

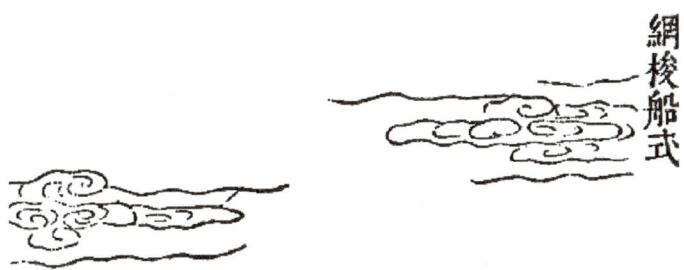

图4-15 网梭船式

（见郑若曾《筹海图编》卷十三《经略三》）

戚少保云："网船形似织梭，内容二人。前后用二人以棹棹之，风浪大可拖之涂上，且不能覆，吃水七八寸耳。此可走报或用之里港、窄河，动以百数。每只内用鸟铳二三人，蜂集①蚁附②，沿海沿涂而打之，甚妙。可为哨探之用。"

——何汝宾《兵录》卷十《水攻·战船说》

---

① 蜂集：成群聚集。
② 蚁附：像蚂蚁那样趋集缘附。

# 船梭網

图4-16 网梭船
(见何汝宾《兵录》卷十《水攻·战船说》)

### 艚艚船

  艚艚船制自台温民人造装，商人米谷到关。船身宽大，行使稳重，外洋往来，巨浪不畏。万历拾陆年内，蒙总镇侯[①]议，将苍船限满应拆者，改造补额。近日已有改更者，谓其不能如鸟船之疾速耳。

——范涞《两浙海防类考续编》卷十《海船图说》

---

[①] 总镇侯：当指总兵官侯继高。总镇，即镇守总兵官；侯，指侯继高。

图4-17 艋艚船式

(见范涞《两浙海防类考续编》卷十《海船图说》)

## 壳哨船

壳哨船乃温州属县民人捕鱼船只。每年渔市,俱至定海领旗纳税,出洋采捕。倭船突犯,所乘船小,每至渔洋,换船打劫。近年奉文,将小哨船,尽改壳艚,将船身以石灰粉白,与各打渔船一样,两膀挂网,混在洋中。倭贼不能辨识,辄来相犯,节次成擒。此亦军中诱敌之长技也。

——范涞《两浙海防类考续编》卷十《海船图说》

图4-18 壳哨船式
(见范涞《两浙海防类考续编》卷十《海船图说》)

## 轮　船

轮船制自万历贰拾伍年陆月内,有广东教官庞尚志,仿效宋时所造，献策军门，准行本道，转发前任坐营官黄裳，会同置造贰拾只，分发各区御倭。嗣因钱粮无处，止造壹只，发中军哨。每遇大小二汛，跟随总镇出洋哨剿。其式如唬船壹样。尾后开稍，两牓各用车轮叁道，每道用兵肆名车碾。后尾催稍橹壹枝，用兵贰名摇驾，行使利便，可与唬船并驾齐驱也。

——范涞《两浙海防类考续编》卷十《海船图说》

图4-19 轮船式

（见范涞《两浙海防类考续编》卷十《海船图说》）

卷四 嘉靖后的海船·浙船与沙船

## 铁头船

铁头船,艟䑿之稍次也。吃水四五尺,首尾皆阔,帆橹兼用,风顺则扬帆,风息则摇橹。其橹设于船之两膀腰半以后,每膀三枝。形式卑隘于福船,面阔于沙船,深浅用之,冲敌颇便而捷。人呼之为铁头船,见其坚而有用也。

——范涞《两浙海防类考续编》卷十《海船图说》

图4-20 铁头船式

(见范涞《两浙海防类考续编》卷十《海船图说》)

## 哨 船

（哨船）头高，艄阔，篷大，橹多。瓯海渔人惯用，远赴深洋捕钓。戗驾便利，追逐疾速，昔年擒剿，多获功级。

——范涞《两浙海防类考续编》卷十《海船图说》

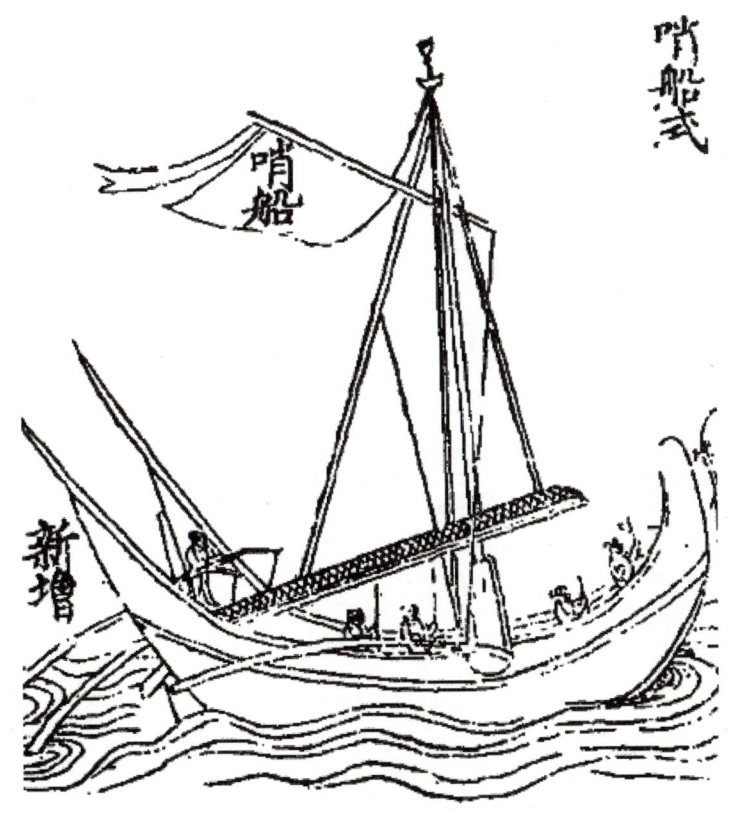

图4-21　哨船式

（见范涞《两浙海防类考续编》卷十《海船图说》）

哨船头尖底峻，艄大篷高，遇风则直走如飞，遇浪则如梭抛掷，履波涛如平地，涉千里于呼吸。每遇巡哨则与唬船齐驱，遥见贼舟更能飞扑如鹞。足为穷洋利涉长技也。

船身长六丈，艠稍长六尺，舱深六尺，板厚二寸五分。

底艎用杉木，近艊板每尺五钉，三块板之上，每尺四钉。

船头斗盖用樟木，长九尺，围二尺。

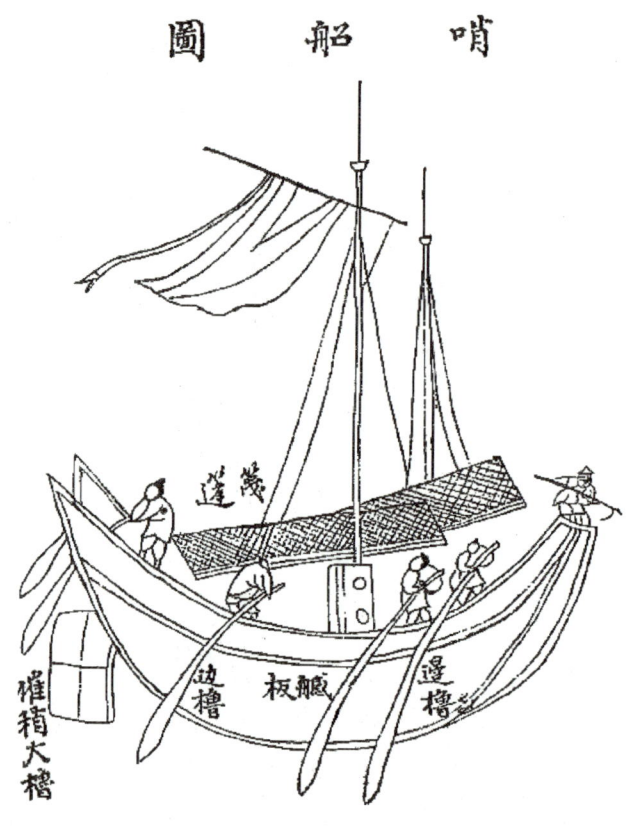

图4-22　哨船图

（见何汝宾《兵录》卷十《水攻·战船说》）

使风面梁用樟木，横阔一丈二尺，直阔一尺四寸，厚一尺。

各舱梁头下半用樟木，上半用松木，各厚三寸，每三尺为一道。其舱口艎板每片用闩一道，遇飓浪，将闩闩住艎板，浪由船过，并不相碍。

盘用樟木，横阔一丈一尺，直阔一尺四寸，厚七寸。

大桅用杉木，围三尺三寸，高六丈，谎桅高七尺。

舵二门，杆用稠木，围二尺，长一丈八尺。

椗三门，用青桴木，长一丈一尺，齿长五尺。椗柴一株。

催稍橹二枝，边橹六枝，俱用楸木。

风篷阔四丈。

——何汝宾《兵录》卷十《水攻·战船说》

## 鸟嘴船

鸟嘴船出温、台、松门、海门等处。船首形如鸟嘴，有风则蓬，无风用橹，长四五尺，南人亦用捕鱼。

——茅元仪《武备志》卷一百十七《战船二》

图4-23　鸟嘴船

（见茅元仪《武备志》卷一百十七《战船二》）

## 鹰 船

鹰船乃福、广、苍山等兵所习驾者。此船摇橹驾桨之兵，皆伏藏不露，贼人矢石不能伤，而我船之铳炮、喷筒、矢石、飞镖①之类，可以伤敌。如六金坝之捷②，胜墩③阻回来贼，皆赖此船成功。

——唐顺之《武编》前集卷六《舟》

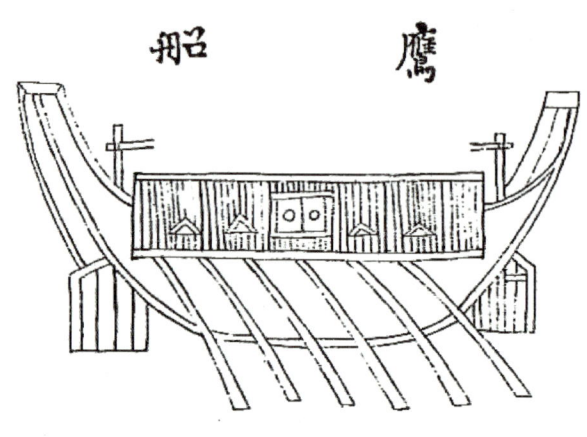

图4-24　鹰船
（见何汝宾《兵录》卷十《水攻》）

鹰船两头俱尖，不辨首尾，进退如飞，其旁皆茅竹板密钉，如福船旁板之状。竹间设窗，可出铳箭。窗之内，船之外，隐人以荡桨。先用此舟冲敌，入贼队中，贼技不以却，沙船随后而进，短兵相接，战无不胜矣。鹰船、沙船乃相须之器也。

——何汝宾《兵录》卷十《水攻》

崇明沙船可以接战，但上无壅蔽，火器矢石何以御之？不如鹰

---

① 飞镖：一种冷兵器，具体形制不详。
② 六金坝之捷：嘉靖三十四年（1555）五月二十二日，俞大猷用整搠的河船，在六金坝取得的一次抗击倭寇的胜利。
③ 胜墩：在今江苏吴江南。

船,两头俱尖,不辨首尾,进退如飞,其舷皆猫竹板密钉,如福船旁板之状。竹间设窗,可出铳箭。窗之内,船之外,隐人以荡桨。先用此舟冲敌,入贼队中,贼技不能却,沙船随后而进,短兵相接,战无不胜矣。鹰船、沙船乃相须之器也。

——郑若曾《筹海图编》卷十三《经略三》

图4-25 鹰船式
(见郑若曾《筹海图编》卷十三《经略三》)

崇明船有二种:一曰鹰船,一曰沙船。沙船无壅蔽,难避矢石。

不如鹰船，两头俱尖，进退如飞。旁皆猫竹板密钉，竹间设窗，可出铳箭。窗之内，船之外，可藏人荡桨。先用此冲入贼阵，后用沙船以短兵接战，无不胜矣。二船乃相须之器。

——谢杰《虔台倭纂》上卷

## 沙 船

沙船又小于铁船，亦无周板，出苏、常、镇江海沙上，即用沙民①驾之，崇明为最，靖江、江阴次之，镇江又次之。福船利骑船，但无风不可动，沙船轻捷利斗，须用福船相兼行使。

——唐顺之《武编》前集卷六《舟》

水战非乡兵所惯，乃沙民所宜。盖沙民生长海滨，习知水性，出入风涛，如履平地。在直隶太仓、崇明、嘉定有之。但沙船仅可于各港协守，小洋出哨，若欲出赴马迹②、陈钱③等山，必须用福、苍及广东乌尾等船。

沙船能调戗，使斗风，然惟便于北洋，不便于南洋。北洋浅，南洋深也，沙船底平，不能破深水之大浪也。北洋有滚涂浪，福船、苍山船底尖，最畏此浪，沙船却不畏此。北洋可抛铁猫，南洋水深，惟可下木椗。

此船当与鹰船说参看。

太仓生员毛希秉云："太祖旧制：深严双桅船只，私自下海之禁。承平既久，法度浸弛，双桅习以为常，甚至有五桅者，长江大帆，一日千里。近蒙当道建言，申明旧制，晓谕改正，而未尝着实举行。故沙船入港，头桅多寄海口，或倩人游说官府，航海非双桅不

---

① 沙民：指崇明等岛屿上的百姓。
② 马迹：今浙江嵊泗县南偏西南的马迹山。
③ 陈钱：在今浙江嵊泗县东嵊山镇。

可,冀便其私。盖单桅、双桅无不可行,但有大小迟速耳。定制,沙民止许户船一只。巡船宜快便,多桅橹。如粮船有一定之式,以便江海识别。沙船宜朴实,单桅,仍禁双桅眼。责令本州、县及守御官,限一月之内改正。违者即系贼船,许诸人擒获,首告,即以充赏。惟有副帆、副桅,以备损坏,而桅眼只一者,听。庶几我常强而彼常弱,我常速而彼常迟,此造船之良法也。"

——郑若曾《筹海图编》卷十三《经略三》

图4-26 沙船式

(见郑若曾《筹海图编》卷十三)

卷四 嘉靖后的海船·浙船与沙船

崇明有沙民惯用此船,因名沙船。太仓、嘉定亦有之。能斗风使
戗,出入波涛,如履平地。然便于北洋,不便于南洋,便于守港,不
便于冲敌。缘北洋水浅,有滚涂浪,南洋水深,有大浪。沙船底平,
不能破大浪,却不畏滚涂流。福、苍、乌尾等船底尖,畏滚涂浪,却
能破大浪。是沙船与鹰船相须,与福船相反也。用者各撑所宜。

——谢杰《虔台倭纂》上卷

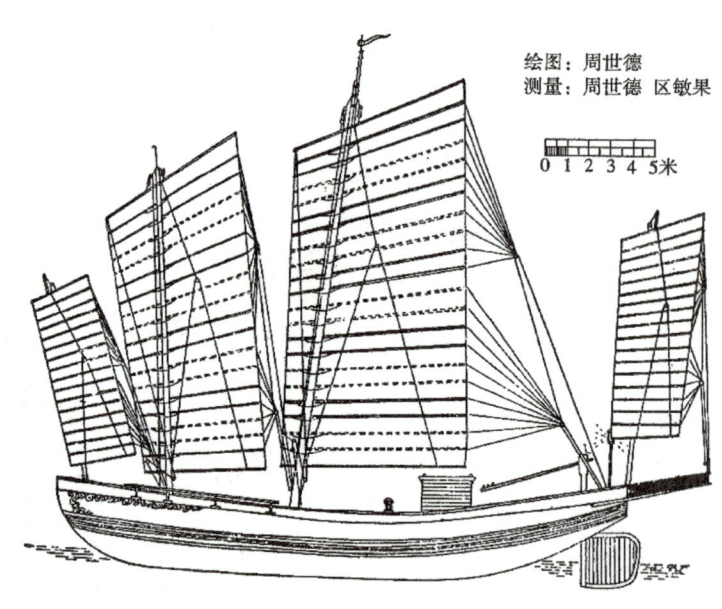

图4-27　沙船
（见周世德《中国沙船考略》）

沙船底平篷高,易于驾使,顺风直行,逆风戗走,便捷轻利,一
日千里。但要正艎之外两边又用成株木为帮艎,乃坚厚劲直。底平,
浅水亦可行使。深浅戗戗用披水板①把持,以防偏侧。诸船惟此最稳,
但身直膀低,未若鸟船得法。

船身长七丈,梢长九尺,舱深七尺五寸,板厚二寸五分。

---

① 披水板:俗称腰舵,设于船两舷外的船中部,用来抗漂。

底艍用枫树为之，或杉木，每板一尺五钉，至四块之上，每尺四钉。用成株大杉木为楝肚，两边直压到头，用笔管大长钉钉之。

使风面梁用樟木，长一丈三尺，阔一尺六寸，厚一尺。桅夹一副，长一丈，阔一尺五寸，厚四寸。

船头斗盖用樟木，围二尺，长一丈。

各舱梁头用樟木，三尺一道。

舵盘用樟木，长九尺五寸，阔一尺一寸，厚四寸。

官舱座船阔九尺，高六尺，深一丈二尺，其余俱平舱。

大桅用杉木，高七丈，围四尺，谎桅七尺。

舵二门，用槐木为杆，长二丈三尺，围二尺四寸，舵叶板厚四寸。

披水板用稠木，长一丈二尺，阔一尺六寸，厚二寸五分。

椗三门，用青椆木，身长一丈六尺，齿长五尺。椗柴各一株，用铁猫一门。

脚船凡值行船吊起于船面上，庶便使风，不致拖水。

风篷，诸船之篷，惟此篷最高。远出大洋，随风戗戗，呼吸环转，须每船做木攩①二把，长一丈二尺。托篷辗转，以免横风折篷之患。篷弓亦用棕麻索为之。

大橹二枝，用稠木，长三丈六尺，头橹二枝，长三丈。

遮阳②自抛猫梁起，至稍板后稍止，周围俱要做满。其遮阳柱③要高，遮阳四围俱要一尺阔，钉板挂在遮阳上口之外，仍做栏干，高遮阳三尺，以挂旧网，须至五六十层，方能隔弹。仍要多备撬头板一片，以防一时损失，便于补用。

——何汝宾《兵录》卷十《水攻·战船说》

卷四 嘉靖后的海船·浙船与沙船

---

① 木攩：用以托起桅下横桁，可在落帆时使帆放在预定的托架上的托架，手持。
② 遮阳：相当于船上的围墙。
③ 遮阳柱：支撑遮阳板的支柱。

图4-28　沙船图
（见何汝宾《兵录》卷十《水攻》）

## 定波船

浪（狼）山一带下通大海最深，上连长江又浅。纯用福船，固可制胜，但其长舵尖底，受水最浅，宜于大海，而不宜于长江。纯用沙船，固虽平底，可行浅水，但其卑小，难以御敌。大小偏用，未得万全，故职斟酌二船之用，议造定波船之制。底似沙船，可以涉浅；面似福船，可以制敌。

——唐顺之《武编》前集卷六《舟》

## [今说]

### 浙江的海防船

浙江的海防在洪武年间已形成水陆并防且有一定层次的防御体系。这一防御体系主要靠的是沿海建立的卫所。现根据郑若曾《筹海图编》卷五《浙江兵防官考》所载沿海卫所情况列表（表4-1）[①]。

表4-1　　　　　　　浙江沿海卫所情况表

| 卫所名称 | 建置时间 | 驻地 | 辖所数 | 驻军人数 | | 备注 |
|---|---|---|---|---|---|---|
| | | | | 旗军 | 屯军 | |
| 金门卫 | 洪武二十年（1387）二月 | 浙江苍南东南金乡镇 | 5 | | 684 | |
| 蒲门所 | 洪武二十年（1387）二月 | 浙江苍南南蒲城 | | | | |
| 壮士所 | 洪武二十年（1387）二月 | 浙江平阳东北 | | | | |
| 沙园所 | 洪武二十年（1387）二月 | 浙江瑞安南沙园 | | | | |
| 温州卫 | 洪武元年（1368） | 浙江温州 | 5 | | 2 717 | 《读史方舆纪要》载，领所3 |
| 海安所 | 洪武二十年（1387）二月 | 浙江瑞安东北海安 | | | | |
| 瑞安所 | 洪武二十五年（1392） | 浙江瑞安 | | | | |
| 平阳所 | 洪武十九年（1386）十二月 | 浙江平阳 | | | | |
| 盘石卫 | 洪武二十年（1387）二月 | 浙江乐清西南磐石镇 | 5 | | | 《读史方舆纪要》载，所3 |

① 建置时间，据《明实录》等填写，驻地和所辖所数据《武备志》等填写。

（续表）

| 卫所名称 | 建置时间 | 驻地 | 辖所数 | 驻军人数 旗军 | 驻军人数 屯军 | 备注 |
|---|---|---|---|---|---|---|
| 宁村所 | 洪武二十年（1387）二月 | 浙江温州东南宁城 | | | | |
| 蒲岐所 | 洪武二十年（1387）二月 | 浙江乐清东北蒲岐镇 | | | | |
| 盘石后所 | 成化五年（1468） | 浙江乐清东后所 | | | | |
| 松门卫 | 洪武二十年（1387）六月 | 浙江温岭东松门镇 | 5 | | 197 | 洪武十九年十二月置松门守御千户所，二十年升为卫 |
| 楚门所 | 洪武二十年（1387）二月 | 浙江玉环北楚门镇 | | | | |
| 隘顽所 | 洪武二十年（1387）二月 | 浙江温岭东南 | | | | |
| 海门卫 | 洪武二十年（1387）二月 | 浙江台州市椒江 | 5 | | 683 | |
| 健跳所 | 洪武二十年（1387）九月 | 浙江三门东南健跳镇 | | | | |
| 海门前所 | 洪武二十八年（1395） | 浙江台州市椒江区前所镇 | | | | |
| 新河所 | 洪武十九年（1386）十二月 | 浙江温岭东北 | | | | |
| 桃渚所 | 洪武二十年（1387）九月 | 浙江临海东桃渚 | | | | |
| 昌国卫 | 洪武十七年（1383）九月 | 浙江象山南昌国镇 | 5 | | | 原为守御千户所，在舟山，洪武十七年改卫，二十年迁象山境内 |
| 爵溪所 | 洪武三十年（1397）十二月 | 浙江象山东爵溪镇 | | | | |

（续表）

| 卫所名称 | 建置时间 | 驻地 | 辖所数 | 驻军人数 旗军 | 驻军人数 屯军 | 备注 |
|---|---|---|---|---|---|---|
| 钱仓所 | 洪武十九年（1386）十二月 | 浙江象山北偏东钱仓 | | | | |
| 石浦前所 | 洪武二十年（1387） | 浙江象山南石浦镇 | | | | |
| 石浦后所 | 洪武二十年（1387） | 浙江象山南石浦镇 | | | | |
| 定海卫 | 洪武二十年（1387）二月 | 浙江镇江 | 7 | | | 洪武十四年置定海所，二十二月改卫 |
| 大嵩所 | 洪武十九年（1386）十二月 | 浙江宁波鄞州东南大嵩 | | | | |
| 霩䃥所 | 洪武十九年（1386）十二月 | 浙江宁波北仑区郭巨镇 | | | | |
| 穿山后所 | 洪武二十七年（1394） | 浙江宁波北仑区东南后所 | | | | 又称定海后所 |
| 舟山中中所 | 洪武二十年（1387）六月 | 浙江舟山市 | | | | 又称定海中中所 |
| 舟山中左所 | 洪武二十年（1387）六月 | 浙江舟山市 | | | | 又称定海中左所 |
| 观海卫 | 洪武十九年（1386）十一月 | 浙江慈溪东 | 5 | | | |
| 龙山所 | 洪武十九年（1387）十二月 | 浙江慈溪东南龙山 | | | | |
| 临山卫 | 洪武二十年（1387）二月 | 浙江余姚西北临山镇 | 5 | | | |
| 三山所 | 洪武二十年（1387）二月 | 浙江慈溪 | | | | |
| 沥海所 | 洪武二十年（1387）二月 | 浙江上虞西北沥海镇 | | | | |

(续表)

| 卫所名称 | 建置时间 | 驻地 | 辖所数 | 驻军人数 旗军 | 驻军人数 屯军 | 备注 |
|---|---|---|---|---|---|---|
| 绍兴卫 | 洪武十二年（1379） | 浙江绍兴 | 5 | | | |
| 三江所 | 洪武二十年（1387）二月 | 浙江绍兴北三江 | | | | |
| 海宁所 | 洪武二十（1387） | 浙江海宁西南 | | | | 洪武三年建卫，二十年改所 |
| 海宁卫 | 洪武十七年（1384） | 浙江海盐 | 5 | | | 《读史方舆纪要》载，辖左、右、中、前4所 |
| 澉浦所 | 洪武十九年（1387）十月 | 浙江海盐南澉浦镇 | | | | |
| 乍浦所 | 洪武十九年（1387）十月 | 浙江平湖东南乍浦镇 | | | | |

从表4-1可知浙江沿海卫所共42处，其中卫11处、所31处。但《明史·朱纨传》载"浙中卫所四十一"，《两浙海防类考续编》卷二载"查得浙江沿海玖卫叁拾贰所"，即也是41卫所。《筹海图编》载42卫所，但《明史》和《两浙海防类考续编》说是41卫所，何者为是？恐怕后者是对的。因为后来浙江的沿海的防御体制是四参六总。六总，即定海总、昌国总、金盘总、临观总、海宁总、松海总。定海、昌国、海宁都是一卫立一总，而金盘、临观和松海则各是两卫立为一总，即金乡卫和盘石卫、临山卫和观海卫、松门卫和海门卫各合立为一总。这六总九卫就是浙江沿海的卫，《筹海图编》说十一卫恐不准确。《筹海图编》所多出的两卫一是绍兴卫，一是温州卫，严格来说此二卫驻地不在沿海，不能称作沿海卫所。所以笔者以《两浙海防类考续编》所说的9卫为是。但它所说的32所到底是哪些所呢？《筹海图编》载有31所，比《两浙海防类考续编》所讲少1所。查《明会典》，

其中有一水军千户所，似为沿海卫所，但除《明史·兵志》列有此所外，《筹海图编》《武备志》等均未列有此所，其建置年代和驻地也未见记载，所以如果按《两浙海防类考续编》所讲有32所，那么水军所可能是其中之一，但还须进一步考证。

按《两浙海防类考续编》所载浙江有9卫32所计，浙江沿海当有多少战船呢？这9卫中只有1卫辖7所，其余各卫均辖5所，9卫共辖47所。加上32处独立的千户所，整个浙江沿海共有千户所79处。如按朱元璋洪武二十三年（1390）下令的沿海卫所每百户所造船2只，千户所造船10只计算的话，整个浙江沿海当有战船1 580只，如按《明会典》规定的每百户所造船1只，那么浙江沿海当有战船790只。《明英宗实录》载："洪武间，浙江沿海卫所备倭海舟七百三十艘。"①这大体和《明会典》规定的每百户所造船1只是相符的②。但由于沿海自永乐十七年（1419）望海埚之战后，倭寇入侵有所收敛，天下承平日久，人们的海防观念淡薄，沿海的战船破的不修，坏的不补，数量逐渐减少。据《两浙海防类考续编》卷二载："查得浙江沿海玖卫叁拾贰所，先年原有战船伍百肆拾捌只。"③这个548只战船最晚也是在嘉靖二十六年（1547）前。这比洪武时减少182只，减少了24.9%。这548只船的分布是：定临观总145只，松海昌总158只，金盘总225只，海宁总20只。船型有四百料、二百料、八橹、风快、铜头、高把梢、十桨等。

正是由于浙江还有一些战船，所以嘉靖二十七年（1548）时任巡抚的朱纨，还能组织水军攻破葡萄牙人侵占的双屿，保卫了国家的领土主权完整，保卫了人们的生命财产安全。但朱纨因严保甲，革渡船，实行海禁，歼灭海盗商人等而倍受攻讦，致使其于嘉靖二十八年

---

① 《明英宗实录》卷六十三，正统五年正月丙寅。
② 浙江沿海各卫所辖的千户数记载不一，《读史方舆纪要》载盘石卫辖所3，海宁卫辖所4，而盘石后所为成化年间建，因此如扣除上述这些千户所，整个浙江沿海只有75千户所，每百户所造成船1只，当有750只。
③ 范涞《两浙海防类考续编》卷二《原考·各区战船》。

（1549）仰药而死。"自纨死，罢巡视大臣不设，中外摇手不敢言海禁事。浙中卫所四十一，战船四百三十九，尺籍尽耗。"①这439艘战船当即为朱纨任巡抚时浙江所拥有的战船数，这比上述548艘又减少了109艘，减少了19.9%。但自朱纨死后，439艘战船"尺籍尽耗"。据《筹海图编》载，金盘总的黄华水寨原有战船40余只，江口水寨原有战船30余只，飞云水寨原有战船30余只，镇下门水寨原有战船20余只，白岩塘水寨原有战船20只，"岁久撤备"②。"撤备弛禁，未几，海寇大作，毒东南者十余年。"③所谓的"海寇大作"即指嘉靖三十一年（1552）开始，倭寇猖狂地入侵东南沿海地区。这时朝廷命巡抚山东都察院右佥都御史王忬提督军务，巡视浙江（后改巡抚）兼管福兴漳泉地方，俞大猷为温台宁绍等处参将，汤克宽为福兴漳泉等处参将，抵御倭寇的入侵。俞大猷任职后，提出"善御海寇者，船只、器械无一不备"④，要御敌于海上，要雇募船只。于是定海、昌国二总改募福、苍（沧）等船240只，临观改募苍山平底船102只，松海总改募福苍等船116只，金盘总改募福苍等船135只，海宁总改募福苍等船77只。6总共募福苍等船670只。这虽少于洪武年间的战船数，但比过去4总时的548只还增加122只，增加22.5%。当然，对于要御倭于海上仅靠这670只战船还是不够的。嘉靖三十五年（1556）又调广东乌尾、横江大船180只。这之后一些将领还造船，如戚继光所造的44只战船，嘉靖四十年（1561）春开始服役。这44只战船，有3种船形：福船、海沧和艟䑸。戚继光留4只作为中军，另40只分配给松门和海门各20只，即松海总有了自造的战船44只。由于抗倭战争的需要，浙江的战船有了明显的增加，但增加多少，笔者未见具体数字。水军战船在抗倭战争中

---

① 张廷玉等《明史》卷二百五《朱纨传》，中华书局1974年版（下同，不注），第5 405页。
② 郑若曾《筹海图编》卷五《浙江事宜》。
③ 张廷玉等《明史》卷二百五《朱纨传》，第5 405页。
④ 俞大猷《正气堂集》卷五《议以福建楼船御倭》，俞大猷著、范中义点校《正气堂全集》上海辞书出版社2011年版（下同，不注），第130页。

发挥了重要的作用。这点我们在卷二中已做了一些说明，这里再举一例。嘉靖四十年（1561）台州大捷的长沙之战，戚继光采取水陆联合作战来消灭倭寇。其海上的部署是，以百户陈濠率领水师在隘顽以东海面上邀击倭寇，胡大受等佐之；以指挥胡震率领水师在松门西南海面与陈濠部构成犄角之势，张元勋等佐之，歼灭从海上逃走之敌。同时，又命哨官赵记率领游兵往来梭巡督战。五月二十日鸡鸣，明军发起进攻，很快消灭了盘踞在陆上的敌人。战斗开始前，倭寇分兵300出外抢掠。得知群倭被歼，这300多人不敢回巢，趁夜驾船10艘出逃，结果先后被胡震率领的水军歼灭，还被活捉了五郎如郎、健如郎等倭寇的头目。正是有了水军的参战，这一仗才打得倭寇"只樯不返，而贼部中之枭雄悉绝"①。

抗倭战争结束后，明军开始汰兵减饷，水军的战船也开始减少。到隆庆四年（1570）浙江有福船、草撇船、苍船、叭喇唬等船723只②，和洪武年间的战船数所差无几。可喜的是隆庆后虽然海上没有大的战事，但战船不仅没有减少，反而有所增加，万历十八年（1590）时浙江沿海拥有战船921只③。

万历二十年（1592），统一了日本的丰臣秀吉发动了侵略朝鲜的战争并欲侵略中国。在此之前，中国已获得了日本要侵略的消息。在面临日本从海上入侵威胁的情况下，明廷开始加强海防。其措施之一就是建造战船，加强水军建设。万历十九年（1591），浙江新增福船、沙船、唬船等97只，分配到各个防区。明廷万历二十一、二年的时候，浙江沿海已拥有战船1 018只，比隆庆四年增加了295只，增加了40.8%，战船分布情况列于表4-2。

卷四 嘉靖后的海船·浙船与沙船

---

① 戚祚国等《戚少保年谱耆编》卷二，嘉靖四十年五月。
② 范涞《两浙海防类考续编》卷二《原考·各区战船》。
③ 据侯继高《全浙兵制》载："全浙福苍沙唬等船通共一千八只（除小划船工不计）。"但据笔者统计，全浙万历二十一、二年拥有战船1 018只（不包括划船）。而万历十九年新增战船97只，所以万历十八年时应该只有战船921只。

表4-2　　　　　明万历二十一、二年浙江沿海战船分布情况表　　　（单位：只）

| 单位 | 巡抚 | 总兵 | 杭嘉湖区 | | | 宁绍区 | | | | | 台金严区 | | 温处区 | | | 合计 |
|---|---|---|---|---|---|---|---|---|---|---|---|---|---|---|---|---|
| | | | 兵巡道 | 参将 | 海宁总 | 兵巡道 | 参将 | 定海总 | 临观总 | 昌国总 | 参将 | 松海总 | 兵巡道 | 参将 | 金盘总 | |
| 船数 | 49 | 113 | 34 | 13 | 72 | 10 | 80 | 112 | 41 | 118 | 35 | 153 | 8 | 56 | 124 | 1 018 |

这之后浙江的战船有继续增加的趋势，到万历三十二年（1604）浙江战船达到1 183只[①]，比万历二十二年前后增加了165只，增加16.2%。其分配到各区船数情况列表4-3。

表4-3　　　明万历三十二年浙江战船分布情况表　　　（单位：只）

| 单位官职 | 总兵 | 杭嘉湖区 | 宁绍区 | | | | 台金严区 | 温处区 | | 合计 |
|---|---|---|---|---|---|---|---|---|---|---|
| | | | 参将 | 临观 | 定海 | 昌国 | | 参将 | 金盘 | |
| 船数 | 261 | 99 | 84 | 40 | 141 | 148 | 174 | 90 | 146 | 1 183 |

不仅不同时期战船数量有变化，而且战船的构成也发生变化。不同时期的战船构成情况列于表4-4。

表4-4　　明隆庆、万历年间各类战船数量变化情况表　　（单位：只）

| 时间 | 船名 | | | | | | | | | | |
|---|---|---|---|---|---|---|---|---|---|---|---|
| | 福船 | 沙船 | 铁头 | 草撇 | 曾艚 | 艨艟 | 鸟船 | 海舱 | 渔挑 | 壳艚 | 壳哨 |
| 隆庆四年 | 83 | 27 | 66 | 29 | | 16 | | | | | 白谤39 |
| 万历二十二年 | 87 | 120 | 50 | 20 | 19 | 15 | | 14 | | 15 | 5 |
| 万历三十二年 | 49 | 114 | 45 | 16 | 5 | 12 | 32 | 10 | 4 | 4 | 2 |
| | 苍船 | 八桨 | 轮船 | 民渔 | 铁头渔船 | 军渔哨船 | 军唬民唬 | 巡哨 | 划网 | 河田 | 河船 | 合计 |
| | 62 | 55 | | | | 55 | 128 | 24 | 134 | | 5 | 723 |
| | 25 | 2 | | 42 | | 155 | 449 | | | | | 1 018 |
| | 9 | 1 | 1 | 20 | 27 | 113 | 545 | 4 | 169 | 1 | | 1 183 |

[①] 范涞《两浙海防类考续编》卷二载："两浙江洋河道沿海各区战舰哨船通共壹千贰百伍拾贰只。"去掉钱塘江、东西运河以及衢州陆营下的巡哨船等共69只，真正沿海的战船为1 183只。

万历二十二年（1594）与隆庆四年（1570）的战船相比，最为明显的变化是小型战船的数量大量增加，一个是沙船，一个是唬船。沙船由27只增加到120只，增加344.4%；唬船由128只增加到449只，增加了250.7%。而万历三十二年与万历二十二年相比最明显的变化是大型战船减少，小型战船继续增加。大型战船福船由87只减少到49只，减少了43.6%；而小型战船唬船由449只增加到545只，增加了21.4%。由此看来嘉靖年间的抗倭战争后浙江沿海战船的发展趋势是数量增加，船型变小。这也反映出当时的海防思想是趋于近海防御的。这种大变小，不仅体现在大型战船数量的减少，小型战船的数量增加，也体现大型战船本身也在变小。隆庆三年（1569），俞大猷在福建造的面宽三丈的福船，每只船兵120人，舵工2人。万历十二年（1584），戚继光在十四卷本《纪效新书》中，讲一号船每只船用兵88人，另有舵工2名，斗手2名，缭手2名，椗手2名，守舱门2名，掌号1名，神器4名，总之人员配置百名以上。而万历二十二年（1594），《全浙兵制》载"一号福船一只，捕舵兵七十名，军兵十名"，共80名，显然这一号福船小于俞大猷造的福船和戚继光讲的一号战船。与戚继光嘉靖四十年（1561）造的福船每只有捕舵兵60多人较并不小，但戚继光当时所造成的福船不一定是一号福船。

  这里最值得一提的是大量增加的唬船。"唬船"一词笔者最早见于成书于万历二十二年的侯继高《全浙兵制》，后在成书于万历三十二年的范涞《两浙海防类考续编》卷十中载有唬船图及说明文字，并且注明是"新增"。这就是说万历三年（1575）刊刻的《两浙海防类考》没有唬船图说，但《两浙海防类考续编》中有叭喇唬船图说。成书于嘉靖四十年（1561）郑若曾的《筹海图编》未载叭喇唬船图说，笔者首见叭喇唬船图说是成书于万历二十年（1592）邓钟的《筹海重编》。但叭喇唬船并不是万历年间才出现的，俞大猷在嘉靖三十六年（1557）给总督胡宗宪的信中说："职今督广、福兵船，径

至岑港两头屯泊。防其遁走。实恐昏黑之夜，叭喇胡冲出，大船不能追及，日夜忧惶，未有良策。"① 这里的"叭喇胡"就是叭喇唬。可见早在嘉靖三十几年时已有叭喇唬船，只是当时明军似未装备此船，所以郑若曾在《筹海图编》中未录此船。但看来明军很快就装备了此船，所以《两浙海防类考》载，到隆庆三年时，浙江已有叭喇唬船128只。但二十多年后这种船在浙江不见了，代之而有的是唬船。唬船是不是叭喇唬船，从《两浙海防类考续编》来看不是，因为它既有叭喇唬船图说也有唬船图说，且二图说不同。后来有的兵书录用《两浙海防类考续编》唬船的图说，有的则继续用《筹海重编》叭喇唬船图说。前者如王在晋的《皇明海防纂要》，后者如谢杰的《虔台倭纂》、王鸣鹤的《登坛必究》、茅元仪的《武备志》。只是成书于万历三十四年（1606）何汝宾的《兵录》，船名是唬船，而说明则是叭喇唬船的说明，在该书看来唬船即叭喇唬船。笔者认为恐怕这是对的，唬船是叭喇唬船的简称，不然很难解释为什么隆庆三年（1569）时百余艘的叭喇唬船到万历二十二年（1594）都不见了，而唬船突然竟出现了400余艘。

唬船另一值得注意的细节是它是浙江海防的主要战斗船型，万历二十二年（1594）其占整个浙江海防船的44.1%，而到万历三十二年（1604）则占到46%。实际它不仅是浙江的主要战船，也是万历年间整个北方海防的主要战船。日本丰臣秀吉发动侵朝战争后，明廷为加强北方的防御，从浙江调沙、唬船80只，兵1 500多名，从应天调沙、唬船60只、兵950名到天津。万历二十六年（1598），明增派援朝的水军战船中就有唬船，中朝联军取得的露梁海战的胜利，船队中同样有唬船。唬船之所以在万历后受到如此重视是因为这种战船有风竖桅，无风荡桨。船每边十枝或八枝船桨，士兵坐向后棹桨，其疾如飞。"桨斜向后，准作偏柁，亦能破浪，甚便追逐、哨探，倭奴号曰'软

明代海船图说

---

① 俞大猷《正气堂集》卷九《料贼小舟乘夜奔出》，《正气堂全集》第185页。

帆'，贼盖怕之。"①这种船"尤惯走于远洋，体势低小，无冲犁之势，进退殊捷，可备追逐之需"②。能破浪，能走远洋，速度快，追逐哨探甚为方便，敌人畏惧，正是这些优点使它成为主要的战船。

唬船是一种小型船，成书万历二十年（1592）的《筹海重编》载，该船"阔约一丈，长约四丈"③。《两浙海防类考续编》载："吃水惟止三尺。"④《全浙兵制》载："唬船一只捕舵兵十八名。"⑤但何汝宾所讲之唬船似较大，"船身长六丈二尺，深五尺二寸"，双桅"大桅用杉木，二尺围，高五丈……前桅以大猫竹一株为之"⑥。由此可见唬船似乎在万历后期有增大的趋势。

明代浙江战船的发展趋势明显呈现出马鞍形，即两头高中间低。明初增强海防，战船数量较多。明中期海防废弛，战船破损殆尽，不能扼制外敌入侵。在外敌入侵的情况下，不得不加强海防，战船数量再增。这其中是含有经验教训的。

嘉靖之后浙江战船的变化可以概括为大改小，少变多。这体现了隆庆、万历时期浙江的海防没有削弱而是略有增强，但其防御思想则凸显为近海防御。

## 双屿之战和海禁

明代浙江沿海地区最为重要的海战当属双屿之战。之所以说双屿之战是最重要的海战是因为它是维护国家领土主权之战，是保卫民众生命财产之战。

---

① 邓钟《筹海重编》卷十二《经略四·叭喇唬船图说》。
② 范涞《两浙海防类考续编》卷十《海船图说·唬船式》。
③ 邓钟《筹海重编》卷十二《经略四·叭喇唬船图说》。
④ 范涞《两浙海防类考续编》郑十《战船图说·唬船式》。
⑤ 侯继高《全浙兵制》卷一《水陆兵制》。
⑥ 何汝宾《兵录》卷十《水战·唬船工图说》。

双屿之战是明军为夺取被葡萄牙海盗商人和与其勾结的中国海盗商人所占据的双屿港之战。双屿港在今浙江舟山市普陀区六横岛上。葡萄牙人明正德末年来到广东。葡萄牙殖民者和南亚许多同明朝进行贸易的国家不同，他不是单纯地进行贸易，而是在中国的土地上，"掠买良民，筑室立寨，为久居计"①，即要霸占中国的领土，进行其侵略殖民活动。嘉靖帝朱厚熜登基之后，明军就同葡萄牙人发生冲突，先后进行了屯门之战和西草湾之战。这两次作战粉碎了葡萄牙殖民者的侵略意图，保卫了国家的领土主权。葡萄牙人被逐出广东，但他们并没有离开中国，而是转向福建、浙江，与倭寇和中国的海盗商人勾结在一起，占据双屿港。朱纨说："内地叛贼常年于南风迅发时月，纠引日本诸岛、佛朗机、彭亨、暹罗诸夷，前来宁波双屿港内停泊，内地奸人交通接济，习以为常，因而四散流劫，年甚一年，日甚一日。"②俞大猷说："数年之前，有徽州、浙江等处番徒，勾引西南诸番，前至浙江之双屿港等处买卖，逃免广东市舶之税。及货尽将去之时，每每肆行劫掠。"③不仅如此，他们利用引诱和贿赂等卑鄙手段，通过一些贪利之徒，与豪绅将吏相勾结，杀人越货，无恶不作。更为严重的是，他们要霸占中国的领土双屿港。葡萄牙人克鲁斯说，"他们在宁波的岛屿（按指双屿港）度冬，并且居留下来，很自由。可是他们心犹未足，还要得到'领土的管辖权'，妄图把双屿港变成他们的殖民地"④。可是，近来有的人枉顾这些历史事实，却说葡萄牙人进行的是和平贸易。

与葡萄牙殖民者相勾结的是中国的海盗商人李光头、许栋等人。李光头、许栋开始是海商。李光头，福州人；许栋，广东潮州饶平县黄冈人，或说歙人，最初因罪被囚在福建监狱。嘉靖十九年

---

① 张廷玉等《明史》卷三百二十五《佛朗机传》，第8 430页。
② 朱纨《海洋贼船出没事》，《明经世文编》卷二百五。
③ 俞大猷《正气堂集》卷七《论海势宜知海防宜密》，《正气堂全集》第162页。
④ 戴裔煊《〈明史·佛机传〉笺正》，中国社会科学出版社1984年版，第39页。

（1540），李光头、许栋等百余人越狱，逃往海上。李光头在这年于双屿与勾引西番交易的金子老合伙，许栋于嘉靖二十二年（1543）与李光头合伙。当时"闽人李光头、歙人许栋踞宁波之双屿为之主，司其质契。势家护持之，漳、泉为多，或与通婚姻。假济渡为名，造双桅大船，运载违禁物，将吏不敢诘也"①。"司其契质"是经商，不是海盗。但他们很快就不单纯从事贸易，而是同时进行海盗活动。朱纨曾指出："贼首许二（许栋）等纠集党类甚众，连年盘据双屿，以为巢穴。每岁秋高风老之时，南来之寇，悉皆解散，惟此中贼党不散，用哨马为游兵，胁居民为向导，体知某处单弱，某家殷富，或冒夜窃发，或乘间突至，肆行劫虏，略无忌惮。"②这样他们就成为海盗，是亦商亦盗。《虔台倭纂》的作者谢杰说，双屿"港在定海之霩衢所，贼李光头、许栋等所屯，由庚子至戊申③盘据者九年，营房、战舰无所不具"④。勾引葡萄牙人和倭寇盘踞在双屿港，拥有战舰，肆行劫掠，这就是亦商亦盗李光头等海盗商人的真实嘴脸。有的人将他们描写成进行和平贸易的商人，说什么"海商志在利润，并不打家劫舍"，不知是有意美化这些海盗商人，还是不顾事实的胡说。

正是由于葡萄牙人占据双屿并和中国的海盗商人一起肆行劫掠，年甚一年，日甚一日，明廷才不得不采取措施。

嘉靖二十六年（1547）六月，"巡按御史杨九泽言：'浙江宁绍台温皆枕山濒海，连延福建福兴泉漳诸郡，时有倭患。沿海虽设卫所城池，控制要害及巡海副史、备倭都司督兵捍御，但海寇出没无常，两省官僚不相统摄，制御之法终难画一。往岁从言官请，特命重臣巡视，数年安堵，近因废格，寇复滋蔓。抑且浙之处州与福之建宁连岁矿寇流毒，每征兵追捕，二府护委，事与海寇略同。臣谓巡视重臣亟

---

① 张廷玉等《明史》卷二百五《朱纨传》，第5 403页。
② 朱纨《双屿填港工完事》，《明经世文编》卷二百五。
③ 庚子，嘉靖十九年（1540）；戊申，嘉靖二十七年（1548）。
④ 谢杰《虔台倭纂》下卷《倭绩》。

宜复设……'上曰：'浙江天下首省，又当倭夷入贡之路，如议设巡抚兼辖福建福、兴、建宁、漳、泉等处，提督军务，著为例。'"①

七月明廷任命巡抚南赣汀漳的左副都御史朱纨巡抚浙江兼管福建福、兴、建、宁、漳、泉等处海道。嘉靖二十七年（1548）又给朱纨以旗牌，使其具有便宜行事的大权。

朱纨，字子纯，长洲（今江苏苏州）人，正德十六年（1521）进士，先后任过景州（治今河北景县）知府，南京刑部员外郎，四川兵备副使，广东左布政使。嘉靖二十五年（1546）九月，升为右副都御史，巡抚南赣汀漳。他"清强峭直，勇于任事"②。

朱纨任职之后，迅速了解了闽、浙的海防状况和贼患之所以越来越严重的原因，决定采取一系列措施，加强海防，消除贼患。其具体措施一是革渡船，严保甲。他严格禁止船只出海，查禁一切渡船，杜绝与倭寇往来。严格保甲制度，搜捕勾结倭寇之人。二是整顿军队，加强海防军事力量。沿海各水寨、港澳、巡检司，原有舰船破损严重，数量锐减。朱纨首先令各寨澳清查舰船数量，修复破损舰船。三是调整、添置沿海防御设施。朱纨不仅注意添置战舰，加强海上防御，对沿海岸上防御也十分重视。凡防御疏漏之处，该添置寨所的加以添置，该调整防务的加以调整，以使贼寇即使在海上不被歼灭，也难登岸劫掠地方。四是部署官军，严守沿海，防止敌人劫掠。朱纨在整饬海防的同时，准备对盘踞于双屿的葡萄牙殖民者和与其勾结的亦商亦盗的李光头、许栋等海盗进行剿捕。

双屿东西两山对峙，南北俱有水道相通。水道入口处有小山作为屏障，港内空阔二十余里，能避风涛，能泊舰船。葡萄牙人和许栋等在此修建了营房，置备了战舰，日夜派人扼守入口，是一个难以攻破的巢穴。朱纨鉴于这种情况，决定采取"合闽、浙二省之兵，协力夹

---

① 《明世宗实录》卷三百二十四，嘉靖二十六年六月癸卯。
② 张廷玉等《明史》卷二百五《朱纨传》，第5 450页。

攻，待时而动"①的作战方针。他令卢镗专任此责。卢镗接受命令后，与海道副使魏一恭、备倭指挥刘恩至、张四维、张汉等部署兵力，聚集港口挑战。狡猾的敌人开始坚壁不出，企图拖垮明军。后来见势不妙，于嘉靖二十七年（1548）四月七日风雨交加、海雾弥漫的夜晚，逸巢而出，企图逃跑。尽管海况恶劣，明军依然奋勇夹击，大败李光头、许栋等一伙，俘斩溺死数百人，贼酋许六、姚大总及大窝主顾良玉、祝良贵等被擒②。卢镗率兵进入港内，焚毁战舰，荡平双屿港。第二天，从南麂山（在今浙江平阳东南海中）等地回来的敌船，知贼巢已破，无地容身，遂潜泊于下八山（在今嵊泗县境内）。

双屿之捷后，朱纨令卢镗和海道副使柯乔继续追剿。卢镗分兵，四月与倭寇战于九山大洋（今浙江象山东南韭山列岛附近海域），百户张烨为先锋，指挥张汉继其后，大败倭寇，俘斩倭酋稽天新四郎等55名，溺死无数③。

嘉靖二十八年（1549）正月，从双屿逃往浯屿（今福建龙海市港尾镇东浯屿岛）的葡萄牙人，在明军的压迫下退出浯屿。④二月⑤，又窜犯诏安。副使柯乔、都司卢镗与之战于走马溪（在今福建东山南陈

---

① 朱纨《双屿填港工完事》，《明经世文编》卷二百五。
② 郑若曾《筹海图编》卷五《浙江倭变纪》、卷八《寇综分合始末图》和谢杰《虔台倭纂》卷下《倭绩》均载此战贼酋李光头被擒。但《明世宗实录》卷三百四十七，嘉靖二十八年四月载：朱纨在诏安之战后奏称"臣讯得所俘伪千总李光头等九十六人，交通内应，即以便宜，檄都指挥卢镗、海道副使柯乔斩之"。《明史》《明通鉴》也有同样记载，可见李光头被俘于嘉靖二十八年三月的诏安之战。
③ 据郑若曾《筹海图编》卷四《福建倭变纪》。《明史》卷二百五《朱纨传》载此战"许栋亦就擒"，不确。
④ 关于葡人占据浯屿问题，说法不一。《明史·佛郎机传》载："至二十六年，朱纨为巡抚，严禁通番。其人无所获利，则整众犯漳州之月港、浯屿。副使柯乔等御却之。"《虔台倭纂》下卷《倭绩》载，双屿之捷后，"余党通往福建者，公（朱纨）复遣镗会同海道副使柯桥等会剿……一破之于浯屿"。《中葡外交史》载，双屿之捷后，葡人在浯屿自建房屋，为其居住区和贸易基地。"中国政府派大小船只百二十艘，满载士兵，前往兜剿，泊于漳州港内的葡船十三艘，悉被焚灭，五百余葡人中，以身免者，仅三十人而已。时在一五四九年，即明嘉靖二十八年也。"这应该是指一次中国反葡萄牙殖民者的一次不小的战役，但笔者至今还未见中国史料有这方面的记载。
⑤ 此据《明世宗实录》卷三百四十七载"顾贼擒于二月，奏发于三月"。《明史·朱纨传》记为"三月"。

城镇内),共擒96人①,其中既有葡萄牙人,也有勾结葡萄牙人的海盗头目李光头等。朱纨根据当时情况,将李光头等斩首于演武场。

经过双屿之战、诏安之战,朱纨将葡萄牙人赶出了浙江、福建。葡萄牙人欲在浙、闽建立永久据点的企图破灭了,不得不再回到广东,于嘉靖三十三年(1554)借口进驻濠镜(今澳门),并逐渐把濠镜作为他们的永久据点。

朱纨所进行的双屿之战收复了被葡萄牙人占据的双屿港,铲除了殖民者和中国海盗年甚一年、日甚一日对当地百姓的劫掠,维护了国家的领土主权,保卫了民众的生命财产安全,是一次了不起的胜利。但是今天竟有人说:"六横岛上的港口简陋冷清,让人难以想象它五百多年前的繁荣——当时,这里诞生了声震海内外的双屿港,它悬居海洋之中,地理位置优越,山抱海绕,易于船只隐蔽出入,曾一度成为亚洲最大、最繁华的海上国际自由贸易港。然而在明王朝残暴的海禁之下,这个'世贸中心'最终烟消云散,仅在史书中留下了一段辉煌。"是最繁华的海上国际自由贸易港,还是殖民者未经明朝允许,占据中国的海岛,进行所谓贸易的同时还进行海盗的劫掠?试问有哪一个国家对外国人占据自己的国土不闻不问?有哪一个政府允许外国人劫掠自己的人民?如果有,那一定是个卖国的政府。某些学者发表大块文章,不遗余力地抨击这种驱逐外国侵略者、收复国土的举措,说"在明王朝残暴的海禁之下,这个'世贸中心'最终烟消云

---

① 《明世宗实录》卷三百四十七,嘉靖二十八年四月庚戌载:"巡视浙江都御史朱纨疏报诏安之捷,因言:'闽贼蟠结已深,成擒之后,奸宄切齿,变且不测。臣讯得所俘伪千总李光头等九十六人,交通内应,即以便宜,檄都指挥卢镗、海道副使柯乔斩之。'"《明史·朱纨传》载:"其年三月,佛郎机国人行劫至诏安。纨击擒其渠率李光头等九十六人,复以便宜戮之。"都说当时俘海盗头目,而没有说斩葡萄牙人之事。只是朱纨《甓余杂集》卷四《六报闽海捷音事》所载的卢镗、柯乔的呈报文书中谈到,此次作战卢镗亲自击鼓督战阵,攻围夷王船2艘、哨船2艘、叭喇唬船4艘,生擒麻剌甲国之王子、王孙、嫡弟以及所谓矮王、一王、二王等佛郎机国王3名,又生擒白番16名,黑番46名,贼首喇哒、李光头等120名,番贼妇29名,斩获番贼首级33颗,共计擒斩达239名。西人考证,认为此事记载不确,卢镗等是虚报战功,夸大其词,并说大部被捕之葡人终获释放。但此次作战被捕、被杀有葡人当是无疑的。

散"。似乎他们最为欣赏的是贸易自由，只要有贸易自由，可以让外国人随心所欲地占领他国的国土，劫掠他国的人民。这样的贸易自由到底对谁有利呢？这样的贸易自由也是值得颂扬的吗？而对维护国家的领土主权，保卫民众的生命财产安全的军事行动则大加斥责，这难道是一个正直的学者应该有的态度吗？

## 关于海禁

关于明代的海禁有两个关系应该理清，一个是海禁和海防的关系，一个是海禁和外患的关系。

海禁和海防的关系在明代大体分两个阶段。嘉靖二十八年（1549）前海禁和海防是明朝抵御外敌入侵的两个手段，加强海防的同时也实行海禁。加强海防，建立和加强水军促进造船业的发展，而实行海禁，禁止人们出海则限制了民间造船业的发展。最为明显的例子就是朱纨整饬海防。他加强海防的同时也严海禁，革渡船，把民间的商船通通管制、收买，拨给军队，以加强海防。

但嘉靖三十一年（1552）抗倭战争开始后，海防逐渐加强而海禁则有放宽的趋势。嘉靖三十一年后，各海防大臣，从巡抚到总督，都没有把海禁作为一项御倭的措施。巡抚王忬虽然也提出了禁近海豪民通引倭夷等措施，但没有禁渔船出海，不仅不禁，而且提出闽、浙渔船量议收税，以助军饷的主张。总督胡宗宪于嘉靖三十五年（1556）上奏朝廷，提出令渔船自备器械，排甲互保，无事为渔，有警则调取，同兵船兼布防守的主张。实际在这之前，巡盐御史董威已提定，渔船各立一甲头管理，并根据船的大小纳税，然后由官府发给凭证，方可以买盐和出海捕鱼。每年三月在黄鱼的汛期，渔船纳税之后可以结成船队，出海捕黄鱼，到五月回港。胡宗宪的主张是在此基础之上，又利用渔船抗倭。而名将俞大猷又进一步提出对于沿海渔民"听

卷四 嘉靖后的海船·浙船与沙船

其采捕，因而为兵"的主张。他认为渔船太小，难以御敌，令渔船大者25只另造一只大楼船，小的50只另造一只大楼船，这样"大小相资，各有实用"①。整个沿海有数千只渔船，可造一二百只大楼船，因而可形成一支很强的海上防御力量。但这在当时没有变成现实，后来人们评论说："两浙渔船出海捕鱼者动以千计，其于风势则便习也，器械则锋利也，格斗则敢勇也，驱而用之，以足以捍敌，缉而税之，尤足以馈军饷。乃疑其勾引而厉禁之，遂使民不聊生，潜逸而从盗矣。故缉名以稽其出入，领旗以辨其真伪，纳税以征其课程，结艘以连其犄角，而又抽取官兵以为之声援，不惟听其自便为生，且资其捍御矣。"②确实这一措施有多方面好处，一是使老百姓能出海捕鱼，不至于因生活窘迫而依附于入侵的倭寇，从而削弱了倭寇的力量；二是可将他们组织起来，成为一支人数相当可观的海上御倭力量；三是可以抽税，以补军饷之不足。此举于国于民均有利，何乐而不为！

当时提出宽海禁的不只是王忬、胡宗宪、俞大猷，还有谭纶。嘉靖四十三年（1564），谭纶在他的《条陈善后未尽事宜以备远略以图治安疏》中说："为今之计，正宜严禁日本不许私通外，其他如采捕鱼鲜，贸易米谷，与在广东转贩椒木，漳州发卖白糖之类，悉宜如臣近日将各府单桅船只，定为号色，编立保伍，听于附近海洋从便生理之意，推广而行，但有勾引事发，乃行连坐重治。如此，虽未必尽无法外之遗奸，但天下之事，岂有皆利而无害？惟当权其分数之多寡，使为贼者半，为商者半，或为商者十之七，为贼者十之三，则彼之分数既减，我之致力亦易，不愈于相率而共为盗乎？"看来谭纶的宽海禁不只是说，而是具体实行。这是他作为离任的巡抚请求朝廷令下一任巡抚继续"推广而行"他的宽海禁的政策。谭纶说"严禁日

---

① 俞大猷《正气堂集》卷十六《恳乞天恩亟赐大举以靖大患以光中兴大业疏》，《正气堂全集》第343页。
② 顾炎武《天下郡国利病书》卷八十五《浙江三·沿海渔税》。

本，不许私通"，而实际私通日本之船只仍然存在。嘉靖四十一年（1562）宁德县的秀才蔡景榕被倭寇掳去。倭寇令他下田除草，一个秀才怎能干此活，倭寇就用鞭抽打他。他真想死去，但倭寇看得紧，使他欲死不能。倭寇见他无用，就以八千文将他卖给客商。他随客商去一寺庙，见到一老住持俊可。通过书写交流，俊可知其为秀才，就还客商八千文，将其留在寺庙里。蔡景榕每天的干的事就是抄写佛经之类。时间久了，他想返回中国。"（住持）：'吾得言于萨摩州，俾妻之，田产之，以安其心、慰其心，而胡以思归勤也？'榕闻之，故示意于便面之景：'金风萧瑟碧天秋，浅水平芦亦楚游，万里青霄终一去，野凫无计漫相留。'住持喻意，且进诸僧而言：'知彼归心切矣。吾崇佛教，慈悲普施，何惜八千钱，而拘人于吾地，使其愁苦呻吟，有似我之荼毒者耶。然的所以欲留之者，念我国人扰彼国未靖也。归而不虞，何如勿归？少待之，须送琉球，与其好归，令而父母妻子恩我也。'癸亥春，命畜发，为归计。癸亥秋，发尚短，即恳求附倭子船回，住持甚虑，船人不妥，且殃及之，弗之许。甲子，四十三年秋，有漳州通番舶至，复乞归，复以船人不妥见虑，属之觅，漳人乃素来贩者，知其无害，欣然许之。置酒志别，榕遂解脱，离倭境，乘漳人张姓者之船归焉。计开船时，九月二十一日，到月港则十月二十日也。"①

蔡景榕嘉靖四十一年（1562）被倭寇掳到日本的萨摩州，四十三年（1564）冬十月回到国内。他回来所乘的船是"漳州通番舶"，而这只通番舶是"素来贩者"。蔡景榕回来后，戚继光找他了解日本情况，巡抚汪道昆和学宪姜凤阿允许其继续充廪生，完成学业，后官至湖广随州学正。可见，当时文武官员从巡抚到总兵都知道漳州有通番舶，但未见其禁止。嘉靖中后期，在东南沿海有一个从严海禁到宽海禁的转变。隆庆元年（1567）明廷有限地开放海禁，准贩东西二洋，

---

① 蔡景榕《海国生还集·上兴化太尊钱春池状》。

从而促进民间的对外贸易和民船的建造。万历二十年（1592），日本丰臣秀吉侵略朝鲜，并欲侵略中国，明廷为防御日本的入侵加强海防建设同时再令沿海实行海禁。对此福建巡抚许孚远和巡按陈子贞上疏，请求继续开放海禁。许孚远主张，"于通之之中，申禁之之法"，允许百姓贩东西洋货，而采取各种措施，以防止这些商人通倭和将违禁的铅、硝运往日本。这样"有所予而有所夺，则民之冒死越犯者，固将不禁而自止"①。巡按陈子贞的题奏与许孚远的奏疏基本相同。明廷在福建巡抚和巡按的请求下，于万历二十一年八月下令"闽省复通海市，但严硝、黄之禁"②。而到了天启年间，徐光启则认为与日本人也应通市，他说："入寇与通市两事也。来市则予之，来寇则歼之，两不相妨也。"③要除盗而不除商，如果只有绝市而后日本才不入侵，那只有日本全国没有一人知道通往中国的海道，只有日本全国摒弃中国的货物不用，才有可能，而这是绝不可能的。那些重在获利的日本人，开市就不会为盗，不开市则会入侵，而那些图谋不能得逞的日本人，开市他入侵，不开市他也入侵。这不是开不开市的问题，而是加强不加强防卫的问题。开市还可以使我国的丝帛等货物有销路，是两利之道。"惟市而后可以靖倭，惟市而后可以知倭，惟市而后可以制倭，惟市而后可以谋倭"④，开市又是防御倭寇入侵的一项重要举措。可以说嘉靖二十八年（1549）后，明廷基本改变了过去海禁和海防同步的做法，海禁和海防已脱钩，海禁就再也没有那么严苛过。

关于海禁和外患的关系，笔者认为，是外患逼得明廷实行海禁，而不是海禁引起外患。

---

① 许孚远《疏通海禁疏》，《明经世文编》卷四百。
② 《明神宗实录》卷263，万历二十一年八月壬午，第4 869页。
③ 徐光启《海防迂说》，《徐光启集》卷1，上海古籍出版社1984年版（下同，不注）第47、38页；《明经世文编》卷四百九十一。
④ 徐光启《海防迂说》，《徐光启集》卷1，第48页；《明经世文编》卷四百九十一。

近年来有一种论调，认为"海禁的口袋愈收愈严，手段也越来越残暴之后，被颠覆的海商巢穴却变成了巨大的马蜂窝，捅掉之后，不知从哪里迅速涌出了成千上万的'倭寇'，'连舰数百，蔽海而至'，使'滨海数千里，同时告警'，掀起了嘉靖大倭寇的滔天巨浪"。这是说"嘉靖大倭寇的滔天巨浪"是由"海禁的口袋愈收愈严，手段也越来越残暴"引起的。

果真是这样吗？我们认为不是。不是海禁引起了外患而是外患逼得明廷实行海禁。明初如此，嘉靖年间也是如此。

明朝实行海禁政策，是从洪武初年开始的。据《明太祖实录》载，洪武二年（1369）正月"倭人入寇山东滨海郡县，掠居民男女而去"①。据《明代倭寇考略》载，仅洪武二、三年两年倭寇入侵中国沿海竟达11起之多。而朱元璋下达实行海禁的命令是从洪武四年（1371）开始的。洪武四年十二月，朱元璋在将方国珍旧部及兰秀山流民11万余人分别隶属各卫的同时，下令"禁濒海民不得私出海"②。朱元璋之所以实行海禁政策，是为了巩固海防。可见是倭寇的入侵在前，明朝实行海禁政策在后，明初的倭寇入侵不是由海禁引起的。嘉靖年间的海禁表现为时紧时松的特点。嘉靖元年（1522）发生了反葡萄牙人的西草湾之役，嘉靖二年发生了日本两贡使的争贡之役。明廷对这两次外敌入侵事件的反映之一就是加大海禁力度。嘉靖三年（1524）四月，明廷规定对"番夷贡船官未报视，而先迎贩私货者，如私贩苏木、胡椒千斤以上"者、"私代番夷收买禁物者"、"揽造违式海船，私鬻番夷者"，都是"犯重科"，从严处治③。嘉靖四年（1525）八月，明廷下查禁双桅海船，"但双桅者，即捕之。所载

---

① 《明太祖实录》卷三十八，洪武二年正月是月条，史语所校勘本，台北，1962（下同，不注），第781页。
② 《明太祖实录》卷七十，洪武四年十二月丙戌，第1 300页。
③ 《明世宗实录》卷三十八，嘉靖三年四月壬寅，史语所校勘本，台北，1962（下同，不注），第956~957页。

虽非番物，以番物论，俱发戍边卫"①。嘉靖八年（1529）和十二年（1533）再次下达海禁的命令。可见这次严海禁也是由外敌入侵引起的。随着时间的推移，海禁渐弛。"嘉靖十九年时海禁尚弛"②，使通番之商人渐多。海商王直和他的同伙之所以能在五六年间，"致富不赀"，就是因为当时"海禁尚弛"，可以到外国进行贸易。但这些海商先是金子老于嘉靖十八年（1539）屯双屿，勾引葡萄牙人，进行贸易。十九年（1540）李光头和金子老合踪。二十一年（1542）后金子老回福建，不再来双屿。二十二年许栋和李光头合踪。二十三年他们开始劫掠福建、浙江，成了亦商亦盗的"双料货"。而葡萄牙人本来就是海盗商人，他们一面把双屿港作为他们的殖民地，一面交易后进行劫掠。正是在这种形势下，嘉靖二十六年（1547）七月，明廷任命朱纨巡抚浙江兼管福建福、兴、建宁、漳、泉等处海道。朱纨任职后，革渡船，严保甲，整顿军队，严守沿海，海防大有改观，海禁力度前所未有。可见，朱纨严海禁是由葡萄牙人占领双屿和与其勾结的海盗商人一起进行劫掠活动引起的。朱纨收复了双屿港，驱逐了葡萄牙人，消灭了劫掠百姓的海盗商人。但他这样做得罪了与西番、倭寇和海盗商人勾结的贵官家，这些贵官家在朝中的代理人弹劾他。结果朱纨于嘉靖二十八年（1549）四月被罢官，后来"仰药而死"。

明代海船图说

朱纨死后是不是如有观点所认为的"海禁的口袋愈收愈严，手段也越来越残暴"呢？恰恰相反，"自纨死，罢巡视大臣不设，中外摇手不敢言海禁事"③。"自纨死，海禁复弛，佛郎机遂纵横海上无所忌。"④"自是舶主土豪益自喜，为奸日甚，官司莫敢禁。"⑤

---

① 《明世宗实录》卷五十四，嘉靖四年八月甲辰，第1 333页。
② 郑若曾《筹海图编》卷九《大捷考·擒获王直》、佚名《汪直传》。但也有的说，嘉靖二十年（1541）后海禁更严者。
③ 张廷玉等《明史》卷二百五《朱纨传》，第5 405页。
④ 张廷玉等《明史》卷三百二十五《佛郎机传》，第8 432页。
⑤ 谷应泰《明史纪事本末》卷五十五《沿海倭乱》，中华书局1977年版（下同，不注）第847页。

不仅"海禁复弛",而且明廷还准备宽海禁,"嘉靖三十年夏四月,浙江巡按御史董威、宿应参前后请宽海禁,下兵部尚书赵锦覆议,从之。"① "嘉靖三十年五月初六日,该都察院勘合二千六百八十五号巡按福建字样,勘议通海舶以资物货一件:给事中题要将广东、福建、浙江三省尽许开通番舶,照常抽税,以资国用。中间如果有益无害,亦要详议酌处,事体停妥,使无后虞等。"② 这个提议虽然没有通过,但明廷要在广东、福建、浙江开放海禁的动议是确定无疑的。总之,朱纨死后,不仅不言海禁,而且朝廷准备"开通番舶",海禁是宽松的。怎能说"海禁的口袋愈收愈严,手段也越来越残暴"呢?又根据什么说"海禁的口袋愈收愈严,手段也越来越残暴",从而"掀起了嘉靖大倭寇的滔天巨浪"呢?恰恰相反,正是由于海禁得弛,弛禁撤备,倭寇才得以大作。《国榷》曰:"自纨没,舶主豪右,唾手四起,倭患大作,人始思其功。"③《明史》曰:"自纨死,罢巡视大臣不设,中外摇手不敢言海禁事。浙中卫所四十一,战船四百三十九,尺籍尽耗。纨招福清捕盗船四十余,分布海道,在台州海门卫者十有四,为黄岩外障。副使丁湛尽散遣之,撤备弛禁。未几,海寇大作,毒东南者十余年。"④ 都督万表说,王直"渐次并杀同贼陈思盼、柴德美等船伍,遂致富强。以所部船多,乃令毛海峰、徐碧溪、徐元亮分领之。因而海上番船出入关无盘阻,而兴贩之徒纷错于苏杭。近地人民,自有馈时鲜,馈酒米,献子女者"⑤。"海上番船出入关无盘阻",通番船舶可以自由出入,这是何等的宽松!而这个时间是王直"渐次并杀同贼陈思盼、柴德美等船伍"之后,即嘉靖三十一年(1552)。而正是这年四月"漳、泉海贼勾引倭奴万余人,驾船千余

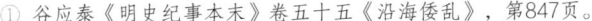

① 谷应泰《明史纪事本末》卷五十五《沿海倭乱》,第847页。
② 冯璋《通番舶议》,《明经世文编》卷二百八十。
③ 谈迁《国榷》卷五十九,嘉靖二十九年七月壬子,中华书局1958年版,第3 753页。
④ 张廷玉等《明史》卷二百五《朱纨传》,第5 405页。
⑤ 郑若曾《筹海图编》卷十一《经略一·叙寇原》,"都督万表云"条。

艘，自浙江舟山、象山等处登岸，流劫台、温、宁、召（绍）间，攻陷城塞，杀掳居民无数"①。《筹海图编》载，嘉靖三十一年五月贼陷黄岩县，六月攻霩䨇所。"自陷黄岩，屠霩䨇，而其（指王直——引者按）志益骄。其后，四散劫掠，不于余姚，则于观海，不于乐清，则于瑞安。"②倭寇大规模入侵开始了。③由此可见王直等人是在海禁宽松的情况下，勾引倭寇开始侵掠沿海的。有的研究者对这些事实或视而不见或故意不讲，硬说是海禁引起了倭患，说"倭寇，一个王朝的谎言"，恐怕这些枉顾事变的观点才是真正的谎言。

我们认为"掀起了嘉靖大倭寇的滔天巨浪"的是以王直为首的中国海盗集团勾结倭寇的猖狂侵扰。王直是中国的海盗头子，不是"倭寇之首领"。把王直冠为"倭寇之首领"，就笔者管见是20世纪30年代陈懋恒发生在《明代倭寇考略》一书中所认为的。笔者在明代文献中未见有称王直等为"倭寇之首领"的，而只称他是"海贼""海寇""贼首"或"内逆"。有些研究者正是因为说王直等是倭寇的首领，而在当时倭寇的队伍中又有十分之七的中国人，所以他们说倭患不是外敌入侵而是中国的内战。如果说王直是倭寇的首领，倭寇都听他指挥的话，那么嘉靖三十六年（1557）他被逮捕之后，倭寇失去指挥者，倭患就应平息。然而情况并非如此，嘉靖三十六年后倭寇更猖獗。王直为患东南沿海的五年（嘉靖三十一年至三十六年），未曾占领府一级的城市，他死后的嘉靖四十一年（1562）倭寇占领了兴化府城（今福建莆田），烧杀劫掠之甚前所未有，难道是他指挥的吗？以王直为首的海盗集团的主要成员徐海、陈东、叶麻等在嘉靖三十五（1556）年均被消灭，而倭患至少又延续了七八年之久，到嘉靖

① 《明世宗实录》卷三百八十四，嘉靖三十一年四月丙子，第6 789页。
② 郑若曾《筹海图编》卷十一《经略一·叙寇原》，"都督万表云"条。
③ 嘉靖年间倭寇的猖獗从何时起？有的学者认为从嘉靖初的争贡之役始，这恐怕不太合适，争贡之役只不过是倭寇入侵的一个序曲。有的学者则认为从嘉靖三十二年始，这恐怕也不当。因据陈懋恒《明代倭寇考略》所列，嘉靖三十一年，倭寇侵犯共13次之多，地域遍及山东、江南北、浙江、福建，时人称之为"壬子之变"，所以笔者以此年为倭寇大肆入侵开始之年。

四十三年（1564）俞大猷歼灭入侵广东的倭寇，倭患才基本被平息。在这七八年间，王直也是倭寇的首领吗？陈懋恒先生不将中国的海盗和日本海盗区别开来是不恰当的。王直不是倭寇，更不是倭寇的首领，是勾引倭寇的入侵中国的海盗头目。要把王直和倭寇区分开来，就像要把抗日战争时的汉奸与侵略中国的日寇区分开来一样。

然而这不是说王直这帮海盗对掀起"嘉靖大倭寇的滔天巨浪"没有罪责，相反正是他们的勾引，倭寇才如此大规模的入侵，正是他们与倭寇合流，倭寇才如此猖獗。有的人说王直没有什么罪过，难道勾结倭寇劫掠自己同胞不是罪过吗？说王直是海商只是要求开放海禁，明廷就加以镇压。王直最初是海商，但后来他不是海商而是海盗，是勾引倭寇烧杀劫掠沿海百姓的海盗，对这样罪恶滔天的人难道不应该镇压，反而要歌颂吗？

总之，海禁是因外敌从海上入侵而逼得明廷实行的一种政策，是与加强海防并行的巩固海防的一种手段。海禁严苛的时候，明廷也往往加强海防，大造战船，但海禁严苛的时候，则限制民间出海，阻碍了民间造船业的发展。不是海禁引起了嘉靖年间的倭患，正是由于弛禁撤备，海防废弛，海盗商人走上邪路，勾引倭寇，才掀起了"嘉靖大倭寇的滔天巨浪"。

卷四　嘉靖后的海船·浙船与沙船

# 卷五
## 嘉靖后的海船·特殊船舶

## [古图说]

### 八卦六花船

　　此船江海之中，攻守皆用，不惧风涛。欲攻则敌不能当，欲守则敌不能近，故水战首制此船，以保全胜也。用厚楠木板作五槽①，底槽前平头，槽后为尾。其制造有八卦六花之义，故名焉。上有三桅，中有八轮，后有舵楼。顺风则用篷，逆风则转轮，快利如风。底中一槽高七尺，阔六尺；旁二槽高六尺，阔五尺；尽边二槽高五尺，阔四尺。每槽相离，置轮一尺五寸，共阔三丈六尺。两头接铺平，中间上作舱，长三丈六尺，槽前平头三丈六尺，槽亦三丈六尺。尾起舵楼，底空，内定八轮，居中作官舱，长三丈六尺，阔一丈八尺，两舷各阔九尺。前后中共三桅，篷索用药水刷过，遇雨中不湿重，彼若有火来，到篷即灭。周围安立挨牌②。舱上并牌皆用生牛皮包裹，以防矢石。底下用狼牙钉品字密钉，以防奸细、水怪。此统军大将取胜也。次附以车轮舸③、鸳鸯艃④、游艇⑤、走舸⑥、斗舰⑦、钩拒⑧等船。舱内载以神枪、神炮、神箭⑨、神火、神水⑩等器。欲要劫营，斩关夺

---

① 五槽：槽即船舱，此讲"五槽"指船中部与安装轮形桨有关的舱。
② 挨牌：盾牌中的一种，用白杨木制作，小者长五尺，阔一尺五寸，上比下宽四五分。
③ 车轮舸：是长四丈二尺，阔一丈三尺，两边共安四轮，令人转动轮形桨，快速行驶的船。
④ 鸳鸯艃：即鸳鸯桨船。艃字，字典未见。
⑤ 游艇：大型船舶。无女墙，高五层，用士兵八百人，以拍竿击敌船。
⑥ 走舸：船舷有女墙，用精锐战卒划船，往来入飞，迅速接敌制胜。
⑦ 斗舰：船舷有女墙，可蔽半身，墙下有孔，以用桨。墙内五尺，再建一层平台，立女墙，以对敌作战。
⑧ 钩拒：一种能钩搭敌船的冷兵器。
⑨ 神枪、神炮、神箭：三种火器。神枪有手把铳、鸟铳等火器。神炮有大将军、二将军、发熕、佛郎机等。神箭，有火箭、大火箭以及飞刀、飞枪、飞剑等。
⑩ 神火、神水：神火当是燃烧性的火器，如火毯等；神水指何种火器，待查。

寨、暗渡则有浮带①、浮毯②、木罂③、绳筏④、蒲筏⑤、械筏⑥等具。更相参古制，无不胜者。

——唐顺之《武编》前集卷六《舟》

## 鸳鸯桨船

鸳鸯桨即莺船。此桨用二舟并合一处，形如舰船，不用篷桅。各长三丈五尺，阔九尺。舱上用生牛皮张裹，棹桨人并桨把俱在舱内，桨尾自内入水，每一边八把。舱上前后两旁俱留箭眼，以便放火药、神器。如赴敌则两边飞棹，与敌相近则放神器，分为两边夹攻，使彼左右难救。贼乱既中我药箭、神器等具，其人必伤，其船必焚。此轻舟近敌之法，如捕巨鱼之法也，待彼势弱败，我则近而擒之矣。

——唐顺之《武编》前集卷六《舟》⑦

鸳鸯桨，用二舟，活扣一处，形如舰船，不用篷桅。各长三丈五尺，阔九尺。舱上用生牛皮张裹，藏列兵器勇士。摇桨每一边八把。舱旁两边留箭眼。如赴敌则两飞棹相敌，近则放神器，分为两舟夹攻，使彼左右难救，贼必败也。

——茅元仪《武备志》卷一百十七《军资乘·水二·战船二》

---

① 浮带：一种渡水用具，形制不详。
② 浮毯：一种渡水用具，形制不详。
③ 木罂：把瓮缚在一起制成的筏子，以渡水。
④ 绳筏：一种渡水用具，形制不详。
⑤ 蒲筏：用捆扎的蒲草，做成的筏子，以渡水。
⑥ 械筏：用枪械做的筏子。将枪十枝捆成一捆，用五千条枪纵横捆捌在一起，形成一个大筏子，可渡五百人。
⑦ 本文据茅元仪《武备志》卷一百十七改了个别错字。

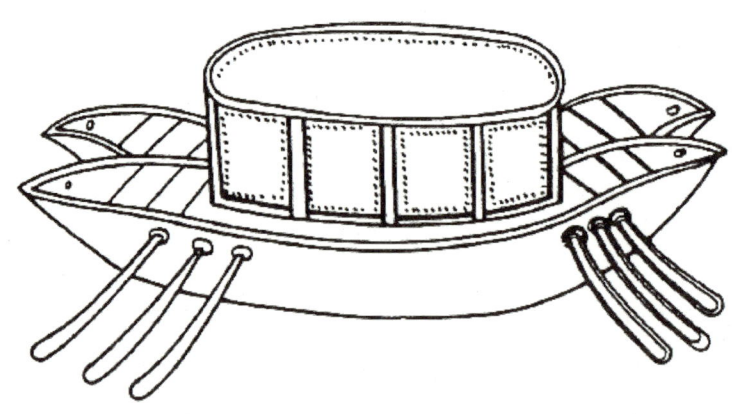

图5-1　鸳鸯桨船

（见茅元仪《武备志》卷一百十七《军资乘·水二·战船二》）

## 车轮舸

　　车轮舸　此舸长四丈二尺，阔一丈三尺，外虚边框各一尺，空内安四轮，轮则入水约一尺许，轴在舱内，令人转动，其行如风。船前平头长八尺，中舱长二丈七尺，后尾长七尺，为舵楼。舱上居中，通前彻后，用一大梁。盖板自两边伏下，每一块长五尺，阔二尺，下安转轴，如吊窗样。临敌，先从内里放神砂、神箭、神火等器。彼不能见人，亦不用篷桅①棹橹。贼势少弱，我军一起掀开船板，立于两边，即同旁牌。牌与舱俱用生牛皮张裹，人立于内，抛火毬，於标枪，使钩拒，捍套索等器，其船必焚，贼必就擒矣。

——唐顺之《武编》前集卷六《舟》②

---

① 桅：原书作"椁"（音wěi），木名。此处是指船桅而言，故改为"桅"。
② 茅元仪《武备志》卷一百十七有基本相同的记载。本文据《武备志》对个别字作了校改。

图 5-2 车轮舿

（见茅元仪《武备志》卷一百十七《军资乘·水二·战船二》）

## 破船舿（破船筏）

破船舿 此舿用大木五根，各长三丈余，将木居中凿空，仍补平厚，以麻粘之。前后横拴串锭一处，如筏势。两边六轮，上作船舱，轮轴在内。前平头长一丈，舱长一丈五尺，尾长七尺，安舵楼。前平头上安破舟铳，其铳如神枪样，枪头如荞麦样，用纯钢，极快利，头长三寸，后桿长四寸如枪，安置铳内。凡一舟前用三具，约木头与水颇相平，约与船相近，舱内点放火线，其枪径打入船内。连一二三铳，其船必烂而沉矣。

——唐顺之《武编》前集卷六《舟》

破船筏，用大木五根，各长三丈余，将木居中凿空，仍铺板平，以油灰麻填缝钉完油过。前后横串一处两边四轮，中作船，藏轮轴在内。前平头上安破舟等器，木头与水相平。此制射打贼船轻便。

——茅元仪《武备志》卷一百十七《战船二》

## 子母舟

子母舟　此舟长三丈五尺，前二丈如舰船样，后一丈五尺只有两边板帮，腹内空虚，上舱前后通连，内藏一小舟，亦有盖板掩人。两边四棹，母船使风，逆风棹桨。前舱内装以柴薪，皆用油麻缚沃，交贯火药粗线。船前两腋俱锭狼牙钉，钉皆用钢尖快利。或迎抵彼船，或顺风赶上，临棹飞奔彼船尾后。舱内发钩拒捍搭以留索，与彼相连一处。先往船上将箭砂火等具，即发将我舟，与彼并焚。我军从子舟而出矣。

——唐顺之《武编》前集卷六《舟》

子母舟，长三丈五尺，前二丈如舰船样，后一丈五尺只有两边帮板，腹内空虚，后藏一小舟，通连一处，亦有盖板掩人。两边四棹，前母船使风送棹桨。前舱内装以茅薪油麻缚沃，交贯火药粗线。船前两腋俱用狼牙钉锭，背用钢尖快利。或迎抵彼船，舱内发钩拒掉，搭以溜索，与彼相连一处。先往船上放箭砂等具，即将我母船发火，与彼并焚。我军后开子船而归。

——茅元仪《武备志》卷一百十七《战船二》

图5-3　子母舟

（见茅元仪《武备志》卷一百十七《战船二》）

## 火龙船

　　火龙船　陆战用车骑，水战用舟船，一定之制也。艨艟战舰，《武经》自有图式[1]。惟此船制式，状类海舶，周围以生牛革为障，或剖竹为笆，用此二者以挡矢石。上留铳眼箭窗，看以击贼。上中下

---

① 《武经》自有图式：《武经》，指宋曾公亮等撰的《武经总要》；其图式见《武经总要》前集卷十一。

分为三层，首尾设暗舱以通上下。中层铺用刀板钉板，两旁设飞桨或轮，乘浪排风，往来如飞。募四人以为水手，遇贼诈败，弃而与之，精兵暗伏下舱，四人赴水而走。待贼登船，机关一转，贼皆翻入中层，刀钉板上，生擒活缚，懦夫病妇，亦可就而戮之，况于兵乎！若冲入贼船队内，两旁暗伏火器百千余件，左冲右突，势不可当。用此船一号，足抵常用战船十号，顾用之者将得其人耳。

——茅元仪《武备志》卷一百十七《战船二》

图5-4　火龙船

（见茅元仪《武备志》卷一百十七《战船二》）

## 连环舟

连环舟　其舟约四丈许,外视之若一舟,分则为二舟,前半截三之一,后半截三之二,中联以环。前截载大炮、神烟、神砂、毒火等器。舟首锭大倒须钉数枚。铳向其前,后截两旁施数桨,载兵士。遇贼乘顺风或自上流,相机径趋贼营,以舟首钉撞于贼舟之上,前环自解,后截则回。本营乘贼心惊惶,用器击之,乃水战之奇策也。环者大铁圈两个,锭前截,后截用铁钩两个钩住。撞于贼船,则放其钩而后截即回本寨也。

——茅元仪《武备志》卷一百十七《战船二》

图5-5　连环舟
(见茅元仪《武备志》卷一百十七《战船二》)

## 蜈蚣船

图5-6 蜈蚣船
（见茅元仪《武备志》卷一百十七《战船二》）

蜈蚣船　船曰蜈蚣，象形也。其制始于东南夷，专以驾佛郎机铳。铳之重者千斤，至小者亦百五十斤。其法之烈也，虽木、石、铜、锡犯罔不碎，触罔不焦。其达之迅也，虽奔雷掣电势莫之疾，神莫之追。盖岛夷之长技也。其法流入中国。中国因用之以驭夷狄。诸凡火攻之具，炮、箭、枪、毯无以加诸。其成造也，嘉靖之四年。其裁草（革）也，嘉靖之十三年。数年之间未及一试，而莫知其功用之大也。葛雉川曰："蜈蚣之气能逼蛇，夷之制义毋乃为是？故与夫海晏河清，万世所愿。使长蛇之势不能尽偃，则蜈蚣之制其能不兴也乎？"名器尚存，述之以俟采用。

海行甚速,而迟者斗风故也。如大食国在漳州东南,每岁通番者,必候冬初西北风盛而去,夏初东南风盛而来,所谓海舟无风不可动也。惟佛郎机蜈蚣船,底尖面阔,两艕列楫数十,其行如飞,而克无倾覆之患。故仿其制造之,则除飓风暴作、狂风怒号外,有无顺逆皆可行矣。况海中昼夜两潮,顺流鼓枻,一日何尝不数百里哉!

——郑若曾《筹海图编》卷十三《经略三》

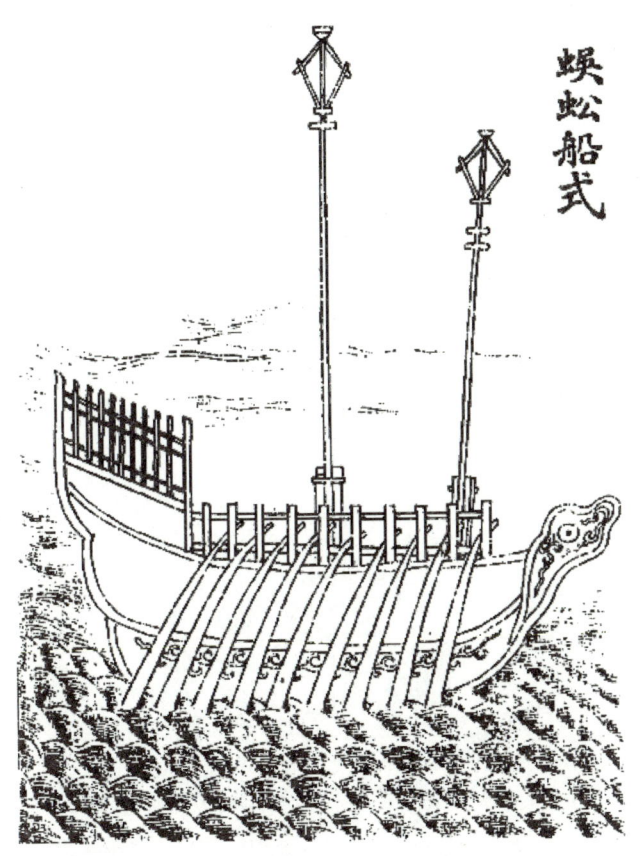

图5-7 蜈蚣船式

(见郑若曾《筹海图编》卷十三《经略三》)

## 赤龙舟

赤龙舟 舟形象龙,分作三层,内藏器械、火具。盖头作成龙首，口开，容兵一名，窥贼动静。盖背用竹片、菱角钉锭之，宜密匀稀实，使坚确为最上。盖胸开一小门，用铁板为户。中层之船放中间开一井只，以通走动，举发火器。两旁用兵一名使桨，又用坚木造两架，撑起舟盖，便使火器。舟底造龙骨，中空用机括，以铁坠之，风涛不能沉溺。此舟头坚，一桅帆，前开一窗，用兵一名掌柁，以观水道，又用二名掌火具，二名轮使桨。若造此数百只，浑如赤龙，游于江河，待贼船将近岸时，舟中暗机一动，神火、毒烟、神箭、飞弩一举俱发。

——茅元仪《武备志》卷一百十七《战船二》

图5-8　赤龙舟

（见茅元仪《武备志》卷一百十七《战船二》）

附：　　　　　　　　　火　器

　　飞枪、飞刀、飞剑　此即火箭之类，特以杆大身长，用镞不同，异其名耳。药筒长八寸，径粗一寸二分。用荆棍为杆，长六尺，或实竹杆，径粗五六分。箭头涂以毒药，力能洞甲。可射五百余步，须候敌三百步发之。长技短用，势力益大。

　　大凡火箭制法要精。每一大筒，每人一日止可筑三四筒，次者五六筒，再小者倍之，方有功夫。必能远发，亦可久藏数月。盖工夫既到，即小箭亦远，否则不爆碎，则近在数十步止矣，将焉赖之。是乃克敌神器，纸筒、药料、箭杆等项，将领须要件件经心，则猛烈无敌。南北水陆所恃以为长技者此耳，安可视为不急而忽之乎！

　　　　　　　——茅元仪《武备志》卷一百二十六《军资乘·火八》

　　飞枪、飞刀、飞剑解　三种飞器，不过一法，即一大火箭也。惟其两制不同，所以得名各异。造用径六七分荆木为柄，长可五尺，后抄三棱①大翎，如箭矢。头用纸筒，实以火药，如火箭头，长可七寸，粗可二寸。他人制之悉堕地不起，惟近日所造之法，其镞长五寸，横阔八分，或如剑形，或如刀形，或三棱如火箭头，光莹芒利可玩②，通计连身重二斤有余，北方所未见，燃火发之，可去三百步，中者人马皆倒，不独穿而已③，但命中则不能④。击大队齐冲之虏，虏人畏此甚如神枪铅子。若神枪铅子所击中只一人，不见其至，则不知其畏，惟前行受之，后行无虞也。此器其声如雷，则马惊跳跃不敢前，又高飞深入，则后行皆不可避，使虏未测所向也。凡有枝杈之物，皆可架云。

　　　　　　　　　　　　　——戚继光《练兵实纪杂集》卷五

① 后抄三棱：柄的后头为三棱形。
② 光莹芒利可玩：光洁明亮，锋刃锐利，非常可爱。玩，喜爱，欣赏。
③ 不独穿而已：不仅仅是贯穿罢了。意思是说，不像箭那样仅是贯穿目标，还以爆炸力打击敌人。
④ 但命中则不能：指射击精度不高，不能射中预定的目标。

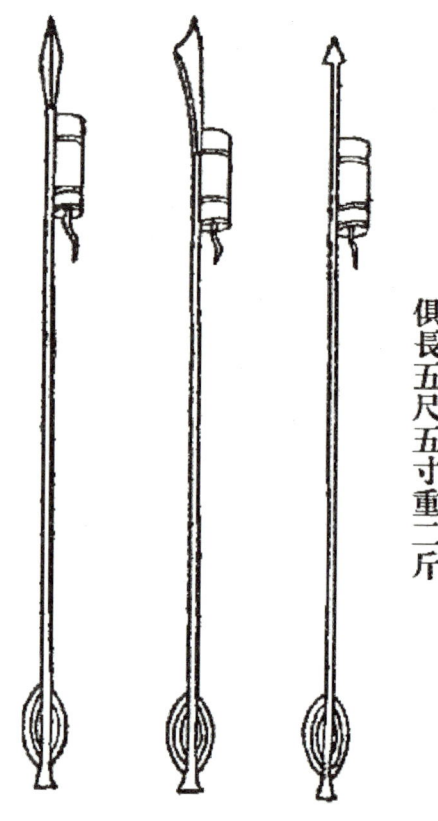

俱长五尺五寸重二斤

图5-9　飞枪、飞刀、飞剑
（见戚继光《练兵实纪杂集》卷五[①]）

一窝蜂　木桶内贮神机箭三十二枝，名曰一窝蜂。须制造如法，力能贯革，可射三百余步。先有以十数短小猛箭，贮一蒭篓，但猛箭药力箭稍减，终不若神机发之劲；蒭篓难蔽雨湿，终不若木桶贮之宜。每桶三十二枝，用之南北水陆靡所不宜。继于竹将军鸟铳放尽之后，仍以射虎毒药涂镞。在西北多用车战，每车可架十数桶。去敌二百步外，总线一燃，众矢齐发，势若雷霆之击，莫敢当其锋者。且至轻，陆兵人人可以负行。每营或数十桶，或百桶，多多益善。

——茅元仪《武备志》卷一百二十七《军资乘·火九》

[①] 又见《武备志》卷一百二十六。

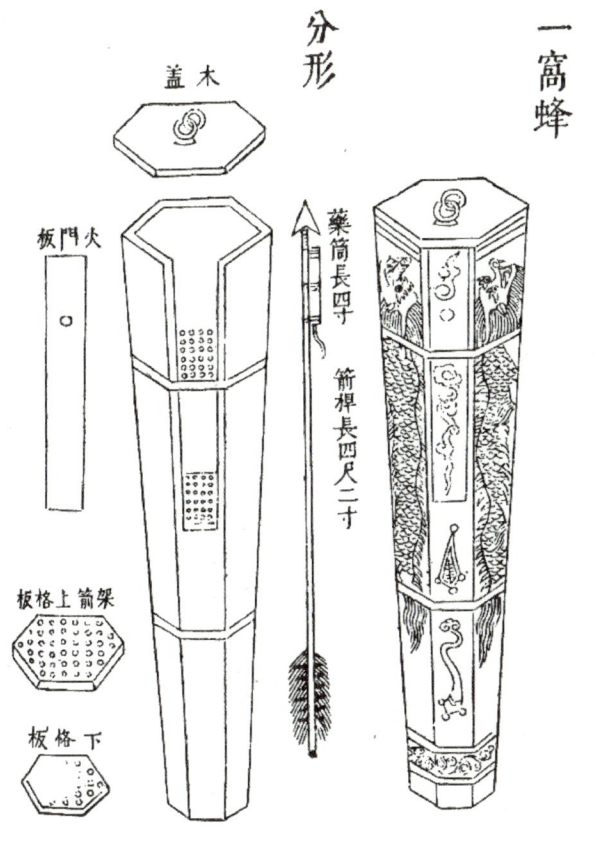

图5-10　一窝蜂
（见茅元仪《武备志》卷一百二十七《军资乘·火九》）

神火飞鸦　用细竹篾为篓，细芦亦可，身如斤余鸡大，宜长不宜圆。外用绵纸封固，内用明火炸药装满，又将绵纸封好。前后装头尾，又将裱纸裁成二翅，钉牢两旁，似鸦飞样。身下用大起火四枝斜钉，每翅下二枝。鸦背上钻眼一个，放进药线四根，长尺许，分开钉连四起火底内。起火药线头上另装扭总一处。临用先燃起火，飞远百余丈，将坠地，方着鸦身，火光遍野。对敌用之，在烧陆营，在水烧船，战无不胜矣。

——茅元仪《武备志》卷一百三十一《军资乘·火十三》

神火飛鴉

图5-11 神火飞鸦

（见茅元仪《武备志》卷一百三十一《军资乘·火十三》）

火龙出水　用猫竹五尺，去节，铁刀刮薄，前用木雕成龙头，后雕龙尾，口宜相上。其龙腹内装神机火箭数枝，龙头上留眼一个，将火箭上药线俱总一处。龙头下两边用斤半重火箭筒二个。其筒大门宜下垂，底宜上向，将麻皮鱼胶缚定。龙腹内火箭药线由龙头引出，分开两处，用油纸固好装钉，通连于火箭筒底上。龙尾下两边，亦用火箭筒二个，一样装缚。其四筒药线总会一处，捻绳。水战可离水三四尺燃火，即飞水面二三里去远，如火龙出于江面。筒药将完，腹内火箭飞出。人船俱焚，水陆并用。

——茅元仪《武备志》卷一百三十三《军资乘·火十五》

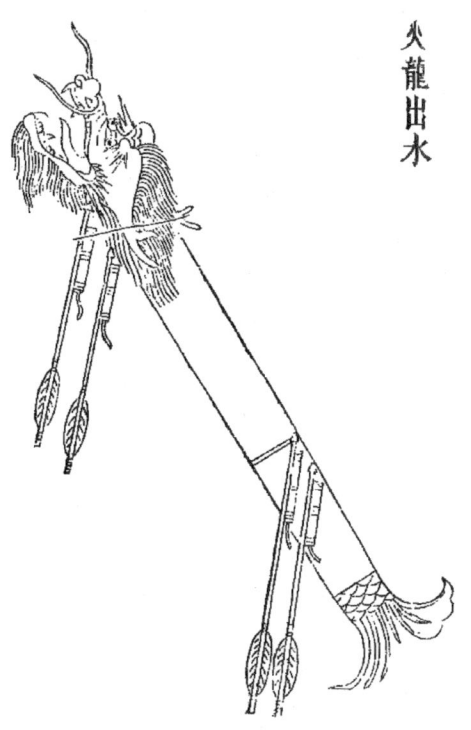

图5-12　火龙出水

（见茅元仪《武备志》卷一百三十三《军资乘·火十五》）

水底龙王炮　炮用熟铁打造，以木牌载之。其机巧在于藏火。炮上缚香为限，香到信发或一更或三更，准定香限寸数，时刻不差。裹以牛脬而不通气，则火闷死，通以羊肠硝过夹以粗铁线，上以鹅雁翎为浮，随波浪上下，则水灌入而火亦死。其机之玄妙有如此。乃量贼船泊处，入水浅深，将重石坠之，黑夜顺流放下。香到火发，炮从水底击起。船底粉碎，水入贼沉，可坐而擒也。

应用法物

大弹重四五六斤，发药或一斗或五升。

——茅元仪《武备志》卷一百三十三《军资乘·火十五》

# 水底龍王砲

图5-13　水底龙王炮

（见茅元仪《武备志》卷一百三十三《军资乘·火十五》）

## [今说]

### 善于击敌卫己的战船

明代曾有过一些特殊的战船，那么这些特殊战船特殊在哪里呢？主要在于两个方面：构造特殊和作战样式特殊。

这些战船和普通的战船不同，构造特殊。如八卦六花船，用厚楠木板作五槽，底槽前平头，槽后为尾。上有三桅，中有八轮，后有舵楼。顺风则用篷，逆风则转轮，快利如风。

连环舟外表像一只船，实则分成两截，前截占船1/3，后截占船2/3。船首装有倒须钩。

子母舟长3丈5尺，其前2丈和一般舰船一样，后1丈只有两边的船帮板，腹内空虚，藏一小舟。船前钉有狼牙钉。

鸳鸯桨船，是两只各长3丈5尺、宽9尺的船只并联而成。该船不用篷桅，每边有8只桨，舱两边有箭眼。

火龙船外形像一艘普通的海船，周围以生牛皮或竹笆为屏障，遮挡矢石，上留铳眼、箭窗，以便观察和射击敌人。船分三层，在船首和船尾有暗舱以便上下；船中层两舷设桨或轮，以便行驶。上层为设有机关的甲板；中层设钉板、刀板；下层为精兵埋伏之处。

赤龙舟，其形像龙，分作三层，内藏器械、火具。头成龙头形，内容1人，开一口进行瞭望。

总之，这些战船各具特色，各个船都与普通战船不同。之所以如此，完全是为了满足更好地消灭敌人的需要。因此，各船的作战样式与普通战船也不相同，如以火攻敌船的子母舟。火攻是海战中一种古老的作战方式，但子母舟的火攻有其独特的优点。其一它是主动的更有效的火攻。一般的火攻是首先我船占据上风，然后放火，烧毁敌船，要依赖于一定的自然条件。而子母舟不需要这个条件，它或迎上

敌船，或追上敌船，然后将己船与敌船连在一起，点燃前舱已准备好了的柴薪，将敌船烧毁。其二它保存自己做得好。平时小舟有盖板保护自己，免受敌人攻击；战时点燃母船的柴薪后，战斗人员乘小船返回。如果一支船队中有几只这样的船和其他战船相配合，将能有效地歼灭敌船。而鸳鸯桨船追击敌人时，两船并在一起，飞动16只桨前进。接近敌人，施放火器，两船分开，夹击敌人，使敌人顾此失彼，救左失右而失败。

火龙船，雇用4名水性好的水手驾船，碰见敌人，佯败，水手丢弃船只，凫水逃跑。敌人登上甲板，机关转动，皆翻入中层，落入钉板、刀板之上，精兵从下层上来，将其擒拿。它还可以作为一般的战船。在该船的船舱两侧暗设有大量火器，冲入敌船队内，火器齐发，势不可挡。这是陆上的陷阱招数在海上的应用，是可以游动的陷阱。

赤龙舟，背上有用竹片等钉起的坚密舟盖。中层举发火器，两舷使桨。如果建造众多这样船，游弋于江河之中，其势威壮。敌人近岸时，机关一动，神火、毒烟、火箭、飞弩齐发，定能消灭敌人。

这些特殊的战船，有的是隐蔽的火船，子母舟属于于这一类；有的是暗用机关，火龙船是其代表；有的是在很好保护自己的前提下，使用大量的火器，如毒火、神火等攻击敌船，连环舟、车轮舸、破船舸、赤龙舟等属于这一类。这些特殊的战船大多既能很好地保护自己又能有效地歼灭敌人。如车轮舸人员隐藏在船内，子母舟人员藏在有盖板掩护的小船上，火龙船除四名水手外人员藏在船的下层，敌人都无法有效打击他们，但他们可以用火箭及其他火器有效地打击敌人。这就把消灭敌人和保护自己完美地结合起来。这些特殊战船虽未见装备部队和在战场上使用，但它们的出现反映了当时人们的聪明才智、创造精神和造船的技术水平。从某种意义上讲，这对后人也是一种启发。

## 值得注意的火器

关于海战中值得我们注意的火器，首先来看一下火箭。明代后期火箭的制造技术相当发达，除一般火箭外，出现了多发齐射火箭、大火箭、多级火箭等多种火箭。

一窝蜂是一种多发齐射火箭。它是在一木桶内贮神机箭32枚，各枚药线总于一处。点燃药线群箭齐发，势若雷霆，惊心动魄，既有很强的震慑力，又有很强的杀伤力。

飞枪、飞刀、飞箭都是大火箭。其体重大，射程远，可达三五百步，杀伤力强，命中人马皆倒，而且发射时声响如雷，人慌马惊，十分可畏。这种火箭首见于戚继光的《练兵实纪》，是已装备部队的一种杀伤力强的火器。戚继光说它"尤宜于水战"①，"击大舟、烧棚效"②。

火龙出水一般被认为是一种多级火箭。水战时，离水三四尺点燃火箭，龙体喷着火焰在水面上飞驰，可达二三里远，如火龙出于水中。4枚火箭烧完，连接的引线引燃龙体内的火箭，由龙口一齐飞出，继续飞向目标。它一般用于水上，焚烧敌船，也可以在陆上使用，射杀敌人。因此说它是二级火箭可以，说它用火箭运载多发齐射火箭也可以。

用火箭为推进装置的还有神火飞鸦、飞空击贼震天雷炮等。神火飞鸦用时点燃火箭，可飞百余丈，落地时，鸦体内火药燃烧。陆用可烧敌营，水用可烧敌船，是一种远距离的燃烧性火器。万历年间，援朝抗倭战争时，经略宋应昌曾建议用此种火器攻击占领平壤的日军，但未见总兵李如松在打平壤时使用。

以上我们列举了4种火箭，实际上明代的火箭有几十种之多。茅元

---

① 戚继光《纪效新书》（十四卷本）卷三《手足篇·火箭解》。
② 戚继光《纪效新书》（十四卷本）卷十二《舟师篇·飞枪、飞刀、飞剑制》。

仪说："火箭亦水陆利器，其功不在鸟铳下。"[1]如果把火箭和鸟铳相比的话，实则各有短长。鸟铳的长处是准确性能好，可多次使用，但其射程不如火箭。火箭可以集发，可以飞得更高、更远。如用一窝蜂三枚对准敌船发射，一次就是近百支箭，将使敌船夹板上的人，难逃被击毙的命运，而用鸟铳要近百人齐放才能达到这样的效果。再如大火箭可射敌船棚，而鸟铳则无此功用；神火飞鸦可从城外飞入城内，而鸟铳则无此功能。火箭既是一种武器，又可作为一种运载工具；既可直接杀伤敌人，又可威慑敌人。这些是火箭的优点。明人所造火箭多种多样，体现了明人的聪明才智和惊人创造力。

　　明代水战还有可用的水雷。据《武备志》载水雷也有多种，如水底雷、水底鸣雷、水底龙王炮、既济雷等。这里只讲一种，即水底龙王炮。它实际上是一种定时漂雷。该雷用熟铁打造，重4～6斤，内装火药一斗或五升。战时把该炮绑缚在木牌上，木牌坠以石头，使其沉入水中。其发挥作用关键是它的发火装置。发火装置用燃香点火，香的长短根据敌船的远近而定。香接药线，香燃药，引雷爆炸。为使雷、药线和香不致浸水，则用牛脬将其包好；为使燃香不致缺氧熄灭，则用处置过的羊肠引出水面，上以鹅雁翎为浮物，可随波浪上下，既可通气，水又灌不进去。施放时，趁黑夜将此雷放入水中，使其顺流而下，到敌船处，香尽火发，炮从水底击起，敌船底便可粉碎。

　　这种火器虽未见用于实战，但其制造精巧，独具匠心，充分反映了中华民族的创造力和聪明才智。

---

[1] 茅元仪《武备志》卷一百二十六《军资乘·火八》。